折射集
prisma

照亮存在之遮蔽

世界著名思想家通信集译丛　丛书主编 张一兵

海德格尔与
阿伦特通信集

〔德〕马丁·海德格尔 〔美〕汉娜·阿伦特 著

〔德〕乌尔苏拉·鲁兹 编 朱松峰 译

Briefe 1925 - 1975

und andere Zeugnisse

南京大学出版社

1925 年至 1975 年的书信和其他见证

目光

1

马丁·海德格尔致汉娜·阿伦特

1925 年 2 月 10 日

亲爱的阿伦特小姐！

我今天晚上还得到您那儿去并对您倾诉。

我们之间的一切都应当是质朴的、清晰的和纯洁的。只有这样，我们才值得被允许相见。您成了我的学生而我成了您的老师，这只是在我们身上所发生的事情的起因。

我将永远不能拥有您，但是从此以后您将属于我的生命，而且它定会随您而成长。

我们永远不会知道我们通过自己的存在对其他人来说能够成为的样子。但是，我们确然能够清楚地意识到我们会产生何种程度的破坏性或抑制性的作用。

您年轻的生命将会走上哪条路，现在依然是蔽而不显的。对此我们愿意顺从。而我对您的忠诚将只会帮助您忠诚地持守住您自己。

您已失却了"不安"，这意味着您已经发现了您最内在的东西、您纯粹女孩的本质。有朝一日，您会理解并感激——不是我——如下一点：在"办公时间"的那次来访是从进入科学研究之可怕孤寂的那条道路退回的关键性一步，这种孤寂只有男人才能够忍受——而且这也只是在他已经领受了这种成为创造性的（produktiv zu sein）重负和狂热的时候。

"快乐起来吧！"——这已成为我对您的问候。

而且只有当您快乐的时候,您才会成为这样的女人:她能够给予快乐,而且环绕着她的全都是快乐、安全、安宁、对生命的敬畏和感激之心。

而且只有这样,您才能为学会大学能够给予和应当给予您的东西做好恰当的准备。真诚和庄重蕴含于其中,但是不蕴含于许多您的同性被逼迫参与的科学活动之中——不蕴含于有一天不知怎地就会崩溃进而使得她们无助和不信任自己的奔忙活动之中。

而且恰恰是在涉及个人的精神工作的时候,对最本己的女人本质的保存就成了最关键的东西。

我们被允许相见,让我们将此作为馈赠庇护在内心最深处,而且不通过关于纯洁生机的任何自欺损毁它;这就是说,我们不要将我们的关系想象成一种在人类中从未有过的精神友谊之类的东西。

我不能也不想把您忠诚的眼睛、您可爱的形体同您纯粹的信赖、善良和纯真、您女孩的本质分离开来。

但是,这样一来,我们友谊的馈赠就成了我们必须随之而成长的一份责任。而且,正是它促使我请求宽宥:在我们散步时,我短暂地忘记了我自己。

但是,我曾经想着能够感谢您,并亲吻着您纯净的额头,将您的本性之纯真带入我的工作中去。

快乐起来,好女孩儿!

您的

马丁·海德格尔

2

马丁·海德格尔致汉娜·阿伦特

1925 年 2 月 21 日

亲爱的汉娜！

为什么爱的丰富性超越了其他的人类可能性的所有范围，而且对被牵涉于其中的人来说是一种甜蜜的负担？因为我们转变成了我们所爱的，却又保持着自身。然后，我们想要感谢所爱的人，却找不到足用的任何东西。

我们只能感谢我们自己。爱把感谢之心转变成了对我们自己的忠诚和对另一个人的无条件的信任。爱就是这样不断地增强着它最本己的神秘。

在这里，邻近是在与另一个人最大限度的远离之中的存在——这远离不会让任何东西变得模糊——而是将那"你"置入一个敞现（Offenbarung）之透明的——但不可把捉的——纯粹在此（Nur-Da）中。另一个人的在场突然闯入了我们的生活，这是任何想法都操控不了的事情。一个人的命运将自身给予了另一个人的命运，而纯粹之爱的责任就是如同当初般地保持住这自身给予（Sichgeben）。

如果你在你十三岁时就遇到了我的话，如果这发生在哪怕只是十年之后的话——困惑于此是徒劳无益的。不，它发生在现在，这时你的生命正默默地在为变成女人的生命而做好准备，这时你想要将你女孩时代的直觉、憧憬、苗壮、欢笑，作为善良、信任、美丽、女人的永远只是赠予（Immer-nur-Schenken）之源泉，毫无损失

13

006

地吸纳进你的生命中来。

而这一刻我能做些什么呢？

操心如下的事情：在你之中的一切都不会破碎；你过去曾有的重荷和痛苦都会被荡涤；陌异的东西和已经发生了的事情都会退却。

对你敞开的女人本质的可能性是如此地完全不像那个"女学生"所认为的那样，而且比她所料想的积极得多。空洞的批判应当在你这里消散，而且傲慢的否定也应当在你这里退却。

愿女孩的追问活动在谦逊的献身中学会崇敬；愿片面的学习活动从女人存在的原初整体那里得知世界的广阔。

好奇、闲聊和学究气的虚荣不能被根除；只有女人能够以她所是（ist）的方式将高贵赋予自由的精神生活。

当新学期到来的时候，那将是五月了，紫丁香将会涌出古老的 14 城墙，树花将会在隐秘的园林里起伏——而你将会穿着薄雾似的夏装走过古老的大门。夏日的夜晚将会进入你的房间，并在你年轻的心灵之中从我们生命的静默喜悦那里传唤你。不久，花朵就会醒来，你可爱的手会采摘它们；森林地面上的苔藓也会醒来，你幸福的梦会在林间穿行。

而且不久，在孤独的登山之旅中，我会向群山致意，它们岩石般的宁静有一天会与你相遇，在它们的轮廓之中我所保留的你的本质将会重新出现。而且，我会去探访山里的湖，为的是从悬崖之最陡峭的陡壁向下望入它宁静的深处。

你的

马丁

3

马丁·海德格尔致汉娜·阿伦特

1925 年 2 月 27 日

亲爱的汉娜！

我着了魔了。你可爱双手的沉默祷告和你明媚的额头将它庇护在了女人的变容（verklärung）之中。

像这样的事情还从未在我身上发生过。

在归途的风暴中，你却更加美丽和伟岸。我本想要连续几晚都与你一起漫游。

请将这本小书看作我的感谢的**象征**吧。让它也成为这个学期的一个标志吧。

求求你，汉娜，再多赠予我几句话吧。我不能让你就这样消逝。

在出行之前你会非常繁忙。但是只要一点点；而且不必写得"漂亮"。

你一能写就写。重要的只在于：**你已经写了它**。

你的

马丁

我如此地期待着见到你的母亲——

15

4

马丁·海德格尔致汉娜·阿伦特

弗莱堡
1925 年 3 月 2 日

亲爱的汉娜

　　我们上去的路在背面。我刚才与胡塞尔一起度过了两个小时的美好时光。

致以衷心的问候
马丁

5

马丁·海德格尔致汉娜·阿伦特

1925 年 3 月 6 日

致以衷心的问候

马丁

书信随后。

6

马丁·海德格尔致汉娜·阿伦特

托特瑙堡

1925 年 3 月 21 日

亲爱的汉娜！

这里的高处已经是壮丽的冬天了，因而我已经进行了几次美妙且令人兴奋的旅行。

但是，一周以来，我又伏案工作了，而且我们已经为 3 月 24 日的滑行做好了准备。

我经常期冀着你像我在这里的上边一样已经复原得很好了。群山的孤寂，山里人安宁的生活步调，太阳、风暴和天空的自然切近，一段宽广的、覆盖着深深积雪的斜坡上一条迷失了的踪迹——这一切都使得心灵越发地远离了所有支离破碎的和耗尽心神的此在。

而且，这里是纯粹快乐之家。对于人们来说，"有趣的东西"是不需要的，而且工作具有远处山林中伐木工人的劈砍动作的节奏。

当你"忽然"为了道别而再次来与我相见的时侯，我是最想带着你一起去看这一切的。

但是，我也知道：你将会带着你内心里的巨大快乐做假期旅行。所以我对你的想念就平静下来了，尽管我每天都希望着你复原。

我以为，你会真正自由地依凭你自己克服这个学期所带来的一切失调、摩擦、不愉快和压力。

我非常高兴地读到利希藤斯泰因（Lichtenstein）还会来看你。就胡塞尔之夜而言，令人不爽的事情是不得不为争强好胜而费心劳神。所以，当你静静地坐在你的角落里的时候，我对你就愈加地感到高兴。我最喜欢和利希藤斯泰因交谈。现在他不再来了，我大概不能在这个群组中把晚会继续下去了。但是，我曾经非常愿意让某种"圈子"成为传统。不过，这一点的成功更多地依赖于恰当的人而不是主题。而且我已经对你说过：我想在夏季再次教"年轻人"。我想要他们以如下的方式为我做好准备：我能够再次与他们冒一些险。现在我经常想起在弗莱堡的那些学期；我在那里所尝试的东西很多都是不成熟和轻率的——但是作为教学活动的工作曾经是一种被裹挟的状态；现在它已经变成了一种拉拽和灌输。我知道它不会总是这样。而且另一方面，真正的工作将总是必须发生在追问的孤独之中。

自从这个冬天以来，马堡对我来说已经变得亲切了，我第一次期待着回返。

到你回来的时候，群山、树林和老式的花园将会被装饰得特别美。而且，过去这个地方一开始对我来说就具有的那种令人麻木的精神氛围，此后也许也会被驱散掉。

但是，也许停滞状况弥漫在我们的大学。我现在听到的关于弗莱堡的事情同样令人吃惊。但是，终归总还是比在柏林可能"发生"的许多事情都要更有价值。

你们那里的冬天是否也迟到了？或者你是否真的去了湖那边？我徒劳无功地搜寻了新近出版的拉赫尔（Rahel）与马尔维茨的亚历山大（Alexander von der Marwitz）通信集的确切书目标题。图书馆里的那本已经被借走了。我有这样一种强烈的要求：能够再

17

次完全自由地进行阅读。但是我徒劳地寻找时间。现在,我忙累于我的卡塞尔(Kassel)演讲,目前它们太难了。使事情变得更加容易在哲学中是一件奇怪的事务——事情变得越容易,它们就越保持为神秘。我也不想说服听众相信哲学能够回答他们的问题。

对于我来说,重要的恰恰在于清楚地区分世界观的构造与科学的-哲学的研究,而且是通过对历史之本质和意义的具体追问而进行这一区分。当然,这种澄清自身又只有走科学的-概念的路子才是可能的。所以,我的研究总是终结于如下的时刻:演讲在一个"普通的"听众面前成了一个荒谬。但是,我已做出了承诺,现在我好赖都得撑下来。

从 3 月 24 日到 27 日,我将在弗莱堡拜访胡塞尔,我非常期待这几天。然后,我将前往我的家乡(巴登州的麦斯基尔希),并在那里一直待到 4 月 3 日。你会给我往那里写信吗? 你会给我讲述关于你的假期的事情吗?

当风暴在茅屋四周呼啸的时候,我就会回想起"我们的风暴"——或者我沿着拉恩河走在寂静的路上——或者我遐想着憩留于那个年轻女孩的影像,她穿着雨衣,帽子低垂在沉静的大眼睛上面,第一次走进了我的书房,她姿态矜持,并害羞地对所有的问题都给出了一个简短的答案——然后我把影像转移到了学期的最后一天——然后才开始懂得:生活就是历史(Geschichte)。

我依然爱你

你的

马丁

7

马丁·海德格尔致汉娜·阿伦特

1925 年 3 月 24 日

亲爱的汉娜！

我们的"小心肝"在滑雪时出了事故，所以我的出行计划被打乱了。这个小家伙有一根肌腱变形了，并且必须留在这上边。至于我是否会到麦斯基尔希去，在接下来的几天之内，我会给你确切的消息。我们可能必须在弗莱堡待上更长的时间。

致以衷心的问候
你的马丁

8

马丁·海德格尔致汉娜·阿伦特

弗莱堡

［1925 年］3 月 29 日

亲爱的汉娜！

我不去麦斯基尔希了，运送那个小家伙是相当困难的。我很快就会给你写信。

与胡塞尔在一起的日子令人失望，因为他非常劳累而且明显地快速衰老了。这座城市又是极美的了。

致以衷心的问候

马丁

9

马丁·海德格尔致汉娜·阿伦特

马堡

1925 年 4 月 12 日

亲爱的汉娜！

我生活在工作的狂热和对你之即将到来的喜悦中。

我衷心地感谢你的卡片。

我已经搬进了隔壁的那间早先的会客室。街上的吵闹声已经变得不能容忍了。

卡塞尔演讲已经使我付出了许多的劳作。16 日我要去卡塞尔，并在那里一直待到 22 日。我会住在宾馆里——但还不知道是哪家。你是给我写一封信呢，还是会寄给我已经写好了的信？你有自己的照片吗？你的母亲这个夏天会来吗？

也许你已经从雅克比（Jakoby）那里得到照片了。在这里，你还会看到几张非常漂亮的。

尽快给我写信，以便在我演讲期间我能拥有你在我的身边。

我在荷尔德林身上花了很多时间，而且无论我在哪里你都在我的近旁。

我非常期待这个夏季学期！

在 28 日之前，我不会开始。也许到 5 月才会开始。

你要住哪里？你何时来？——

你的

马丁

地址：**卡塞尔**，莱辛大街 2 号
由枢密顾问官伯劳（Boehlau）博士先生转交

10

马丁·海德格尔致汉娜·阿伦特

[1925 年]4 月 17 日下午

亲爱的汉娜!

匆忙提笔。衷心地感谢你的来信。

你要来了,这多好呀。我 20 日和 21 日的 8 点 15 分在国家图书馆(弗里德里希广场)进行演讲。

布略科尔(Bröcker)当然在这里。我已经让他为如下一件事情提前做好准备:有哥尼斯堡人要来。我不知道——是谁。你和雅克比。

所以,也许我们不能单独地一起到马堡去了。但是,我们会在这里相见——无论如何都得在我晚上的演讲结束之后。

我也许会在星期一晚上的休息期间见到你。我住在户外靠近威廉姆斯赫厄(Wilhelmshöhe)宫殿的地方,非常气派。也许你可以住在"修道院"里——我不知道我是否有时间去接你——我也不知道你到来的确切时间。

至少在演讲之后我就会——像我现在每天做的那样——同熟人和邀请人告别,并乘坐 1 路电车去威廉姆斯赫厄,终点站——也许你可以——悄悄地——乘坐后来的电车。然后,我会再将你带回去。

回头见

你的
马丁

11

汉娜·阿伦特献给马丁·海德格尔

阴影

　　每当她从长长的、多梦的然而却深度的睡眠（在其中，一个人如此完全地与她自己融合在一起，就如同与她所梦的完全融合在一起一样）中醒来的时候，对世界的事物她都拥有同样的羞怯和犹疑的柔情，这世界使她明白她本己生命的多大部分已经完全沉没在了自身之中——人们可以说，像睡眠一样，如果在日常生活中有与之可比的东西的话——已经经过了多少的历程。因为她早已面临着陌生与柔情成为一体的危险。柔情意味着羞怯的、犹疑的喜爱之情，不是放弃，而是一种触碰，这种触碰是爱抚、愉悦和对陌生形式的惊奇。

　　也许这一切都源自如下一点：在最为平静的、几乎没有睡醒的少年时代，她就已经接触到了不同寻常的东西和不可思议的东西，所以她已经习惯了用一种后来简直使她惊骇的自明性来对分（doppeln）她的生活：此时此地与彼时彼地。我并非意指对任何特定的值得从生活获取的东西的渴望，而是意指作为这样一种东西的渴望：它形成一种生活，能够对这生活成为构成性的。

　　因为在根底上她处在如下的一种状况之中：她的独立性和独特性恰恰奠立在如下的基础之上：她使自己养成了对独特之物的一种真正的热情，所以她已经习惯于在看起来最为自明和最为陈腐的东西之中也要去看值得注意的东西，甚至达到了这样的地步：即使是在她可怕地遭遇到生活的简单和平凡的时候，在反思中，甚

22

至是在感觉自身之中也根本不会出现如下的情形：她所遭遇的东西能够是陈腐的，能够是一种几乎毫无价值的虚无。所有世界对这种虚无都已经习以为常了，而且去谈论它本身就不再是值得的。

但是，也许并不是任何这样的东西对她来说都本是清楚的。另外，她在其中长大并与之有着熟悉的亲密关系的城市天空太烟雾笼罩了，她自己则太不开放，并陷入了自身之中。她知道得很多——通过经验和一种总是警醒的注意力。但是，对她所发生的一切因此全都落在了她的心底上，孤立地、封闭地被保留在那里。她的未定状态和她的闭锁状态阻碍着她去应对发生的事件，除非是在模糊的痛苦之中或者是在爱幻想的、着了魔的被排斥状态之中。所以，她根本不知道该怎么办，她几乎也只能关照自己，虽然是在人们甚至可以称之为迷失的状态（这种状态自然会逐渐变成越来越大的荒谬）之中，她变得更加深刻并在某种意义上更加彻底，但是除了她自己以外她就越不再认识和知道任何东西。这并不是说好像有什么东西被遗忘了，而是真的沉没了——一个东西失落了，另一个含糊地抵抗着，没有规矩和秩序。

23　　　她的被摧毁状态（它也许只在无助的、背叛的少年时代之中有其根基）显示在这种被迫向她自身（Auf-sich-selbst-gedrückt-Sein）之中，以至于她自己隐藏和掩盖了通向自己的目光和通路。她的存在的双重性在这里变得如此明显，以至于她自己陷进了这条路之中，她年龄愈大，就变得愈加极端、孤傲和盲目。

在这种迷失状态、非人的东西、荒谬的东西之中，没有边界也没有立足点给予她。一种总是走向极端的彻底性阻止着她去保护自己，阻止着她去获取武装，就连被喝干了的高脚杯中残余的最苦涩点滴也从未赠予过她。——所有好的事情都有一个坏的结局，所有坏的事情都有一个好的结局。难说什么是更加不可忍受的。因为它恰恰就是最不可忍受的东西——这最不可忍受的东西令人窒息，所以人们只能在无边的畏惧中思考它，而这种畏惧摧毁羞怯并使得这样的一个人永远感到不安：去经受和懂得，每一分和每一秒都警醒地和反讽地懂得：即使是最不幸的痛苦也是值得感谢的；的确，这经受甚至恰恰就是使得一切东西从根本上来说还是值得的东西。

所以，不存在向高雅和品味的逃遁。这样的逃遁有什么价值？什么东西依赖于这样的逃遁？如果每一个事物都是决定性的并且击中了不设防的人，却没有击中她，因为她在何时何地都与此无关。——同时，她那已经总是赋予她一种排外气质的敏感性和脆弱性逐渐达到了近乎怪诞的程度。由于她不想也不能保护自己，再加上几乎是依据实际情况而权衡的对任何野蛮残酷（Rohheit）的预期，一种掩护自身的野兽般的恐惧使得生命中最简单、最自明的东西对她来说都越来越成了不可能的。

在她年少生命之羞怯的和酸涩的早晨，当她还没有与她犹疑的柔情、她最本己存在的交流形式和表达发生争执之时，现实性的领域已经在梦中，在那些痛苦和欢乐的梦（这些不管是甜还是苦的梦都被生活的一种稳靠的幸福所充满）中，对她展示了自身。当她后来在一种奇特的、暴力破坏性的控制自身的欲望之中将她的少年王国——作为谎言和不可通达的东西——摧毁和抛弃时，这些梦就离开了这个拘牵于自身之中的女人，而且对现实的畏惧降临在了这个被抛弃了的女人身上，这无意义且无对象的、空洞的畏惧——在它面前，一切都会变成虚无——意味着疯狂、忧郁、折磨、毁灭。对于这种畏惧来说，没有任何东西比自己的镜像更可怕和

24

更致命的了。这是它的特征,同时也是其耻辱之标志。但是,对她来说,还有什么东西能够比她自己的现实状态看起来更加可怖,更加不可把捉呢?

她沉溺于这畏惧之中,就如她早先沉溺于渴望之中一样,而且这次又不是沉溺于一种对已被确定了的某个东西的以某种方式总是可确定的畏惧之中,而是沉溺于对此在本身的畏惧之中。她以前就已经知道了它,就如她已经知道许多东西一样。现在她沉溺于它之中。

当人们考虑到如下一点的时候,由破坏性的控制欲望、专横-专制的自我强迫而引起的从渴望到畏惧的翻转,也许就更可理解、更清楚了:在一个如此颓废又无望的时代里,还部分地存在着暴行的可能性,而且一种本质上苛求的和有教养的品味越是猛烈地和有意识地抵抗艺术、文学和文化之高调的、彻底的、绝望的尝试,情形就越是这样,这些尝试可悲地、不假思索地在被释放了的、近于无耻的挥霍无度之中勉强维持它们的虚假存在。

但是,显然,这只是如此的一个企图:解释起因,使得它在某种意义上从人的角度来看更切近一些,超出私人的和隐私的东西。同样显然的是:走向绝望的原本可能性根本上就存在于人的领域之中,在每一时刻都会苏醒,并且就像其他的可能性一样随时显露着。只有由此出发,这个过程之中的有危险的和幽灵般的东西才能真正地被理解。

25　　当空洞的目光忘记了多样性,或者不关注任何其他的事物,完全被嗜好和狂热所充满的时候,在沉溺于畏惧的存在状态和沉溺于渴望的存在状态之间,也许就存在着同样的东西,即沉溺的状态、成瘾的状态——固执地沉迷于单一的事物之上。但是,情形也可能是这样:渴望为她敞开了诸多领域,丰富多彩的和奇特的领域,在其中她有在家之感,并能够带着永远保持不变的生命之欢欣去爱,而畏惧麻木地排斥了一切,使她透不过气来,使得她凝僵在了被俘获状态之中。——如果人们要强调说她已经变得更加丑陋和粗俗,乃至于愚钝和放荡了,他们有权这样说,但这只有在如下一点也得到承认的条件下才是如此:她有随时漠视这种评判和权利的自由。

这种固执和被俘获状态——因此快乐和悲伤、痛苦和绝望贯穿着她,就如穿过死肉——使得所有的现实性都消失了,使得现在(Gegenwart)好像回缩了,而唯一还确定的是:一切都有个结束。她那曾经使得她能够承受和维持最极端之物的彻底性现在已经改变了,以至于她现在的一切都消逝和消散了,除非她试图在圆滑的友善中偎依于自身,无力而呆板,并携带着无声地掠过道路的一条阴影之中暗藏着的阴森可怖。

也许她的青年时代会努力摆脱这魔咒,也许她的心灵会在另一个天空下体验到言说和解脱的可能性,并从而克服病患状态和迷失状态,学会忍耐和有机生长过程的淳朴与自由——但是,更加可能的情形是:她会在无稽的实验之中,在一种无法无天的、无根无据的好奇之中,继续苦熬她的生活,直到最终长久地和热情地被期待的结局突然降临于己,并为无用的奔忙设定一个任意的目标。

1925 年 4 月于哥尼斯堡

12

马丁·海德格尔致汉娜·阿伦特

1925 年 4 月 24 日

我最亲爱的！

今天我给你手稿的时候，你用一种如此强有力的快乐攫住了我，以至于我变得不知所措。我把我的心的一片给予了你——对于你的爱来说，这够少的了——但是**你的**令人愉快的感谢胜过了一切。

这是巧合吗：你把手稿带来了，在我决意请求你这样做的时候，而我要这样做只是为了带着你"羞怯的、犹疑的喜爱之情"的取之不尽的推动力（借助于这种情感你已经以罕见的清晰性发现了你的本质），把它作为如下事实的象征重新赠予——赠予——你：从现在起，你也活在我的作品之中了。

自从我读了你的日记，我就不能再说"你不理解这个了"。你预感到了它，你——跟随着。"阴影"只在**阳光**处。而且，这是你的心灵的根基。你径直从你的生存的中心来到我的近旁，并已经变成永远影响我的生命的力量。内心的挣扎和绝望绝不会产生诸如在我的工作中起作用的你的爱这样的东西。

你写往卡塞尔的信令我感动了连续数日。"如果你愿意拥有我"——"如果你喜欢"：面对这娇羞但却如此确定无疑的等待和等候，我还能够做什么呢？ 除了最为沉重的负荷之外我还带给你什么了呢？ 这不是你的心灵的不断牺牲吗？而在火车站你有的只是你那娇羞的、平静的"是"。当你迫使我远离你的时候，你才开始对我是切近的,而且这时你的本质对我显示——在这瞬间中,你完全**自由地**对我言说。自这奇妙的、将**我**推入罪责之中的远-离(Entfernung)以来——我对你的生活及其确定性和力量感到平静和高兴。

你的环境、时代、一个年轻生命的被迫成熟投出了"阴影"。

如果我不确信如下一点的话,我就不会爱你:这些阴影不是**你**,而是变形和假象,它们是由一种深不可测的和从外面渗入的——自我侵蚀(Selbstzerfassrung)产生的。

你令人不安的承认不会使我失去对你的生存之真正的、富足的动力的信任。相反,对我来说,它是如下事实的证据:你已是自由人——虽然摆脱这本不属于你的心灵扭曲的道路会是漫长的。

就出身、环境和可能性来看,我的生命比当今许多年轻人的生命更加纯朴——更有把握去控制本能,更容易赢得客观性和应付工作。正因此我也容易在理解你时不公正地误解你。但是,你的存在——而且现在还有你的照片——的切近对我来说是如此确然无疑,以至于即使完全不考虑爱的意识的确定性,我也绝不会相信你能够和愿意在"无稽的实验"中过你的生活。

今天你来的时候是如此快乐、容光焕发和自由,正如我希望你返回马堡时会有的样子。这个人的本质——我被允许在你之中去接近它——的光辉让我眩晕。当你因为我显然好像不在而疑惑于你是否应当走的时候,那时我就与你在一起——完全单独地——摆脱了世俗的操心和顾虑——在对如下事实的清清楚楚明明白白的喜悦之中:你在。——

我将再次在11号教室做讲座;你知道这意味着什么吗?

晚安，我最亲爱的汉娜！

你的

马丁

13

马丁·海德格尔致汉娜·阿伦特

1925 年 5 月 1 日

最亲爱的！

　　爱还会是与之一起在心灵中提升的伟大信仰吗，如果等待和守护不恰恰是持续这信仰的话？被允许去等待被爱的人，是最美妙的事情——因为在其中被爱的人恰恰"在场"。

　　让我带着这种信仰进驻你心灵的最深和最纯洁之处吧。在日记中和在沉默的、苦楚的相遇中，你对我展示的是如下事实：在你的生命中存在着一种不动摇的确定性和稳靠性。

　　而且，我甚至已经变得对你心灵的这种羞怯的自由和未受威胁的希望负有罪责了。

　　而且，我不是把你颤抖的心灵驱入玫瑰花之中，驱到清澈小河边，驱入田野上空的太阳的炽热、风暴的狂啸和群山的沉默之中——就如在小佩特尔身上所发生的一切一样——而是将之驱入了丑陋的东西、荒凉的东西、陌异的东西、做作的东西之中。

　　而且，当不久前寂静和夜晚的清新包围着我们，河流在黝黑的树干之间向我们闪耀，马儿清晰的蹄声在孤寂的道路上延宕，你在这一切之中感受到了如此纯粹的快乐——这时我给予你去经受的东西又与我相遇了。

　　我把你的"便条"放在你的日记页里了；它是对（它们以之而结束的）两个问题中的第一个的原初和确凿的肯定（Ja）——你已经再次发现了自己，因为你从来都没有能够失去自己。而且，这个肯定是如此地令人喜悦，因为它表达了对你自己的天赐本质的谦恭。你能想到比这个更伟大的事情吗：被准许去永远地等待这样的一种本质？——

你的马丁

14

马丁·海德格尔致汉娜·阿伦特

1925 年 5 月 8 日

亲爱的汉娜！

　　星期天你必定会得到一个深情的问候。音乐会之后，我是如此地被你的切近（Nähe）所感动，以至于我再也忍受不了它了——我离开了，当时我真的最想与你一起在 5 月的夜晚漫游——静静地在你旁边走着，感受你可爱的手和美妙的目光——；不问目的和原因，而是只问"**存在**"（sein）。

　　你的存在就这样地让我学会了这个——我也是这样地在其中觉察到了你将你的生命纳入其中的力量。在你——而恰恰是你——是一个生机勃勃的小精灵——并征服舞会、电影院和协会的时候，情形也是如此。

　　你曾说在我们第一次散步时你对未来会怎样的畏惧降临在了你头上。到那时究竟还有没有什么东西能够**变成**？一切不是都已经**在了**（war）而且永远都会如此吗？对此我们能做点什么吗？

　　我们所能做的唯有——敞开我们自己——并且**让**其存在。如此地让其**存在**，以至于对我们来说它是纯粹的快乐和所有新的生命日（Lebenstag）的源泉。

　　欢欣鼓舞地成为我们之所是吧。而且一方依然愿意对另一方"道说"并敞开自身；但是我们只能说：世界已经不再是我的和你的——而是**我们的**——我们的所作所为和取得的成就，不是属于你和我的，而是属于**我们的**。山墙、道路、五月的早晨和花朵的芬芳——是我们的——。对另一方的所有善意和它们每一个自然的、真正的典范都是**我们的**生命。快乐的奋斗——对某个被选择的东西的确定无疑的投入——是我们的——。我们的。这些永远不会再失却——而是只可能变得更加丰富、清晰——更加牢靠，以便成长为生存的一种伟大的激情。

30　　　现在你已经找到了你的位子——通过抄写你不会获得太多的东西——最好是倾听，并试着**同行**。我所演讲的东西在秋天我还会打印，你会得到这篇论文的一册样本。

你愿意把你最近谈及的格奥尔格-诗（George-Gedichte）给我带来吗？

祝你星期天拥有许多纯粹的快乐，并给你一个深情的吻。

你的

马丁

15

马丁·海德格尔致汉娜·阿伦特

1925 年 5 月 13 日

哦,我的日子对我来说是如此美妙,

却又如此快地从我这里溜走!

这次,所有的言语都不听我使唤了——我只能哭泣,哭泣——而且原因(Warum)也没有答案——它沉没了——徒劳地等待着——在感谢和信赖之中。"现在我要做天使所吩咐的一切事情"。

自从那天起,这一切都转嫁给了我——你——韦茨拉尔①的魔力在你周围依然是可以感觉得到的——梦想依然在发丝之中开花——群山在额头上绵延和弯曲,夜晚的清凉在可爱的手中战栗。

而且,你的伟大时刻——当你成为一个圣徒的时候——当你完全展开的时候。你的脸的轮廓紧绷着——被一种赎罪的内在力量驱策着,而这种赎罪支持着你的生命。孩子——你能这样做——而且在这样做时变得敬畏和伟大了。生命对敬畏敞开自身——并从它那里获得伟大。

在你伟大的瞬间之中,在幸福与晚上的告别之间——我感激地在你非世俗的面容中经验到了如下的事情:一种伟大的宽恕被召唤进了你的心灵之中,而且你忠诚地守护着它。你的日记所记

---

① 韦茨拉尔(Wetzlar)是德国黑森州的一个城镇,它拥有一个全世界最大的专门收集奇幻文学作品的公共图书馆。——译者注

31

述的一切——在这里——真的被克服了——不是被遗忘和排斥了,而是被纳入了最内在生命之本己的东西中去了。最后,你太羞怯了——也就是说,真正的羞怯总是**太**羞怯的,以便使认出你和接纳你的上帝的肯定(Ja)成为属于你心灵的东西;但是,圣徒——愿你保护这羞怯——愿他的肯定保护你——和一个哲学家——与奥古斯丁一起,只看见那个孩子,他在海滩上想要把海舀入一个小坑中去,并且带着这样的追求他无助地面对着生活。

所以,对我来说,你曾是现在(Gegenwart),那时你在它之中成了送给我的最后的馈赠。没有任何东西强行进入我们的切近之中——没有任何只是世俗的、不透明的、混乱的、无法则的东西。

而且,对此我感谢的只有你——**你曾是它。**现在,我将之装在心里——并请求上帝给我纯洁的手去爱护这件珍宝。

所以,这个上午,节日徘徊在我的纸张和本子上,而且我在读奥古斯丁的《论恩宠与自由意志》。

我感谢你的来信——你已经把我接纳进了你的爱之中——最心爱的人。你知道吗,这是一个男人被给予承担的最艰难的事情。对于其他事情来说,存在着方法、救助、限度和理解——在这里,一切只是意味着:在爱中存在=被推入最本己的生存之中。爱(amo)叫作我愿故你在(volo, ut sis)。奥古斯丁曾经说过:我爱你——我想让你成为你之所是。

亲爱的宝贝儿,在我讲述我的所作所为时,你什么都没说——我们是两个拙于言辞的人——但是也理解了一种沉默。

谢谢你送来的芳香花朵,在其中你年轻生命的一个 5 月的日子保留在了我的记忆之中。

谢谢"**你的**"诗。

谢谢你的爱——即使我不能也不可以这样做。

马丁

你愿意在下一个星期五的下午 4 点钟来接我去做一次穿越草　32
地的短暂步行吗？

带那舍勒(Scheler)来。

16

马丁·海德格尔致汉娜·阿伦特

1925 年 5 月 20 日

最亲爱的汉娜!

对我来说,似乎我们已经有一年没有见面了。而不久你将徒步旅行到我心爱的群山这里来,而且是在这个美妙的 5 月。

我还没有出发,因为我的"逻辑学"需要假期,而在目前由于一场莫名其妙的感冒,我不在工作状态。

对于我来说,我们的音乐会——我们甚至还没有谈及它——由于一个会议而被毁掉了。

但是,我依然生活在这样的快乐之中:你是快乐的,你工作着,而且你熟稔于事物。

在一点点的间歇时间,我读你的诗。

只是我对你的渴望变得越来越不可抑制了。

你的

马丁

17

马丁·海德格尔致汉娜·阿伦特

[1925 年 5 月 21/22 日]

……

因此，为了未曾预料到的会谈，晚上我人必须在这儿——因此，对于我们来说，这周再相见是困难的。无论如何肯定是在 26 日的星期二。你还会到这里来的，不是吗？但是，只在 9 点钟以后。我会把写给胡塞尔的信也一起带给你。

（销毁这张便条！）

18

马丁·海德格尔致汉娜·阿伦特

我最亲爱的！

我衷心地感谢你的祝愿。**真是巧**：在不久前的那天清晨，当我划完船回来的时候，我们彼此再次相见了。在晚上，当我整理我白天做过的工作的时候，我才突然意识到：我本应在<u>六点半</u>就出发了。

你旅行的日子曾是如此美好，现在这里的天气却是如此可怖。但是，"在南方"也许已是另一番样子了。

我的讲座将于 6 月 9 日开始，而研讨班是在 15 日；更多的人已经告假了，以至于不值得进行了。

我会将你引用了奥古斯丁的句子的那封信作为深层的秘密保存在我的心中。

它同时也是我从你那里得到的东西之中最为不受拘束和自由的东西。而且，当我们最近在长椅上再次相见时，你是如此不可思议地不受拘束，并完全是你自己。

现在一切都好，我曾经不得不一再地对我自己说。你最近的消息的秘密是本己的自我解放。这也是由天主教的忏悔机构提供的一种如此巨大的生存状态上的可能性的来源——当然，它也易于遭受到同样巨大的滥用。

对于另一个人来说，这样的消息是一件礼物——不是这样：他对之有所知——恰恰是不知——他会这样来保存它：他对此恰恰

34

不"知"——不"思考它"——而是将之保留在守护性的爱之中。不是发生了的事情,而是只有如下的事情才是这种"知"所知道的东西:某些东西变成了命运——而且,随着这个命运,这另一个人也被交付给了一个命运。

以至于现在在另一个人心灵面前的羞怯不是消失了——而是开始加剧了。

所以,去属于他人的生命,这才是真正的结合。而且,只有它才能成为所有令人幸福的切近(Nähe)之源泉和指明灯。

这些字行在哪里找到你,我不知道。但是,它们会使你感受到快乐、坦诚和对所有事物的友善,对我来说这是圣灵降临节的美妙快乐。

马丁

19

马丁·海德格尔致汉娜·阿伦特

1925 年 6 月 14 日

我亲爱的!

我是否曾经像我们的最后一晚那样对一个人感到如此的快乐？我希望我让我们生命中的这些瞬间永远不再消失，而且在我们动摇、踌躇、忘记了友好的时候，它们应当总是在那儿。

在我们之间没有隔着任何东西。这最为纯朴的彼此共在——没有不安和欲望，没有疑虑和顾虑——是如此完全地不受拘束，以至于如果不是对这样的瞬间的敬畏使我更为蒙福的话，我本来也想欢呼。

然后——当我还清醒地躺着的时候——我想起了你的日记，并试图使它传达的关于你的形象与我完全活生生地拥有在心中的形象一致起来。在第一个形象中，我们还是只发现了羞怯，但是现在这羞怯被美化了。你在你的面孔中获得了另外一种表达——我在讲课的过程中已经看见了它——而且由于焦虑凝滞了。旅行、群山：它们将依然是缄默的和贫乏的，如果不是你把内在的喜悦、不受约束的自由和稳靠的存在（Frei-und-Sicher-Sein）一起带来了的话。你说，自你的孩童时代以来，你就再也没有这样的感觉。现在，你又**拥有**了它们——光芒四射的眼睛、纯洁的额头与和善而羞怯的手。

孩子——你已经以这样的方式重新**获得**了这一切，你不会再失去它们。你不会再将你的孩童时代只是作为自然的馈赠而拥有，而是将之作为你的心灵的根基并作为你的存在的力量而拥有。

在你离我遥远的时候，我经常读诗，而你的生命对我就总是变得当下在场。我是如此地快乐和欣慰：你在此——当我自己现在被我的事务拖住的时候。每当情形对我来说"糟糕"的时候，这总是一个信号：情形在转"好"。

我几乎能感觉到你那邻人似的切近——

最近你对我这么好——我原本并不理应得到它。

让你的心保持仁慈和快乐吧。

你的

马丁

20

马丁·海德格尔致汉娜·阿伦特

1925 年 6 月 22 日

最亲爱的！

我感谢你的来信。要是我能够对你说出我是如何地为你而感到高兴就好了——当你的生命向世界重新敞开的时候，我能够与你同在。而且，我几乎不能看出你在何种程度上已经理解了你自己和一切**如何**都是宿命（Fügung）。人们恰恰错认了如下的事实：拿自己做试验和所有的妥协、所有的技巧、所有的劝诫、所有的出路，在完结自身的过程中都只具有这样的意义：阻碍和逆转此在的宿命。而这逆转又取决于如下的事实：尽管有"信仰"的所有替代物，但是我们对此在自身不再有真正的信仰，也不晓得要去为我们自己获得这样的信仰。对宿命的信仰什么都辩解不了，而且它也不是使得我能够安逸地完结自身的办法。

只有这样的信仰——它作为对他人的信仰是爱——才能够真正地接受那个"你"。当我说我在你那里感受到的快乐是巨大的而且在增长着，这意味着我对曾是你的过往的一切也都信任。我不是在把我树立为一个典范——更不用说我什么时候曾试图接着来教育你或者做类似的事情了；而是整全的你——就如你现在之所是和带着你的过往依然会是的那样——我就是这样爱着你。只有这样，爱对于将来才也是强大的，而且不是一时的轻浮的快乐——对方的可能性才能被激发出来，而且对于不会缺席的危机和斗争来说才是强大的。但是，这样的信仰因而也要防止在爱中滥用对方的信任。能够快乐地进入将来的爱已经生根了。

女人的影响和存在——对于我们来说是原初得多的——宿命，因为更加地不通透——但是更加地根本。

我们能够**给予**多少，我们就有多少影响——赠品是否总是立即或者终究被接受，是无关紧要的。而且我们关心多少，我们就有多少权利。因为我们只能给予我们自己要求自己交出的东西。而且，只有我以之能够从我自己之中要求出我之存在的深度，才能决定我的朝向他人的存在。

而且，爱**存在着**，这是留给此在的令人喜悦的遗产；它能存在。

而且，在你脸上展开的新的宁静就是这样的，不是一种飘浮无据的喜乐之反光——而是刚毅和善良（在其中你完全是你）之反光。

37

你的

马丁

21

马丁·海德格尔致汉娜·阿伦特

1925 年 6 月 26 日

我亲爱的!

　　由于天气老是不好,而且下周我会独自住在这儿,所以我想请你星期天(6 月 28 日)晚上 9 点之后到我这儿来。

非常爱你
你的
马丁

22

马丁·海德格尔致汉娜·阿伦特

1925 年 7 月 1 日

我亲爱的！

刚才我正在想着你，而且是想着在与你一起度过一个短暂的工作间歇，你就与克莱辛（Clärchen）一起从旁边走过去了。**请星期五晚上来吧**，就像上次一样。

只要你在这儿，即使你可能状态不"好"，我也会高兴的。

我处在一种非常令人恼怒的境况之中，因为某个人带着一本已完成的博士论文突然来访，我必须仔细研究这篇论文——哪怕只是为了否决它。

这样一来，在最为美妙的工作过程中我会失去半周的时间。希望当你来的时候我能够完工。至少我打算如此。因为我总是喜欢一从我的工作中走出来就去接近你。

你的
马丁

23

马丁·海德格尔致汉娜·阿伦特

1925 年 7 月 9 日

亲爱的汉娜！

那个晚上和你的书信。谢谢你，我的好姑娘！二者都告诉我：对于**你的**爱来说，我还是不够强大。爱"本身"的确还不存在。

如果我已经足够强大的话，那么我昨天晚上也许就不会帮助你——但是会给予你更多的宽容。好像是我有这样的要求：当你状态好的时候，你才能来，而不是你状态不好的时候，你才应当来。

目前我还没有长进，这表明我没有经受住考验。但是你的确最大程度地经受住了考验。最亲爱的汉娜，你不想我继续谈论这个。我们不想"剖析"已经发生了的事情。但是，我可以恳求你，亲爱的，不要害怕这样的"疲倦的"时刻和日子，今后不要让什么东西只是你的而不是同时也属于我的。

人不是单调乏味的东西，不能持久地经受赞佩、幸运和危险的巅峰。所以，不要因为我的不给力而让你自己被逼着做自我指责。

我没有什么可宽恕的——只有对你前一个晚上辐散出来的宽容的更多感谢。在你的谈话和讲述中共鸣着如此多的兴高采烈和无忧无虑的欢乐，我为你感到高兴。而且我知道：当我完全为你而感到高兴的时候，总是我最为美妙的时刻？[1] 但是，当我不得不为你的疲乏而感到悲伤的时候，我与你就不那么切近了吗？

---

① 原文如此。——译者注

我有一次对你说过：我容易忘记对你们年轻人来说如今的生活是如何地更加艰难——虽然我不想把自己算作"老年人"。

但是，时间、环境和世代结构把如此多的东西带入了你们的生活，而且是如此地早，以至于在如下的一个时代中变得厌烦就更加地容易和经常了：它不能给出任何东西——它使得一切都变得容易老去——在其中只有完全强大和沉默的人还能为某个东西而付出全力，且不让它引起注目和轰动。

如今向着可能性挤过来的一切都只能释放出已经存在了的力量。

而且它们不是从外面产生——而是从对自己和他人的沉默的信赖中被释放出来的。

你对我讲过你们年轻人是多么地缺乏并追寻一种公共的生活和存在。

在最初的那些书信中我就已经描述过我给就在这所大学里的那个女人分配了何种任务，以及它被理解得是如何之少。

我已经读了几页的《魔山》——对于我来说，它是激动人心的，40因为我完全是从我青年时代独一无二的朋友的书信中获知它的，而且这个世界在远处陪伴着我的学生时代。

当然，描述的精彩程度——是闻所未闻的；我迄今为止关于那个"时代"所读到的东西都不是动人心魄的，但是如果我想从这一点来检视这部著作的话，那将是可笑的。

但是，现象以及此在是从其周围世界而被经历的，而且只是被信以为真地经历着自身，这是借助于一种高超的技能而开始的：我暂时只全神贯注于此。我是一个非常迟缓的读者，而且我现在同时受到我额头上的"角"的折磨，且气力衰减。

我希望这次感染不再扩散，不会毁掉我接下来的一周。星期三上午布尔特曼（Bultmann）到我这儿来了，并劝说我取消讲座。我现在实际上再次休息了，因为我已经有几个晚上都没有睡多少觉了。而且，我知道：你也对我有耐心。

　　当你星期一对我讲话时，情形如此地完全不同于以往。你的自信和明确的、自由的归属于我（Zu-mir-Gehören）。

　　你快乐地拍打着好人雅克比的肩膀而实际上意在于我的样子，令人着迷！

　　而且，在那简短的交谈中你与我如此切近，就如你在讲座期间每天都是的那样。

　　你的生命是富有的，绝不会落空。这个信念比我们攫取和实现的一切都更加有价值。

　　快乐起来，亲爱的——

你的

马丁

24

马丁·海德格尔致汉娜·阿伦特

[1925 年]7 月 17 日

我亲爱的汉娜！

这个星期天的晚上(7 月 19 日)你愿意到我这儿来吗？我活在这样的时刻的快乐之中。大约 9 点的时候过来！

可是，如果我房间里的灯亮着的话，那么我就是被一次会谈给牵绊住了。在这种——未必可能的——情况下，星期三同一时间过来。遗憾的是，星期二我有 Graeca①。

你来的时候，把《魔山》第二卷带来，如果你手头有的话。在我不能工作的那些日子里，我已经一口气读完了第一卷。无疑，人们必须"研究"这部书。

考试、会议和鉴定的琐碎事务使我的负荷非常大，我感到自己更像"官儿"而不是人。

我愈加期待着与你一起休息一下。

你的

马丁

---

① 这是古罗马人对希腊这个国家的称呼。该词在此处的含义，参见文后相应的注释。——译者注

25

马丁·海德格尔致汉娜·阿伦特

1925 年 7 月 24 日

亲爱的汉娜！

感谢你流露着爱意的书信。它是如此地可信和坦率，以至于让我与你一起分享了一种特殊的快乐。

神学使你感到精疲力竭。这不奇怪。这属于它的一部分。如下一点并不是最坏的预兆：你认为你迄今为止的努力都是徒劳无功的。

42　　问题只在于你是否充分利用了你的严肃态度——这是一门"艺术"。也许只有在你还葆有热忱的时候，你才必须去学习还要多得多的东西——这既不需要"好奇"，也不需要表面上的接受，而是需要保持对理解之可能性的一种敞开。

只不过别紧张！这种危险恰恰在我们的环境中特别高——当我想到布尔特曼的工作和我的工作的时候。我总是有这样一个糟糕的印象：年轻人们对于他们的"严肃态度"太过严肃了。他们丝毫没有我们曾经有过而且我相信——只是改变了形式——现在依然还具有的蛮勇。他们没有冒险心，而且总是忘记对于布尔特曼和我来说——有一个确然完全不同的发展历程作为根基存在着：我们在我们的迷途中能够感到兴奋，而且能够从中汲取紧张工作的力量，这种力量在今天已经丢失了。

自身还具有热血和激情的人有一天必然会厌烦这种老气横秋的、颠倒的"严肃态度"——它在很大程度上同时也是源自从"人们"（man）那里而来的一种"严肃态度"-传染（"Ernst"-ansteck-ung）——而且他也不会陷入同样颠倒的对立面，即对一切事物的厌倦的嘲讽之中去——这种嘲讽现在的确是越发地于事无补了。

所以说，你这个戏谑的森林精灵，没有什么"失去的"一个学期，而是只有被度过的生活——即被赢获的存在——的一个片段。我会给出一些东西，以便我能够再次"失去"几个学期。

你的

马丁

26

马丁·海德格尔致汉娜·阿伦特

[1925 年] 7 月 31 日

亲爱的汉娜!

我还在这里,而且由于我星期一必须得参加一个该死的会议,所以现在不能同胡塞尔谈话。

一些有点儿滑稽的家务,由于我们有了女仆,从明天开始就不再纠缠我们了。我现在突然之间又已经变成了大学生。

你愿意明天 8 点 45 分到我这儿来吗?如果**我的**房间里没有亮灯的话,你就按门铃。

再会

你的马丁

27

马丁·海德格尔致汉娜·阿伦特

1925 年 8 月 2 日

亲爱的汉娜！

感谢你的"告别"。

这是一个美好的学期；而且我带着很多干劲儿投入到了我的工作之中。这其中有你的贡献。而我的群山应该会给予我安宁、平静和力量，这样一切都变得就像被我拥有了似的。

现在我根本不对延误感到难过，因为它为我带来了迄今为止最美好的夜晚和你的话语。

在你的路上，在你的梦中，我都伴随着你。对于你的好、你的成熟和变得强大，我感到高兴。

向你的母亲致以亲切的问候。

快乐起来吧，热爱生活吧，在你的心中创造许多的喜悦吧，这样今年可能会带来一个美丽的夏日般的初秋。

44

你的
马丁

28

马丁·海德格尔致汉娜·阿伦特

［1925年］8月23日

亲爱的汉娜！

我在这上面的逗留先是给我带来了一次良好的恢复，然后我得了一场令人讨厌的感冒，以至于必须长时间地中断了我的工作。所以，我也没有去村庄的邮局。

此时，经过几站之后你应当到达你母亲那里了。当我从拉恩河回来，你的脸就如我常常看到的那样对我显现时，我突然意识到：此时你完全像你的母亲。

我希望你也像我一样多地把学期和期末带入假期之中。而且，我希望在接下来的几周之内依然能够好好地把它利用起来。现在山中悬浮着浓雾——在此之前，昨天太阳还光芒四射，而且从伯尔尼高原直到勃朗峰的整个阿尔卑斯山脉都看得见。

在这里，我又与自然和家乡的土地生活在一起了，而且似乎感觉到思想在生长。现在，当我漫步穿行于冷杉之中的时候，这种穿行本身就是一种奇妙的沉思。我遇到伐木工人的情形非常罕见——这里没有疗养的人和类似的家伙。每一条野外小径或者小泉，或者麂子行走的路线——或者松鸡出没的所在，我都是熟知的。

在这样的氛围中，与游走于争吵指责着和耍着阴谋诡计的教授们之中的时候相比，工作具有一种不同的连贯性。

布尔特曼最近兴奋地给我写信谈论那个湖。他许诺给我写一

45

封长信,但是它迄今都还没有来。我已经把《魔山》读完了。事实上,对我来说,第二卷的开头有点儿弱且不可靠——结尾相应地是做作的。然而,像皮佩尔科尔恩(Peeperkorn)举办的夜晚狂欢这样的场景不是任谁都可以塑造的。这个人物拥有现实的"品种",而且舒夏特(Chauchat)夫人的故事是出色地被展开的,因为它是一个没有结局的结局,而且我这样想到:汉斯·卡斯托尔普(Hans Castorp),当他后来在战场上带着他的枪卧在潮湿的堑壕之中的时候,他必定"想起了"她,而在某个地方——她"想着"他,而且他们今天仍然在这样做。整部著作中未被言说的东西,实际上是最富成果的东西。

对于我来说,一部著作的试金石在于:我很快就会再读它——即使只是少数的部分。而且人们必定会研究它们。人们不应太多地考虑"时间"因素。但是,在这里,批判也许是毫无意义的。

我经常在哥尼斯堡——不仅是因为我在阅读康德"以求放松",却再次看到在哲学的名下流传的东西如今在何种程度上已经消逝了——哪怕是在姿态和风格方面。

几天前略维特(Löwith)从慕尼黑给我写了信——他还没有找到他回到从前的路。这个秋天他要到马堡来。

我想建议你做一件我此前一直没有想起来的事情,即想想为布尔特曼的研讨班做个准备,以便你可以从中收获些东西。就这个狭窄的主题本身而言,几乎没有什么东西可看,至少没有什么足够好的东西。有一本小书,我只知道它的书名是:吕德曼(Lüdemann),《保罗的人类学》。它大概只是一本材料汇编,也许你可以到图书馆去找一下。

卡比施(Kabisch)的《保罗的末世论》是片面的——但是写得非 46

常好。然后，我相信我已经对你提过一次布塞特（Bousset）的《新约全书时代的犹太教》，1906 年第 2 版。它完全按照宗教史学派的方法写就，但是材料丰富，而且在概念史方面富有教益。

不久，假期就又要结束了——对我来说，在某种意义上，太快了。但是我依然期望着再好好工作几周。

我在其上位列第一的名单已经在柏林了。在那里，它现在也许要冬眠很长时间，并会经受新的阴谋和诡计。假如我被聘任了，那么围绕着我的继任者而展开的斗争当然会更加地疯狂。有这样的人，他们在这样的事情中看到了教授生活的首要魅力。

你会说服你的母亲相信你必须要拥有一套冬天滑雪的装备吗？ 在我的"书桌"上的几本书中，有荷尔德林的《海泼里恩》（Hyperion①）。我想对你说：对我来说，你和你的爱属于我的工作和生存。我希望最圣洁的回忆同样经常地临近于你和我。对我来说，它总是会提醒我要更加地配得上与你一起的生活。

我有一个秘密的计划。如果克莱辛这个冬天住在你的近处，我会让她为我间或演奏一曲。也许你的"本领"能够玉成此事。

我很可能很快就会去我的家乡。到那时，我会把我的地址写信告诉你，以便我也能拥有你的消息。

我会很快再给你写信。

致以衷心的祝愿

你的马丁

---

① 希腊神话早期神祇，十二泰坦之一，光之神，是太阳、月亮和黎明之父。——译者注

马丁·海德格尔致汉娜·阿伦特

托特瑙堡

1925 年 9 月 14 日

我亲爱的汉娜！

在这上面，随着寒冷的夜晚和美好的、阳光灿烂的白天，秋天已经到来了。我已经以大量的精力找到了进入我的工作的路径，而且能够不受事务的缠绕。这一次，我对学期感到恐惧——不只是因为它会带来更多无用的东西，而且是因为它会使得我完全脱离创造性的工作。我将不能完成我所打算的工作定额，即对"时间"的再次通读修改。因为，我又遇到了新的事情，它们暂时把住了我。我的"逻辑学"以这种方式再次时断时续——以至于我不能按照手头的稿子进行讲座了。也许根本不是以一种完整结构的形式——而是以单个问题的个别修订的形式，"否定"问题在其中占据着一个特别的位置。

我已经忘记了"世界"是个什么样子，而且我会觉得自己像一个第一次下来进城的山里人。但是，在这种能够产生意想不到的力量的孤寂中，人的经验也变得更加纯朴和强烈了，而且它们失去了它们最具灾难性的方面——日常性（Alltäglichkeit）。我们必须总是一再地把自己带入这样的状况之中：一切都是新的，就如第一天一样——创造性的工作以这样的方式给出这种状况：它隔离。

当我经常完全地被包封的时候，我就奔上最近的山，并让狂风在耳畔呼啸。我需要自然的这种切近；通常，当我大约晚上两点完成工作的时候,我就向下观望山谷的宁静,并感受切近的星空——
这样,我就只是工作和生活。然后我就想:你也会一同为此感到愉悦,并且肯定会从中获悉些什么。

我已经写信告诉过你我在读海泼里恩。我开始慢慢地懂了。

你必定在每一行字里都觉察到了,最亲爱的,在我心中有一场风暴,而我必须争取以恰当的方式应对它。

我收到了胡塞尔寄来的一封长信。他再次邀请我到蒂罗尔(Tyrol)①去看他。但是我必须拒绝,因为我自己的事情才是燃眉之急。胡塞尔好像不再前进了,我担心他的创造性要终结了。他需要学术上的刺激,而在弗莱堡他获得的这种刺激非常短暂。

我将于 10 月 1 日前往我的家乡(巴登州的麦斯基尔希),并在那里待八天。接下来的十天去海德堡探访雅斯贝尔斯。大约在 20日,我会在马堡。

如果我能够脱离工作岗位的话,9 月 21 日我将奔向弗莱堡——在那里,古力特(Gurlitt)要在学校的音乐协会里用普拉托里乌斯的管风琴演奏德国巴洛克音乐(普拉托里乌斯、沙伊德、帕赫尔贝尔、布克斯特胡德②)。古力特邀请了我。

你在为布尔特曼勤奋工作了吗? 在黑格尔研讨班里,我还是要首先讨论康德,更确切地说是《纯粹理性批判》(关于时间的先验感性论;进而,关于图式论的先验逻辑学和经验的类比)。也许你可以稍微更进一步地关注一下这些事情。

滑雪装备的事情怎么样了? 在我的走廊上,我已经描画出了

---

① 奥地利州名。——译者注

② 普拉托里乌斯(Prätorius)、沙伊德(Scheidt)、帕赫尔贝尔(Pachelbel)、布克斯特胡德(Buxtehude)都是德国作曲家。——译者注

我将和你一起四处漫游的地方。

我现在又在山上进行美妙的锻炼了，而且当我再次笨重地行走在平原中的时候，我觉得滑稽可笑。

此时，从勃朗峰直到伯尔尼高原，整个系列的阿尔卑斯山脉都被笼罩在了夕阳之中。如果还是夏天的话，那么这就会预示着坏天气。除了刮大风的几天之外，我们在这里迄今未受打扰。　　49

请给我往麦斯基尔希写信。

致以衷心的祝愿

你的

马丁

30

马丁·海德格尔致汉娜·阿伦特

弗莱堡

1925 年 10 月 7 日

亲爱的汉娜。昨天我又走下来去了"平原人"(Flachländer)那里,并会在胡塞尔那里再待上两天。然后,我会去麦斯基尔希,直到 17 日。在那里,我会写信详告。在山上的最后几周难以形容地美好!我已经完全被晒成铜棕色,而且休养得很好。

致以衷心的问候　马丁

31

马丁·海德格尔致汉娜·阿伦特

海德堡
1925 年 10 月 18 日

亲爱的汉娜！

衷心地感谢你给我写往麦斯基尔希的信。我是带着一次重感冒到达那里的，这次感冒发展成了支气管炎，使我很受折磨，破坏了我的逗留，几乎耗尽了我的休养。

现在我已经恢复一点了——但是还没有精神焕发，而且完全不能专心于我的工作了。我在群山的孤寂之中做出的东西，就像陌生的东西摆在我面前。我需要很多的时间来重新完全进入其中。我担心这个充满公务琐事的、令人厌恶的冬季学期根本就不容许我这样做。

我为此感到高兴：你状况良好，而且对我有耐心。

我将于 11 月 2 日开始讲座——初级研讨班同一天进行，而星期二，即 3 日，是高级研讨班的预先讨论。

你必须以你充满着爱的在场确保一切都进展顺利。

可惜，在雅斯贝尔斯这里我也只能短暂停留，因为下周又已安排了一场我不可以缺席的会议。

你也许 10 月末才会在马堡——即在几天之后。对于我来说，仿佛我们昨天晚上才见过面。给出如此之多的东西的亲密时刻总是可以被重演——而且这时才将自身显示为不可耗竭的。

你充满爱意的书信告诉了我你是如何体验这些时刻的。我会

50

这样地再次见到你——在这些时刻的过往之中，而你充满爱意的眼睛将会宣告快乐和在你的向我存在（Sein zu mir）中完全属于你自己的东西——你的有益的快乐。

但是我也希望你复原归来，并像夏天时那样轻松愉快。

我希望与雅斯贝尔斯在一起的时候我会进入工作状态。目前，对于我来说，一切都非常地不现实，首先也包括如下一点：我必须举办讲座。但是，这同时也是如下事实的标志：最为密集地进行工作的过去几周确确实实是创造性的。

在我下山之前不久，我收到了一封施特恩（Stern）博士先生写来的信，在其中他对我描述说：他处在一种难堪的境况之中。也就是说，在夏天他撰写了一篇《论周围世界—情境—阻抗（Widerstand）》的论文，而在详细起草的时候，他不能区分哪些是**我的"思想"**，哪些是他自己的。现在，约纳斯（Jonas）已经给他读了我的夏季讲座，他从中看出他与我完全一致。但是，他请求我在他的作品出版之前阅读一下它，以便他能够确信他没有错误地解释我。

只有施特恩先生允许自己做这样的事情。多年来他一直在努力掌握我在练习课和研讨班上所说的一切。我简短地回复他说："在我不能判决什么是我自己的思想和什么是其他人的思想的情形下，我就不考虑出版。致以亲切的问候。"——

也许施特恩先生只不过是最糟糕的人之中的一个——但是，这样的经验的确有时会使得人们怀疑：耗费太多的精力于教学之上，而不是把所有的精力都集中于研究之上，是否值得。但是，潜在的积极效应最终还是被遮蔽着的，这样也好。

最近，我收到了布尔特曼的一封长信——在其中，他也从自己的壳中走了出来。我们的友谊已经变得生气勃勃。但是，可惜，我也不能给他回信,因为我太精疲力竭了。

一个充满爱意的吻……再见。

你的马丁

我将于 20 日去马堡。

32

马丁·海德格尔致汉娜·阿伦特

我亲爱的汉娜!

今天,在我的讲座期间,我向你致以问候,并为你在那里而感到高兴。讲座依然让我颇为费力,但是我希望我会恢复健康,而不会像我的夫人那样为流感所困——它已转变成肺炎了。对我来说,白天和黑夜都非常令人心烦意乱。完全的复原被搞砸了。

孩子们也病了,所以刚过去的几天根本不美好。

我的夫人需要相当长的时间来康复,而且目前我还看不到家务如何被维持。当然,一些帮助也许还是能被找到的。

我写信跟你说这些——即使我知道:对于我为什么沉默,你并不期待"理由"。我为你又在这里了而感到高兴,并期望着我们很快就会相见。

与雅斯贝尔斯在一起的日子,对于我来说非常有价值,我们又彼此切近了。虽然我们已经在一个整体之中,但是我们的友谊依然是一场艰难的斗争。

对于布尔特曼-研讨班来说,我现在还是太疲倦、太不安。

最近,布尔特曼对我讲了对你的滑稽可笑的混淆——但是我无法想象他把你与谁混淆了。当他说着:"您也许想取走您的钱?"来接待你的时候,那场景肯定非常滑稽可笑。

这些日子,布尔特曼是亲切的。

虽然现在的状况令人痛苦，但是对于学期的开始和接下来的工作，我还是感到高兴。

你的切近是阳光。

非常爱你
你的
马丁

33

马丁·海德格尔致汉娜·阿伦特

马堡

1925 年 12 月 10 日

最亲爱的！

请于明天(星期五)晚上大约 8 点 15 分到我们的长椅这里来。

我感到非常高兴。

如果我遇到了阻碍,我会在讲座之后告知你。

你的

马丁

34

马丁·海德格尔致汉娜·阿伦特

马堡

1926 年 1 月 9 日

我亲爱的汉娜!

如果你今天（星期六）晚上 8 点 45 分到我这儿来的话，我会感到非常高兴的。如果我房间里的灯亮着的话，那么我就在家。

但是，也许你明天晚上才能到这儿来；那就太遗憾了。

再会

你的

马丁

35

马丁·海德格尔致汉娜·阿伦特

1926 年 1 月 10 日

我亲爱的汉娜!

那个晚上——我期待了它好几周——和你的书信。我理解它,但是这并不使得它更容易被承受。如我所知,我的爱从你那里索取的东西更是不容易被承受。你被驱迫到了要失去信念的边缘上——即使是对于最富有活力的忠诚来说,这种状况也不是离得如此之遥远,就像浪漫的理想化真的想拥有它的时候那样。

我已经忘记了你——不是出于不在乎,不是因为外在的状况横亘在中间,而是因为每当我集中精力于最后阶段的工作的时候,我必须忘记你而且想忘记你。这不是几个小时或几天的事情,而是酝酿几周和几个月然后渐渐消褪的一个过程。

而且,从所有与人相关的事情那里的这种离-开(Weg-kommen)和与所有关联的断绝,从创造的角度看来,是我所知道的最宏伟的人类经验——从具体的情境来看,是人们能够遭遇到的最为令人反感的经验。它是这样的一种经验:在意识完全清醒的情形下,心脏被从肉体中撕扯出来。

而最为困难的事情是——这种孤立绝不能通过诉诸它所获得的东西而得到辩护,因为这方面的尺度是不存在的,而且它不能错误地被简单地算作对人类关联的抛弃。而是,这一切都必须被承受——而且是这样:即使是对最为亲近的人也尽可能少地谈论之。

带着这种必然的孤立之负荷,我总是一再希望着完全的外在带着这种必然的孤立之负荷，我总是一再希望着完全的外在的孤立——仿佛是一种只是看起来如此的向人们的回归——和与他们保持一种终极的和持久的距离的力量。只有这样，他们才能免于所有的牺牲和必然的被回绝。

但是，这个痛苦的愿望不只是不可实现，它甚至会被遗忘——遗忘得如此厉害，以至于最生气勃勃的人类关联现在又成了源泉，并提供了驱动力，以便再次重新被驱入孤立之中。于是，一切都再次变成了恰恰针对至爱和至亲之人的冷酷和暴力——这样一来，这种生活就只是一种持久的要求，但它总是不能为此获得一种辩护。积极地对此进行应对——不通过千方百计的逃避而持守于一方——叫做作为哲学家而生存。

我在此对你所说的——不能也不应是托辞；但是，我知道：以之我同时又将你恢复了，并强有力地把你吸引到我这儿，因为你能够理解——我们之友谊的一种向着最后边界运动的强化，只是为了使得它的意义更加紧要。"悲剧"是一个空洞的言词，而且对于我们积极的生存意识——即这样的意识，在其中破裂被理解为一种本己的力量——来说，已经失去了所有的意义。

如果我向你隐瞒已被说出的东西，并只是直接向你保证你最终欺骗了你自己，那么一切都将只是掩盖。

当我对你说：对于我来说，现在所有的外在活动都让我感到恐惧——那么，这是对"假期"的需求，这种假期是任何政府部门都不能给予的，而是只能通过劫掠被夺取。而且昨天晚上，一切都具有了一种几乎是阴森可怖的象征意义——你称呼我为一个"海盗"——我笑着同意，但是同时在"恐惧和战栗"中感觉到了航海的寒冷和风暴。

当你向我讲述你们关于"哲学家"的玩笑、轶事和笑柄的时候——那非常有趣,只有傻瓜和官僚之类的人才会谴责这种东西,甚或希望消除它们。但是,如果除了学识和学位的打算之外,这是唯一占据着心绪的东西,那么对于年轻人来说一切都将是可怖的。

至于你的决定——当我为自己着想的时候,我说"不",而当我在工作的孤立之中考虑自己的时候,我说"是"。但是,积极的东西必定是一个具体的决断——而且,在这里,它不是讲座和研讨班的空话。在最后这一点上,完全不依赖于你和我地——清楚的是:在你年轻的岁月和善于接受的学期之中,你不应把你自己系束于此。如果年青人不振作力量离开,那么对于他们来说情形就总是糟糕的。这是一个标志:天性的自由已经不复存在了,因此当他们留下时,也不再积极地成长了——且不说这里的这种学生一夜之间败坏了所有的新来者,而且从一开始就使得他们脱离了我的控制。我能够很好地想见,"海德格尔-门徒"描述的几乎不是一个令人愉快的现象。正在蔓延着并让人害怕的东西是一种完全不自然的思考、追问和争论的方式。环境的这种印迹比个人更加地持久,而且与之相抵抗的人只会毁掉自己。

也许你的决定会成为典范,并帮助我使氛围更加地自由。如果它效果良好,那么只是因为它要求我们两个人的牺牲。

那个夜晚和你的书信给了我新的确定性:一切都持守于好的东西那里,而且变成了好的东西。就如我在强力的时刻忘记而且必须忘记你一样,你即使是在你的境况之下也应当快乐,就如同具有年轻的心和强烈的期待与信念的那些人对于一个新的世界——新的学识、新鲜的气息和成长——感到快乐一样。我们之中的任何一方都总是匹配于另一方的存在,即匹配于信仰的自由和一种纯真信任的内在必要性,我们的爱就蕴含于其中。

我的生活在这样的一种阴森可怖的确定性中进行着——没有57
我的协助和功绩:我愿意相信,随着你的离去而来的这种新的空虚
是必要的。几周以来一直增长着的为了生产而具有的孤立,胡塞
尔对一次较长时间的聚会的愿望,你的决定——完全不同的力量,
它们为我开始我全新的计划和工作铺平了道路。所以,孤寂的、寒
冷的日子会再次到来——当此在,由于难题而忧虑,被一种难以抑
制的热忱和必然性驱动的时候。有时,当你庇护着你的信任的时
候,你会在你的心中听见孤寂的问候和吁请,并对此感到喜悦,且
深信不疑。

你的马丁

36

马丁·海德格尔致汉娜·阿伦特

马堡

1926 年 7 月 29 日

最亲爱的!

我衷心地感谢你充满爱意的问候。我经常在回忆中与你在一起——这个夏天,而且在那样的时候,我总是觉得你似乎过得不错。

当 J.来访的时候,我非常兴奋,而且我听到的都是关于你和你母亲的事情。我只是把他看作你的信使——虽然我必须得说:J.已经发展得很好。

我不时地考虑能够获得你的地址的方式。我不敢碰运气地把信写往大学。

我最喜欢与你当面交谈。我有一个计划。

我的书正在付印中;但是,我必须小憩一下,因为学期的"琐事"已经几乎使我身心交瘁。胡塞尔邀请我去恩加丁(Engadin)的席尔瓦普拉纳(Silvaplana)①待 8 天。从那里,我将返回小木屋去工作。

我在这里还要忙到下一周的开始。我很可能在星期三(即 4 日)去弗莱堡。从那里,我将于 6 日去瑞士。我们能见面吗,比如

58

---

① 瑞士格劳宾登州(Graubünden)玛洛亚(Maloja)地区的一个自治市,也是这个自治市的一个湖泊的名称。——译者注

说在威恩海姆（Weinheim）？请允许我把你邀请到那儿。我会在5日继续行程。

但是，J.曾对我说你当时正在计划着一次到美茵河的旅行，所以也许你已不能收到这封信了。

首要的问题是：你是否还能够如此安排。如果是的话，那么你就寄给我一张带有来自海德堡的学期末问候的官方风景明信片。然后，我会给你写信更加详细地说明。

无论如何，星期三，即4日，我会乘坐特快列车离开，这趟车大概下午3点到达弗莱堡。目前我还不确定它是否在威恩海姆停留。

万一这封信延迟到达的话，你还是要在星期三之前来，而且你可以在不能给我消息的情况下来，不管怎样我都会在威恩海姆或者曼海姆或者海德堡等你。只是你千万不能忘记这趟特快列车驶过哪里和在哪里停留。

我写得匆忙。如果我们彼此错过了的话，我会从恩加丁给你往哥尼斯堡写信。

附上一个充满着爱的吻
你的
马丁

37

马丁·海德格尔致汉娜·阿伦特

拉恩河畔的马堡

巴夫斯尔托尔 15 号

1927 年 12 月 7 日

我亲爱的汉娜!

我愿故你在(Volo, ut sis)！这是我为你如此充满爱意的书信所能够找到的唯一的答复。

虽然你总是如同第一天那样持留在我的当下之中，但是你的书信把你完全切近地带到了我这儿。我把你充满爱意的手握在我的手中，并与你一起为你的幸福祈祷。

读一下我在那些美妙的日子里写给你的关于"阴影"的书信——你就会知晓一切。不，还不是一切。你不知道我对你的幸福所感到的喜悦。亲爱的，你只是"希望"我想要信任你吗？问问你心灵的最内在之处，这心灵如此经常地从你那美妙的深沉双眼中对我放射光芒；它对我说：从根本上，我完完全全地确定这种信任。

你的书信使我如此震动，就如同你的第一次切近。那些日子又如此不可抗拒地回来了，我感谢你今天的爱的言语。

当我在 8 月通过约[纳斯]听说秋天你将会在海德堡的时候，我唯一的期望是在那里再次找到你。一场严重且旷日持久的中耳炎耗费掉了我最好的工作时间，并延误了我的计划。与胡塞尔一起进行的一项重要工作 10 月初把我束缚在了弗莱堡。这几周以来快乐的事情是：我每天都可以穿行于游泳池街，你曾走过这个地方，而且如我现在所知，曾如此自由和不受约束地经历过。后来，在10月拜谒过我那5月离我而去的母亲的坟墓之后，我才去雅斯贝尔斯那里待了几天。

我再也受不了了：在海德堡的大街上茫然地四处乱走，每一刻都期待着与你相遇。我必须和某个人谈论一下你，于是我向雅斯贝尔斯**打听**你的情况。他是如此地称赞你和你的工作，以至于我几乎都把持不住自己了。这已远不再是这样的交谈，在其中人们只是谈论他人并传达听到的东西——当他对我这样说的时候：他根据他自己所看到的猜想，你订婚了。

在没有引起他的注意的情况下，我强行结束了交谈，以便独处。

亲爱的汉娜，对我来说，这就好像是我获得了恩赐来赠送终极的、伟大的东西，为的是把它、赠品和这赠送作为新的所有物而重新获得。我还没有能够把握它，更不用说以概念的方式来说出那些时刻我在我们的此在中所看出的意想不到的东西了。

我再次开始不断地追寻你，为的是在你那里感受到快乐——直到我充满快乐并离开。

雅斯贝尔斯只是告诉了我他的"猜想"，我根本没有进一步追问"与谁"、"多久"和类似的事情。交谈中的一切如此地远离了所有的闲聊，以至于我可以带着表示谢意的快乐看到雅斯贝尔斯是如何真诚和严肃地赏识你和你的工作。

通过这次交谈，我离他更加地近了。

你充满爱意的书信现在也已经减少了我对如下一点的忧虑：我应当如何向你告知我的"知晓"（Wissen）。一场"对话"本可以只需更少的言语，或者根本就不需言语。

现在，留给我的是对如下事实感到的痛苦：你如此地感到害怕。

在任何时刻我都没有把我所经历的东西看作是从随便哪个人那里"承受来的"，而是看作由你自己在遥远却又如此切近的交谈中托付给我的，在这些交谈中，你充满爱意的在场总是对我重新显示自身。所以，尽管有这种"知晓"，对我来说，你的书信再一次是全"新的"，因为**你**将之作为直接可被知晓的东西而给予了**我**。

目前，留给我的只有这样的一条路：把对你的思念和你那深沉的快乐转移到工作的狂热之中去。

你已经读了我的书[《存在与时间》]——这意味着你已经把你的爱与你新的幸福融合在一起了。

把你心灵的所有快乐放入你的手中，以便它在某个时刻划过我的额头，以便我能将你的爱的力量完好无损地保存在我的心中。

总是与你在一起

你的

马丁

衷心地问候你的母亲。

再给我写信，在我请求你这样做的时候。

38

马丁·海德格尔致汉娜·阿伦特

马堡

1928 年 2 月 8 日

我亲爱的汉娜!

　　你愿意在接下来的几天里给我讲述一下你的情况吗？这样的话，我与你的无声对话在假期更加宁静的日子里也会充满故事。

　　你有你自己的照片吗：来自海上的？我想完全拥有你可爱的形象——就如我把你心灵的羞怯和善良深深地保存在我的心中一样。

让我与你同在

你的

马丁

你很快就会又到南方来吗？

39

马丁·海德格尔致汉娜·阿伦特

马堡

1928 年 2 月 19 日

我亲爱的汉娜！

你给我带来了一种巨大的快乐。为此我衷心地感谢你。从根本上来说，要写一封"被定制的"书信几乎是不可能的。但是，对我来说，它总归是如此地令人心情舒畅，所以你的充满喜悦对于从何处开始的不知（Nichtwissen）具有如此直接、强烈的影响，以至于你现在竟然能够原本地直接言说你全部的快乐了。

你是"单纯地幸福的"。这从你的书信中闪现了出来。所有的"阴影"都不见了。我如此快乐，以至于我可以分享你那奇妙的强有力的安宁。

亲爱的，我知道你经常在我最为孤寂的路上与我同在——就如一朵山花在宽阔的岩石前等待着，或者不如说：只是在那儿（da）。我相信：那么这就是"永恒"；以别的方式我找不到它。

你送给了我两张照片，我对此感到高兴。在其中的一张上，你把你的头平放在手上，你如此"单纯地幸福"。而另外一张：你在那儿，和我走进柏拉图讲座的课堂时每次都看到的你完全一样。完全一样，也就是说，你同时是二者：单纯的喜悦和在通往快乐的途中。

奇怪——或者也不是——在圣诞节假期我读了《流浪者》。汉姆生①是一个哲学家,不过是以这样的方式:他的艺术不为此所累,还有与土地、风土、天性、自然的美妙切近——这个不间断的生命整体,三句话之后这个整体就总是已经出现在他那儿了。我对他所知尚少,因为我终究是一个相当慢的读者。但是,现在我已经订购了《最后的快乐》,并乐于在假期来阅读它。

你当然知道——期末并不美好;但是同时我期待着去黑森林,自从我知道你如此地喜欢它之后,它现在对我来说更加地亲切了。也许这会成为我们的幸运:我能够向你显示一下它。

我拥有了一副精美的新的挪威滑雪板,我像一个真正的少年那样为此而感到高兴。希望会再次有充足的雪。

雅斯贝尔斯已经邀请我4月去拜访他,而当我想到我可以见到你的时候,我已经高兴地颤抖了。当我的假期计划确定了一点儿的时候,我会先往哥尼斯堡写信。因为,情形可能会是这样:假期会不平静,要求我做出一个决断:我已经被弗莱堡的系里一致推荐担任唯一的职位,如果顺利的话,任命会在3月下达。但是,亲爱的,要**完全**保密。无论如何,夏天时我都还会在这儿。所以,我可以没有压力地按照意愿来准备协商。——

就9月而言,我已经被邀请到里加②的赫尔德大学做演讲了。因为关于那里的风土的某些东西吸引着我去了解,所以我大概会接受。也许在归途中我可以拜访你和你可爱的母亲。

夏天时,我会讲授《逻辑学》——全新地。希望我会拥有一种

---

① 克努特·汉姆生(Knut Hamsun,1859—1952),挪威小说家,曾获1920年诺贝尔文学奖。——译者注
② 里加(Riga)是拉脱维亚的首都,是濒波罗的海的主要海港。——译者注

持续专注的安宁。一切都是如此地美妙——十次生命也不能将之耗尽。

我吻你可爱的手——

完全属于你的

你的马丁

衷心地问候你可爱的母亲，并告诉她：对于她的问候我感到**非常地**高兴。

下一周我会从黑森林写信告诉你：你能**往哪里**给我写信，是弗莱堡还是这儿。

40

马丁·海德格尔致汉娜·阿伦特

托特瑙堡

1928 年 4 月 2 日

亲爱的汉娜！

　　昨天，我收到了来自弗莱堡的任命。除了任命自身之外，条件也是如此特别地优厚，以至于我根本不能拒绝。但是，10 月 1 日我才会迁居，所以夏季期间我还会在马堡。在从柏林——在那里，3 月 28 日我就进行了协商——回来的途中，我在海德堡停留了一天。我已通知了雅斯贝尔斯 4 月 15 日去拜访他，并在那里待到 20 日左右。你最好以海德堡邮政总局邮件存局候领的方式把你在海德堡的地址告知我，这样我们就能够进行约定了。**我非常地高兴。**

　　已经过去的 4 周真是不平静，我现在依然希望有 14 天来真正进行工作。我会再次讲授《逻辑学》；但完全是以另一种方式。在这几天里，我在非常短的时间之内体验到了柏林与黑森林之间的区别；我再次知晓了我归属于何处。——我还不能完全肯定如下一点：我应当会在几天之后再次见到你。最近，我曾在这种情绪中穿过海德堡——

我把你可爱的手握在我的手中

并衷心地问候你

你的马丁

衷心地问候你受人尊敬的母亲。

41

马丁·海德格尔致汉娜·阿伦特

亲爱的!

我昨天晚上才到,因为要在弗莱堡购买一块地产而推迟了行程。

我预计会一直待到下周一,如果我没有因为会议(继任者!)而被叫走的话。

如果我今天下午 2 点到 4 点之间没有拜访你的话,那就请晚上 10 点在大学图书馆前面等我。然后,我们可以约定。

致以衷心的祝愿

你的

马丁

42

汉娜·阿伦特致马丁·海德格尔

海德堡

1928 年 4 月 22 日

你现在不来了——我想我已经明白了。但是,尽管如此我还是忧虑,就如同我这几天总是一再突然地被一种莫名其妙的强烈忧虑所侵袭一样。

除了对境况的一种基本上非常实事求是的描述之外,我现在什么都不想对你说。我如同当初那样地爱你——这是你知道的,也是我总已知道的,即使是在这次再见之前。你指引给我的道路比我所想的更加漫长和艰难。它需要一次整全的、漫长的生命。这条道路的孤寂是我自选的,而且是摆在我面前的唯一的生命可能性。但是,命运所储备的孤独本可以不仅夺走我生活在这个世界之中,即不生活在这种孤立状态之中的力量,而且堵塞我的道路自身,这条道路由于是宽阔且没有罅隙的从而贯穿世界。只有你有权利知道这个,因为你总是已经知道了。我相信:即使是在我最终沉默的时候,我也绝不会是不真诚的。我所给予的,总是和你所要求于我的一样多,而道路自身无非就是我们的爱所交付给我的任务。如果我失去了对你的爱,那么我就会失去我对生活的权利,但是如果我逃避它逼迫给我的使命的话,那么我就会失去这爱和它的**实在性**。

"而且，如果有上帝，
那么，死后我会更好地爱你"
汉娜

43

汉娜·阿伦特致马丁·海德格尔

[1929 年]

亲爱的马丁,

你也许通过其他的、随机的消息来源获悉了我的情况。这从我这里夺走了消息的纯真,但没有夺走我们上次在海德堡的相会再次重新地并令人喜悦地巩固了的那种信任。于是,我今天来到你这儿,带着旧日的确信和旧日的请求:不要忘记我,也不要忘记我在何种程度上、何等深切地知晓我们的爱已经成了我的生命的恩赐。这种知晓是不会被动摇的,即使是今天我已经在一个人那里找到了家园和归属感,摆脱了我的不知所措状态,而从这个人那里你也许最不能理解它。

我经常听说关于你的事情,但一切都是在对著名名字的谈论所特有的那种陌异性和间接性之中——也就是说,对于我来说,是非常难于确认的。我实际上如此乐于——如此几近难熬地乐于知道,你怎么样了,你在做什么,弗莱堡如何待你。

67

我吻你的额头和眼睛

你的汉娜

44

汉娜·阿伦特致马丁·海德格尔

马丁，

当我今天见到你的时候——原谅我立马做出的反应。但是，在那一时刻，一幅图像同时在我的头脑中闪现：你和君特（Günther）如何一起站立在窗户旁边，而我独自在站台上，不能逃避如此被看到的情景之恶魔般的清晰性。见谅。

如此之多的使我困惑至极的事情都凑到了一起。不只是如下的通常情形：你的相貌总是一再地激起我对我生命之最为清晰和最为紧迫的连续性、对我们的爱——**请让我这样说**——的连续性的意识。

然而：我已经站在你面前几秒钟之久了，你实际上已经看到我了——你却逃避着向上看。而且，你不认我。当我还是一个小孩子的时候，有一次我的母亲就是这样愚笨地、开玩笑地吓唬我。我读过关于侏儒的鼻子的童话故事，它的鼻子长得如此之长，以至于没有人再认出它来了。我的母亲这样做，就好像我现在就处在那种情形之中一样。我依然确切地知晓这种看不透的惊恐，那时我总只是呼叫：但是，我的确还是你的孩子呀，我的确还是那个汉娜呀。——现在的情形与那时是如此地相似。

68　　　然后就到了火车快要开走的时候。而且，情形恰恰就如我片刻之前想到的从而也许已在期望着的一样：你们两个在上面，而我独自一人，完全无力地面对着此情此景。像通常一样，没有什么被留给我，除了让之发生，除了等待，等待，等待。

45

马丁·海德格尔致汉娜·阿伦特

[1932/1933 年冬]

亲爱的汉娜！

让你感到不安的谣言是诽谤，这些诽谤与我在过去的几年中必须承受的其他经验完全相合。

我不能完全把犹太人排除在研讨班的邀请之外，这可能是因为在过去的 4 个学期里我**压根儿就没有**研讨班的邀请。说我没有向犹太人打招呼，这是一个如此恶毒的毁谤，以至于我在将来自然会记住它。

为了澄清我如何对待犹太人，简单地看如下的事实：

这个冬季学期我已经被准许休假了，并因而在夏天就已经适时地公开宣布：我想安静，不接受论文和类似的东西。

还是来了并亟须也能够获得博士学位的人，是一个犹太人。每个月都能到我这儿来报告一篇进展中的大论文（既不是博士论文也不是教职论文）的人也是一个犹太人。几周前送给我一篇内容丰富的论文来紧急审阅的人，是一个犹太人。

应急联合会的两个领取奖学金的人——在过去的 3 个学期中，我使得他们获得了成功——是犹太人。通过我的帮助获得了赴罗马的奖学金的人，是一个犹太人。——

谁愿意把这称作"狂热的反犹太主义"，就让他这样做吧。

除此之外，在大学问题方面，我现在完全像十年前在马堡时那样是一个反犹太主义者，在那里，由于这种反犹太主义，我甚至获

69

得了雅各布斯塔尔（Jacobsthal）和弗里德兰德尔（Friedländer）[①]的支持。

这与我和犹太人（比如胡塞尔、米施、卡西尔和其他人）之间的私人关系完全无关。

而且，这格外不能触及与你的关系。

很长时间以来，总的来说，我退却了，这在以前是由于我的整个工作确实遭遇到了一种令人绝望的不理解，但然后是由于我在我的教学过程中必然经受的不太美好的私人经验。我诚然早就不再期待着从所谓的"学生"那里获得任何的感谢或者哪怕只是体面的态度了。

此外，我在心情愉快地进行着总是变得越来越困难的工作，并衷心地问候你。

马丁

---

① 此二人都是犹太人。——译者注

再-见

46

马丁·海德格尔致汉娜·阿伦特

弗莱堡-查林根

略特布克路 47 号

1950 年 2 月 7 日

亲爱的汉娜!

对于现在有时机把我们早先的相遇作为一种持久之物特意地吸纳到以后的人生之中去,我感到高兴。

如果你今天晚上能够在大约 8 点钟的时候出来见我的话,那极好。我的夫人——她知道一切——也会愿意欢迎你的。但遗憾的是,今晚她不能这样做。

你的信今天中午才到。由于我们在查林根既没有自己的电话也没有在邮局服务时间之外打电话的可能性,所以我会把这些话带到你的宾馆,并在六点半之后到达那儿。

马丁·海德格尔

47

马丁·海德格尔致汉娜·阿伦特

布雷斯劳的弗莱堡

1950 年 2 月 8 日

亲爱的汉娜！

在你离开之后，一束宁静的晨光依然逗留在我的寝室里。我的夫人召唤了它。你帮忙带来了它。你的"也许"是提供答案的-有解决能力的反光。但是，**我的**隐瞒之罪进入了这晨光的明亮之中。它会持留。

但是，晨光现在已经带走了笼罩在我们早先的相遇和遥远等待之上的黑暗之物。

"明亮是美好的。"你昨天晚上对我说的来自雅斯贝尔斯的这句话，当我的夫人与你之间的对话从误解和探问发展到忧虑的两颗心之间的协调一致的时候，一直让我感动。

对话只应带来如下的结果：**我们两个的**相遇及其持久之物能够为了你的缘故和我的缘故而进入我们三个之间被意识到的信任的纯粹因素之中。我夫人的话**只是意在于此**，而不是意在强行要求你向她认罪。

我的夫人无论如何都不想侵害我们的爱的天命。她想做的只是在于：清除掉这天命由于**我的**隐瞒而必然黏附于其上的污点。这隐瞒不只是对她的信任的滥用。恰恰是因为我知道我的夫人不仅会理解我们的爱的喜悦和财富，而且也会将之认可为一种命运性的馈赠，所以我才把她的信任放在一边不予理会。

74

在大多数情况下，我们谈得太多；但是有时也太少。出自对我的夫人的信任，我本应对她并且与你谈谈。这样的话，不仅是那信任会得到保存，而且我夫人的本性也会对你变得清清楚楚，而这一切都应会对我们有所帮助的。

现在，这样的一种时刻终究已经来了，在其中这种严重的疏忽会得到弥补，生机勃勃的协调一致会变成一种真正的相互知晓。

就如房子一样，我的工作间连同其外观也都是来自我夫人长久思虑的一个设计。

所以，已经形成了的协调一致今后也许会与这间房子的木墙的温暖色调相一致。

我对此感到高兴：你的思绪现在能够随着对工作间的观察并通过它对草地和山峦的远眺而运转。

昨天美妙的晚上和今天愉快的早上之出乎意料的东西依然持留着。本质性的东西总是出人意料地发生。在我们的语言中，闪电本来说的就是：目光。不过，出人意料的东西，无论是好的还是坏的，都需要一段长久的时间才会有结果。我为此而感到悲伤：时光如此短暂。我更加高兴地期冀着你的再次到来，亲爱的汉娜。这是最美好的事情；因为现在早先的和后来的东西都同时被纯粹地带入敞开域之中了。我知道：你自己对这纯粹之物更加地感到高兴，并且你属于我们。

我再次衷心地欢迎和感谢你的到来。我的夫人致以她衷心的问候。

你的马丁

那片树叶来自攀援茎,它的主干是我夫人几年前从黑森林的农夫那里带过来的。他们用这种常春藤来装饰他们的房子,对于喜爱它的诸神之花环却一无所知。愿这片树叶作为来自我的房间的问候,始终伴随着你。

马丁

48

汉娜·阿伦特致马丁·海德格尔

威斯巴登州

亚历山大街 6 - 8 号

1950 年 2 月 9 日

从我走出房子进入汽车开始，我就在写这封信。可是，现在是后半夜了，我不能写了。（我在用打字机写，因为我的自来水笔坏了，而且我的笔迹已经变得不可辨读了。）

这个晚上和这个早上是一个整全生命的确证。一个根本上从未被预料到过的确证。当服务员说出你的名字（我原本没有料到是你，我也真的没有收到那封信），时间似乎突然间停止了。这时，我闪电般地意识到了我以前本不会对我、不会对你、不会对任何人承认的东西：在弗里德里希把地址给我之后，冲动的强力仁慈地保护了我，使得我免于做下唯一真正不可原谅的不忠诚行为，使得我免于丧失自己的生命。但是，有一件事你应当知道（因为我们彼此之间的确没有太多的、过分公开的联系），如果我真的这样做了，那只是出于自负，即出于纯粹的、疯狂的愚蠢。不是出于理由。

我已经来了，但不知道你的夫人从我这里期待些什么。我已经在车里半睡半醒地读了那封信。如果我早知道的话，我绝不会犹疑片刻。我开始时的犹疑只是基于随着"德国女人"而被暗示出来的东西和人们就在下午喝茶之前所告诉我的东西。请不要误会；对于我个人来说，这完全一样。我从未觉得自己是德国女人，而且长期以来，我已经不再将自己看作一个犹太女人。我觉得自己就是我现在之所是，即来自异乡的女孩。

我过去和现在都对于指责的开诚布公和透彻说服力而感到震惊。但是，出自一种与她休戚与共的突发情感，并出自一种突然升起的深深的同情感，我说了"也许"。事实上我本应补充说：自然，我的沉默不只是出于谨慎，也是出于自负。但是，也是出自对你的爱——不要使得事情比它必须是的样子更加棘手。我离开马堡完全是为了你的缘故。

《林中路》放在床头柜上，我已经非常顺畅地开始了赫拉克利特。我对于 polla ta deina① 感到极为高兴——它是完全成功的。我有几分幸运：当我到达这里的时候，我必须把汽车连同司机都送回去，因此我有两天的时间在这儿休息。我可以把一切都推延，并确定在3月4-5日来。我星期六会飞往柏林，在那里一直待到星期五（地址：柏林-达勒姆，公园宾馆）。然后，星期六/星期天在这儿，之后去往英国地区。如果你下星期六/星期天能够到这里来——非常靠北——我请客……

因为你不读杂志而是自始只读书，所以我送给你被撕下来了的几页，实际上不只是送给你，也送给你的夫人。

77

汉娜

----

① 中译文参见海德格尔：《形而上学导论》，熊伟、王庆节译，北京：商务印书馆，1996年版，第147页。——译者注

49

汉娜·阿伦特致埃尔弗丽德·海德格尔

1950 年 2 月 10 日

亲爱的海德格尔夫人——

马丁的信刚到,它使我感到有必要立即给您回信。我感到幸运:我来了,而且一切都变好了。

有一种由沉默寡言带来的罪责,这种罪责与信任的缺乏几无关联。在这个意义上,对我来说情形似乎是,马丁和我彼此间相互犯下的罪与对您犯下的罪可能同样多。这不是道歉。您根本没有期待,我也不能提供。您打破了魔咒,我为此而真心诚意地感谢您。因此,我根本不能意识到:您从我这里期待着点儿什么,因为关于这段爱情故事我后来已经做下了如此之多的罪恶之事,以至于我根本就记不起以前的事情了。您是知道的,当我离开马堡的时候,我坚定地下了决心绝不再去爱一个男人,后来我就结婚了——无论是与谁都完全一样——但没有去爱。因为我自以为完全是独立自主的,相信自己能够控制一切,而这恰恰是因为我对自己根本就毫无期冀。当我认识我现在的丈夫的时候,这一切才发生了改变。不过,这是另外一篇儿了。

请您相信一件事情:我们之间曾经有过和直到现在可能还有的事情,绝不是私人性的,至少对于我的意识来说不是。您确实从来没有隐瞒过您的态度,您现在也没有,甚至对我也没有。这种态度现在带来的结果是:一次对话几乎是不可能的了,因为另一个人能够说的东西都已经先行就被定性和(恕我直言)归类了——犹太

78

的、德国的、中国的。我随时准备着——我跟马丁也暗示过——客观地从政治上来谈论这些事情;我自认为对此知道一些东西,不过是在这样的条件之下:私人的-人性的方面被排除在外。从个人偏好出发的论辩是所有相互理解的毁灭,因为它包含着在人的自由之外的某些东西。

我乐于知道一件事情,但是如果您不想说,那也好。您是如何想到要把雅斯贝尔斯作为一个仲裁人而上诉的?只是因为您偶然地知道我与他是朋友?或者,也许是因为您对他有如此多的信任?我太过于不知所措,不能做出反应;现在,这个问题总是萦绕在我心中。

很快我们就会再见。直到那时为止,请您将此作为问候和感谢而接受。

您的

汉娜·阿伦特

50

马丁·海德格尔献给汉娜·阿伦特:五首诗

［无题］

陡然地,罕有地,存有(Seyn)向我们闪闪发光。

我们窥望,守护——瞬间振荡。

你

火焰之抛投,

早被释放!

这是入口,

在它的深处

陡然向上

直至静默的辽阔

——它这样呼喊——

复得(Wiederfinden)遗失了。

来自异乡的女孩

这个陌异者,

这个对自身也陌异的陌异者,

她是:

欢乐的山峦,

痛苦的海洋,

渴望的沙漠,

到达的曙光。

陌异者:那一束开启世界的目光之家园。　　

开启是献祭。

献祭是忠诚之炉床,

依然闷烧出所有火焰的

灰烬,并——

点燃:

温和之红晕,

静默之光辉。

来自异乡的陌生人,你——

愿你在开端之中栖居。

应和

唯有神是无神的,

而其他东西都不是——

又是死亡

才在圆环中

应和

于存有的

早先之诗。

死亡

死亡是世界之诗中的

存有之山脉。

死亡在重量上分开你的和我的

这重量下降——
进宁静之山丘中
直向大地之星。

献给女友的女友

51

马丁·海德格尔致汉娜·阿伦特

弗莱堡

1950年2月15日

汉娜，

倾听（Hören）释放着（befreien）。你追随声音，这把一切都融入好（Gute）之中，并赠送出忏悔（retractation）的一种新的担保。好需要心的善（Güte），这善看得见，因为它为了把人拯救入其本质之中，**已经预见了一切**；heoraken hora①，被保持的目光之深不可测的含义；思虑得比我们多的语言之纯粹奇迹；法语的看护（re-garder）。

"拯救"不仅仅只是：刚好挣脱一种危险，而且还意味着先行释放入本质之中。这个**无限的意图**是人的有限性。由之，他能克服复仇的精神。对此我已经思考良久了，因为一种只具道德性的态度对此来说是不够的，就如同游离漂浮的教养一样。

一个人必须经验到存有之最内在的关节，以便站到那儿去，在那里他经受如下事实：正义不是权力的功能，而是拯救性的善的光。单纯的国际性组织和"联合国"都总是依然，而且只是（即使是以一种隐蔽的方式）依赖于一种本质上未被解放的国家主义。世界民族必须首先将其最本己的力量献给拯救性之善的无限意图，以便人能够在历史性的尊严中与存有的天命相匹配，并在其中拯救自身。

---

① 参见后文该信的注释 1。——译者注

感谢你送给我们的报纸。1944 年的文章包含着一个**本质性的洞见**，这个洞见远远地超出了德国民族的事件。它是激烈和勇敢的。但是，与此同时，我们那个晚上已经谈论过的东西对我来说又变得清楚了：“组织”在一个被遮蔽的核心（当然不是技术的核心，而是其**存有历史性的**本质之核心）中本现（weisen）。当你再次在这儿的时候，我会乐于给你读一些相关的东西。

对于我们两个以及对于我们与我们所归属的那些人的关系来说，对于整体和历史性的瞬间来说，这都是一件礼物：你有保障来说“是”，并过来。我的夫人与你之间自发的和谐一致会持续；只还需要做一件微不足道的事情：清除一种也许在他人的浅薄闲谈中有其本己根源的误解。你应当再回来，就像你在门下辞别时的那个样子。在 3 月 4 日之前，或者在 5 日之后就更好了，你不能增加一两天吗？汉娜，我们得赶上我们生命的四分之一个世纪；我也想要听到更多的关于你现在的方向和工作的事情，以便令人喜悦的和谐一致能够有和音相随，而这和音在遥远之中到处成为一个声音，而且你已经如此漂亮和断然地言说的语言能够减少陌异。

在这个被毁坏的国家中多次游历之后，你也应当把道路、森林和群山的光辉一起带上，保留在心中，并带给你的丈夫。

马丁

请及时告知你何时和如何再来！

我的夫人向你致以衷心的问候，感谢你的来信，并期待着一次良好的交谈。

52

马丁·海德格尔致汉娜·阿伦特

弗莱堡

1950 年 2 月 27 日

汉娜——

这些文字只意味着在你返回时对你的问候。

当你在这里时,我感到高兴。

我相信一切都会好的。

如果最亲爱的女朋友必须**如此地**等着你,那么你最亲爱的男朋友就不应有一点的延迟;即使对于他来说一次离别也即将来临。但是,不管怎样,它都是一次进入亲密之中的离别。

马丁

你一拍来电报,我就安排房间。

53

马丁·海德格尔献给汉娜·阿伦特

A. 斯蒂夫特,"石灰石"

"两片极小的白颜色的叶子——他自己所拥有的唯一的白色——它们下落在他黑色的围巾上,确证他的尊严。当他这样坐着的时候,有时袖子边角末端上一块很小的、劣等的、褶皱了的布料微微露出,他总是尽力悄悄地再掖回去。也许它们处在这样一种状态之中:他自己应当为它们而感到有点羞耻。"

"我走向通往高架公路的路,并总是想着那个牧师。他那非同寻常的贫困——我在乞丐阶层以上的人那里,尤其是在那些必须作为洁净和秩序的典范而在他人面前突显的人那里,从未遇见过这样的贫困——不断地浮现在我的眼前。当然,那个牧师是几近过分谨慎地洁净的,但恰恰是这种洁净更加难堪地突显了他的贫困,显示了纤维的松弛,显示了衣服如何地不堪和不结实。"

"这个女人也有一个年轻的女儿,一个孩子,不,她不再是一个孩子——那时我真的不知道她是否还是一个孩子。这个年轻的女人有非常漂亮的红色面颊,她有漂亮的红色嘴唇、纯洁的眼睛,那双眼睛是褐色的,友好地注视着四周。她眼睛上面的眼睑大而温存,睫毛从它们那里垂下来,看起来柔弱而端庄。黑色的头发已被她的母亲梳理平滑并整洁地分向两边,漂亮地铺展在她的头上。这个女孩有时携带着一个由纤细的芦苇做成的长长的小篮子;小

84

篮子上面横放着一块相当精美的白布,小篮子里面必定放着这个孩子必须带给某个另外的女人的非常精美的织物。

我非常高兴地看着她。"——

"'当然,它是漂亮的,我的母亲说:这织物是一间房子里仅次于银器的最重要的财产;实际上,它也是精美的白银,当它不干净的时候,总是能够再次被净化成精美的白银。它供给我们最雅致和最惬意的衣服。'……在[这个女孩]说这些话时,我确实记得:在说话者的身体上、在脖子的边缘、在袖子上,我总是已经看到了最精美的白色织物,而且她的母亲总是带着一顶雪白的小帽,帽子上有精美的褶裥饰边环绕在她的脸上。"

[牧师接着讲述道:]

"'长时间以来,我的状况对我来说已经成了习惯,而且我喜欢它。只有一种违背了节俭的罪令我感到内疚:即我仍然拥有漂亮的亚麻布,那是我为我在花园侧翼里的房间而购买的。这是一个非常严重的错误,但是我已经力图通过在我的身体和其他事情上更大的节俭来弥补它。我如此地虚弱,以至于我不能把它用坏。如果我必须放弃织物的话,我会非常伤心的。在我死后,它也的确会加入某些东西,而且我根本没有使用更加漂亮的那部分。'

我现在知道了他为什么对他漂亮的织物感到羞耻。"

没有对一则爱情故事的其他讲述如此地羞怯,没有任何永不忘记(Nievergessen)之温柔如此地强大有力。

自从 1905 年的圣诞夜以来,也许是自从你活在母腹里的那些日子以来，每年在我生日时我都读"石灰石"。

弗莱堡

1950 年 3 月 10 日

海德格尔/马丁

54

马丁·海德格尔献给汉娜·阿伦特

　　若从被收回的恩典中奔向……

汉娜·阿伦特

1950 年 3 月 11 日

1924 年 11 月

若从被收回的恩典中奔

向我的唯有一个你！

在未来的所有小径上

直达纯粹宁静之心脏

我越来越真地后悔：

恢复那孩童般的羞怯，

它的目光控诉信任，

然后担心，我如何不听使唤。

人

谁知道世界在其中扩展的静默？

谁敢居住在幸福滑落的地方？

谁把陡然唤入它的年岁？

谁使本有转向存有的真理？

谁应和于

诗？

召唤

在切近之遥远的通道中

居住；

在永恒的天命之中

爱护

它急剧的陡然

柔和的目光，

属于这天命的**他们**

听到了召唤：

"馈赠！"

在那里隐匿

自身，追寻

存有的关节。

世界

在目光的交换之中

穿越四重域

命运栖息

牧人站立

裂隙延伸

使命运作

通过抛弃

进入等级的建构之中

终有一死者

我们是到达

进入世界游戏的通道

出自爱慕的音调

启奏的歌唱，

回转。模糊纯净，

在圆舞中恐惧不安。

伪装

你们想从我这里逃向伪装

而不知道一个**声音**

必须**通过**形象才发出：

静默之声音，

不带意志地静止着，

柔和地在鸣响

因为出于和解而经受，

所以它创建一种永不忘记，

把最遥远的心相互联系起来。

本有

在光和声之中

世界被结合在一起。

谁是新娘，

被谁看-出？

本有有爱

——它的羞怯

应当总是统治着——

在区-分上失本，

出自忠诚

最分离者被居有

在一次追寻之中，它只是发现，

当它在相同者的花环中

克服所有的发现物的时候。

光：澄明：升起者——让出现：

　　自-然（physis）

声音：听起来：静默之打破和静默之聚集：

　　静默地聚集之聚集：（"阅读"［Lesens］：采摘葡

　　萄［Weinlese］）。

　　逻各斯

［无题］

谁的耳朵对这首诗是警醒的？

集置仍令人担忧地统治着。

首先到来的是荒漠，直到它中断。

长久地，诗居于源头之中。

55

马丁·海德格尔致汉娜·阿伦特

弗莱堡

巴赫·勃兰登堡第三协奏曲　　　　　　　　　于 1950 年 3 月 19 日

第二乐章,快板

汉娜,

　　五个五年的回返和回想之礼物总是一再地搅扰着我的思绪。在其中,你越过海洋从远处走近并现身于此,面对着这里最亲爱的人和所有一同属于你的东西思考着自己。

　　在这些日子中,过去的每一个小时都把你更远地带向大城市,并通过这种去远(Entfernung)把你最本己的东西带得更切近了。因为你不会回避目光,而是在遥远之中唤起切近。

　　时间是一种独特的神秘:它如此重返,并能够转变一切。一切都已经被重新给了我们。因此,我们永远都不会结束:带着对已经变成了我们的东西的谢意。

　　当我在 2 月 6 日再次站到你对面并说"你"的时候,我知道这个。我知道:对我们来说,现在一种新的生长正在开始,但是我也知道爱需要辛劳地将一切都种植在一种敞开的信任之中。

　　当我对你说我对我夫人的爱现在才又在清晰和清醒中被发现的时候,我为之如此地感谢她的忠诚、她对我们的信任和你的爱。

　　当我谈及"美丽的"的时候,我想到的是里尔克的话:美的东西无非就是可怕的东西的开端;想到的是荷尔德林的想法:美的东西

90

能够把最为对立的东西统一在亲密之中。谁可以进入美丽的东西的深处？除了情侣之外还有谁？

汉娜，要与埃尔弗丽德如此地保持切近，就如同你已经在这儿一样。我们的东西越是美丽地变成我们的东西，它就愈加无损地是她的和我的。我需要她的爱，这爱穿越岁月静静地承受着一切，而且已经准备好了继续生长。我需要你的爱，它神秘地被保存在它早先的胚芽之中，从其深处带来了它。我也想在我的心中培育一种与你丈夫的静默的友谊，在那些痛苦的日子里他成了你的伴侣。

按其本质总是独一无二并保护其独一无二性的东西，在独一无二的他者的肯认中也独一无二地强大。

我认为，我们仍然不熟悉独一无二性的静默法则和为了在它们之中保持强大而需要的心灵的强度。但是，也许这恰恰就是我们的任务：思考这些法则，在爱中促创它们。爱需要爱：这是所有需要和支持中最为本质性的东西。

这些天，我都在忙于"洞察"的誊清稿。写作时，我们在去往森林山谷和城堡的路上的交谈回荡着。这直接触发的、几乎还不可言说的、从一种早先被创造且没有被罪恶和纷乱动摇而继续前行的关系所来的领会，是多么美妙。不要再脱离这最为亲熟的东西，它会帮助你和我，帮助我们当中的每个人，当他急需、窘困、虚弱的时候。

汉娜，当大城市太过快速地撕扯你的时候，想一想陡直的冷杉吧，在冬天的山上它们在我们面前耸入正午的轻薄空气之中。

感谢你来自欧洲的上一次问候、来自巴塞尔的问候和来自巴黎的布拉克-文件夹。法兰西菊、向日葵和**蓝色的壶**是最美的图画——但到处都是华丽闪光的颜色。

汉娜,这是我对你的心第一个且笨拙的越洋问候。它问候你可靠的心和你转向这里的目光。

马丁

问候你可爱的丈夫,并问候你的朋友。
埃尔弗丽德让我衷心地问候你。

56

马丁·海德格尔献给汉娜·阿伦特:四首诗

五个五年

跨越海洋致汉娜

在那时间的神秘之中

被保存的形式

还是所有最静默星辰的

给予金色秋天的

草原吗?

三月之始

献给汉娜

她的举动是他的"去-变"!

由她而进入栖居。

他们盛开:

存有之花冠的装饰品:

颜色最深的葡萄酒饮料。

"林中路"

献给汉娜

让名字

为你和我

在这里成为一个装饰:

愿它去把捉

早先种子的

后来的成熟。

我们已经颓败，

它才到来：

作为有益的灼热。

（对一个东西来说颓败了：还没有来到这……）

思

与存有之闪电的一种对视

是思；

因为，被闪电击中

它冲入一个词语的接缝之中：

目光和闪电，

它们——从不占有——

从被遮蔽的藤蔓的

葡萄酒

壶之中

倾倒着。

它们逃避

一个大地

这大地会成为牧人的天空。

57

马丁·海德格尔致汉娜·阿伦特

布雷斯劳的弗莱堡

1950 年 4 月 12 日

贝多芬,奏鸣曲 111。

柔板,结尾。

汉娜——

什么更美好呢? 你的照片或者你的信件吗? 只有你自己和送来这两件东西这个事实。在那张照片中浮动着某个东西,它已经开始照亮你上次在这里的日子,而且在摆渡的时候,在你有力的打浆动作中更加地趋于清晰了。我不能命名它。但是,这就是那爱中显示爱意的东西,当埃尔弗丽德和你相互拥抱的时候,这爱把它的光透射进我的房间中。我们将慢慢地据有已经变成了我们的东西:

你来过,在我们之中被切近的东西变成**最切近的**切近了;在所有的这些事情上埃尔弗丽德都给予了帮助,我们的爱需要她的爱;一切,包括你的顺利回家,都被交互映射、澄清和保证了。

这一切必定经常让我想起你肯定知道的奥古斯丁的一句话:

Nulla est enim maior ad amoreminvitatio, quam praevenire amando.

这 praeventus(先行)是一个被遮蔽的到来之静默回声;它达及自由之神秘;它是正在形成的法则的源泉。

发生了的奇迹在这里有它的位置。你的照片和你在其中的样子已经聚合了它。但是，把你驱入和逐出世界的一切也都被扬弃在其中了：omnia et sublata et conservata et elevata。因此，而且也是因为现在宁静和帮助更加切近了，所以没有人为的东西能够进入这被信任的东西之中。

我不会让你命名的东西对我来说变成陌异的，更不用说我会忘记它了。我们的书信不应回避什么。

在关于权力的笔记中，我还没有看出你用"根本的恶？"意指什么。几年之后，当我在权力意志中认识到求意志的意志的时候，我想起了存有之中一种绝对利己主义的无条件的反抗。

但是，你曾在这儿（hier），而且由此（diesem），"这儿"依然在此（da），这个事实把一切都带得更加切近了，我们和你。同时，苏维埃带来的增长着的威胁迫使我们现在看得更加清晰，甚至比西方现在所看到的还要清晰。因为现在**我们**就是直接的被威胁者。斯大林根本不需要宣布你所提及的战争。他每天都在赢得一场战役。

对于如下的事实，我也不想欺骗自己：由于我的思想，我属于那些会首先被消灭的最受威胁的人。我们不仅能够在数日之内在"肉体上"被蹂躏；这样的事也能发生：长久来看，伟大之物的承传和本质之物的带回再也不可能了；再也不会有这样的事情：期待着一个将来，这个将来将现在遮蔽的东西首次揭开，将原初的东西加以保存。也许，全球性的新闻业是正在到来的所有开端及其承传之毁坏的第一次痉挛。这是悲观主义吗？这是绝望吗？不！但是，一种顾虑着历史在何种意义上只能历史性地被设想的思想，并不是必然地规定着本质性的人的存在：持续时间及其长度不是本质性之物的尺度；**陡然**的半个瞬间能够"更是存在着的"；人必须为这"存有"先行做好准备,并学会另外一种记忆;犹太人和德国人的天命确有它们自己的真理,这种真理是我们的历史性计算所不能达及的。

如果曾经发生和现在发生的恶**存在着**(ist),那么为了人的思想和承受而存在的"存有"就会由此升入神秘之中;某物**存在着**,这一事实并不就已是善和公正。但是,这也不只是一种道德的和人类的意愿,也不只是一种被提供给现实之物的附加物。

在政治领域,我既无经验也无天赋。但是,在此期间,我学会了在思想中不放过任何东西,而且在将来我会学得更多。我们的东西必须也保留在这样的距离之中。当你在我们首次再会时穿着你最漂亮的连衣裙向我走来的时候,对于我来说,你同时走过了过去的五个五年的时间。

汉娜——在黄昏的光亮之中你看到一块刚刚被翻耕的田地的褐色了吗?经受住了一切,并为一切做好了准备。对于那个再会的瞬间来说,**你褐色的连衣裙**对我来说永远是标志。这个标志会对我们变得更加地显明。

你的归家如此地美好和顺利,这是多么令人欣慰呀。我用"伴侣"这个词指的是你所说的东西。它意味着:在每一个危险中它已一同在此。

还有希尔德(Hilde)——问候你的朋友。有人在她痛苦的时候把我的几行诗放在了她病床的底下,对我来说这件事比我所获得的所有的名誉都要有价值得多。但愿你高兴地把我附上的东西展示给那位朋友,如果你知道这会令她高兴的话。

现在,汉娜,除了太多的其他的东西和一句充满爱意的话语之外,你还送来了贝多芬的奏鸣曲111。它的声音已经与我在信的开头提到的光辉紧密地联系在一起了。

埃尔弗丽德出自快乐的内心向你报以问候和吻，并为你的顺利返家而感到高兴。向你可爱的丈夫致以我的问候。

汉娜——埃尔弗丽德打理的门前花圃中的所有花朵，水仙、郁金香和盛开的樱桃树，都问候又问候你。

马丁

如果顺利的话，照片会在下封信中到达。——

我听得出你对我的"地址"的嘲笑；但是我想，这些数字属于大城市。

58

马丁·海德格尔献给汉娜·阿伦特:两首诗

[无题]

将所有的苦难

保存在你心灵的最深的裂口之中。

因为**它**自身向

一片未被走过的树丛的天空敞开自身,

其中栖留着痛苦,金镶玉嵌的饰物,

把我们作为存有的庇护所来锻造,

在那里,火焰在结晶中复原,

在那里,法则变成火:出自本质。

---

nesen: νέομαι,深情的重返。

νόστος:投宿和归家

复原(ge-nesen):进入归家之聚集

本质(Wesen):为真之物的持续

向女友的女友致以问候

马丁

[无题]

哦,穿过切近的

每条路是

多么地遥远呀！

哦，如果没有小径
你们会是怎样的呀。
谁还会

在一种艺术的
光中
看到高高恩宠的
恩惠，
它作为忍耐：
放弃

创造，自由地
进入爱的
一个标记之中，

这样它——也许，
没有什么选择
再被留下？

———————

标记（Mal）：就如纪念碑（Denk-mal）；同时：标
准，尺度（μέτρον），计量单位；同时：地方，被留下的时
间-空间。

59

马丁·海德格尔致汉娜·阿伦特

弗莱堡，1950 年 5 月 3 日

汉娜，

这声问候匆忙而来。我有机会今天乘车去麦斯基尔希见我的弟弟。我会在那里待三周的时间来为有关康德的书而进行工作，我想赶在去小木屋做夏季逗留之前完成它。感谢你的来信、重演、赫拉克利特和手稿。

明天我会从麦斯基尔希给你写信，并寄给你照片。

致以最亲切的问候
马丁

这个通信地址就够了：

德国

法国占领区

巴登州麦斯基尔希　马丁·海德格尔教授

60

马丁·海德格尔致汉娜·阿伦特

麦斯基尔希,1950 年 5 月 4 日

汉娜

　　我从"令人不适的三千英里的距离"之外问候你;**解释学**地被解读的话,它是渴望之深渊。而我却每天都为此而感到高兴:它如其所是地存在着。但是,有多少次我都希望能够用五齿梳滑过你蓬乱的头发,尤其是当你可爱的照片径直看透我的内心的时候。你对此毫无所知:它和向讲台上的我投射的目光是**同一个目光**——啊,它过去是、现在是而且将来也是永恒,由远而近。一切都必须为了一个四分之一世纪而像一颗谷种那样静养在一块深深的田地里,静养在无条件之物的成熟之中;因为所有的苦难和各种各样的经验都已经汇聚在你那同样的目光之中,这目光的光线从你的面容上回照,让这个女人显现。

　　在希腊女神的画像中有充满神秘的东西:女人被遮蔽在女孩之中,女孩被遮蔽在女人之中。而原本的东西是:**这自身澄明的遮蔽自身**(dieses sich lichtende Verbergen selber)。**这**发生在奏鸣曲鸣响(Sonata sonans)的日子里。一切早先的东西都被完好无损地保存于其中。

　　3 月 2 日,当你再来的时候,"中心"发生了,它把曾在的东西带入了持存的东西之中。时间在切近的第四个维度中聚集自身,仿佛我们本该已经直接出离了永恒——又回返了其中。你问这是否是(sey)真的。啊——即使是这个是(seyn)也被越过了。但是,最

被信任的人，你应当知道："**省思地**并温柔地"——什么都没被忘记，哪怕是与此完全对立的东西——你所有的痛苦几乎都未被测度到，而且我所有的匮乏——没有对我隐瞒它——曾在我们心灵的世界之钟的一记长长鸣响中发出声音。它在晨光中鸣响，之后好多天让遥远的当下倾听的时刻为我们而渐渐开显。你——汉娜——你。

你的马丁

61

马丁·海德格尔献给汉娜·阿伦特

出自奏鸣曲鸣响

在一场暴风之中

音调

在鸣响之中

让低沉的音调

嘹亮地跃

入最早的已经之中

入最漫长的然后之中,

接着他者被一所赢获,

从相同者之中远远地迷离(entrücken)

入相同者之中,邻近地推移(verrücken)

向从远处而来的温柔的寻找之吻(Finde-kuß):

亲密之溢流。

只献给你

——**发生在我们身上的**——

它逐渐消逝,

这山之步态

在你最深的到达的

最高上坡道之中……

什么是——发生在我们身上的——未-来?

除了那
纯粹火焰的高高涌动之外
没有其他东西
完好无损地被保存,
省思地并温柔地。

只献给你
                光
你永远不会被找出,
在你深不可测的缠绕
决-断仁慈的恩惠的地方,
狂野被纳入温柔之中。

一道光从存在之庇护所中
跃出进入崇高的词语之中,
把这馈赠献给祭品,
让我们在相同者中**思考**。

被充实的存有思着
在自己的本质中流出和流入。

          美丽的……
在漫长苦痛的酸涩香味之中

你的美在生长：它们两个都——

狂野、温柔——统一于你崇高的爱之中，

从未被洒出的、被保存的泪水之中，

从从未在"你和我"之中停止的渴望之中，

才渗出它们的光辉、它们的炽热。

只献给你

一团永恒的活火

一团永恒的活火

在一定的分寸上燃烧，在一定的分寸上熄灭①

——赫拉克利特，残篇 30

持存地保存着的炽热之光

移-离着的（ent-zückend）分寸和迷-离着的（ent-rückend）分寸

你的——在痛苦中闪闪发光的

切近——大声呻吟的，

在最亲熟的东西之中和解的

"是！"

依然在此。

当深深地被守护的

静默之幸福的叫喊

从最遥远的神坛

---

① 原文为希腊文——译者注。

在黑夜里将我带向未被变淡的太阳之光亮，

在神坛中，相同者的——

——在分寸之中被点燃的火——

在相同者之中，

非同寻常地在寻常之物中疏离自身。

只献给你

"省思地"并温柔地

"省思地"——

哦，帮我敢于

说出这个。

听！"省思地"

现在唤作（heissen）：

警醒地

惊恐地

在那从你的血液无休止的悲诉坎陷而出的

怒火的所有裂隙之中，

哦，倾听它，

它从此以后把我的"向-你"抛入"悲痛！疑问！"之中，

你将它的木柴

作为重负，随着每一次的到来让我担负，

这重负切近地、愈加切近地、愈加深入地把住，

在所有情感的振荡上拉扯，

在接触的温柔上消耗。

省思地:警醒地……
阻止休止,
拒绝运气。

"省思地**并**温柔地"
苦难之火
锻造它,淬选它,
在这"和"中,在行程中
变小。

鸣响的东西在鸣响。
它沉降
入从不悲鸣的东西之中,
唱入没有被冒险试过的东西之中,
从花冠中被形成的东西,生发着,
将爱和痛柔化进相同者之中。

只献给你

103

[无题]

如此地命名它,
我所信赖的你,
对**你**
在你的心中。

然后燃尽它

127

对**我**，
在两根蜡烛之间
观察它。

对**我们**，切近之吻
来自陡然之浇铸。

62

马丁·海德格尔致汉娜·阿伦特

德国麦斯基尔希
于 1950 年 5 月 6 日

汉娜——

你那带着有说服力的括号的书信过去和现在听起来都是切近的，尽管有三千英里的距离。但是，如果将来你有东西要寄送的话，请选择平常的邮寄途径，并节省费用。多好呀，你拥有一份为我而制作的手稿的影印件，而且更好的是：你一年半以前就把它寄出去了。但是，那个时候我三番五次地收不到国外的邮件——甚至是雅斯贝尔斯的也没有收到。昨天晚上，当我审阅我早先的关于康德的解释（我还在为康德书而苦干）的手稿的时候，我偶然地发现了你所拥有的手稿的草稿。一切都围绕着"此在"转，离开了主体和意识，为的是到达那里。其中有我 1924 年 11 月在科隆举办的演讲：此在与真在（去蔽［aletheia］），它也部分地出现在了智者-课程的导论中。开端是在我 1923 年夏季学期最后的弗莱堡私人讲师课程中被做出的："此在的存在论"。如今我感到惊奇：我穿越了这座矿山及其竖井。这需要许多"井下的"工作。关于存在自身的问题——依然是以我当时经常仔细思考的亚里士多德式的形而上学的形式（在 1920 年和 1922 年之间）——被我搁置在井上了，期望着能够从黑暗中重新走上来达及它。但是，我在某个别的地方走向了日光，于是现在我首先必须通过许多的弯路和回路，即通过此在与存在的关联，来追索存在。虽然我从去蔽这里清楚地看

104

129

到了此在的决断状态并试图抓住它,但是当时我还不能依据去-蔽(A-Letheia)来思考——即不仅思考此在,而且在向这去-蔽的回返中,思考"存在"和存在"与"时间的"与",并把这"回返"思考为前进。

从这些局部性的构思中,我看到了此在分析如何依然是一件不断走钢丝的事情,在这里总是面临着坠向一种只是变了样的主体主义的危险,同时也总是面临着坠向尚未被思考的去-蔽的危险——这去-蔽对形而上学思想来说依然是完全不可通达的。在1935年我才首次如愿以偿,那时我已经在先前的岁月中从内心里使自己摆脱了校长的岁月,并慢慢地恢复了力量。然后,在1937/1938年,又发生了一次猛然的回抽,当时德国的灾难对我变得清楚了,而且这一重负释放出一种压力,让我以一种更加坚韧和更加自由的方式来思考事情。那时,"赫拉克利特"的基础形成了。但是,我没有把"巴门尼德"也带入同样的维度之中。作为不相同者,它们恰恰属于相同者。这就是我为什么不能下决心出版的原因,汉娜。但是,也许这个整体作为一条道路的片段依然具有它的权重,就像对赫拉克利特的逻各斯(logos)的相关讨论(你还不了解这些讨论)一样。

"密码"意指雅斯贝尔斯,但"逻辑学"不是这样;无论如何,当时对于雅斯贝尔斯的"逻辑学",人们一无所知;他以前也从未当着我的面谈起过。你听起来"怀有恶意的"东西,"只是"令人失望而已:它是拉斯克(Lask)1910年出版的《哲学的逻辑》的思想,它以完全不同的方式影响了雅斯贝尔斯和我。同时,它也是狄尔泰所尝试的"哲学的哲学"的毫无希望的思想。它是对自己的错误的回忆。但是,你完全有理由说,这些旁敲侧击是无所适用的。姓名的不提及有它自己的情况。我不是说这为它做了辩护，但是雅斯贝尔斯在他的《哲学》中与"存在论"论战的时候也没有提及我。后来，在他的《精神病理学》的新版中以一种蹩脚的方式弥补了它。但是，这是些我们彼此不会耿耿于怀的幼稚行为。

我不了解凯勒（G. Keller）那首美妙的诗；有许多东西值得深思。我为你感到高兴：你又被你的书包围了。带有"薪樵的重担"的诗行在"蓄熟了，在火中浸淬"之中——在你可能写下它的同时，我在思考这薪樵的重担。

汉娜，和解是在自身中隐藏着一种财富的东西，我们必须等待这种财富直到这样的转折点，在那里世界克服了报复的精神。

浮荡的东西比以往更加纷乱地在地上飘荡。一切如旧；对我们来说这并不是美好的几周。部分时间里我甚至离开了，为的是逃避大学的圈子。系里似乎的确是在考虑。但是，权威的政府机关和教会组织不想要我。我完全理解这个。可是，他们应该有勇气把它清楚地说出来。誊清稿已经手抄完成了。6 月 6 日我还会在一个小的范围内再讲一次（关于物）；事后，它将会被复制。然后你就会收到文本了。

106

森林山谷里的那棵树被最细嫩的小叶子的一种芳香淌过，并向你致以问候。我发现我自己也不能理解"时间"了。埃尔弗丽德——她向你衷心地报以所有的爱——说：我们 6 个小时以前就在这儿了。你是否喜欢那张照片？关于希尔德你什么都没有写？

在沉默中被庇护和富足吧。

马丁

63

马丁·海德格尔献给汉娜·阿伦特：五首诗

奏鸣曲鸣响

鸣响的东西在鸣响。

它沉降

入从不悲鸣的东西之中，

唱入没有被冒险试过的东西之中，

从花冠中被形成的东西，生发着，

将爱和痛爱抚地邀请①进相同者之中。

悬崖

哦，大地

多么地遥远！是你的星辰？

在悬崖②之积雪的周围

安宁之谜环

扣留着世界，

一种游戏体贴着你，

一种死亡慰藉着你，

它辽远地意欲

进入最后一神之

107

---

① zartôn(古高地德语)：爱抚地邀请。
② 悬崖：山崖(通常所谓的突耸于世界的死亡)。

恩宠地域：

遥远恩赐的长长封地，

温柔的负荷。

神秘在生长

五个五年的时间

长又长，

时间

将我们彼此

隐藏在纷乱之中，

命令你漫游，

让我迷失；

它的确坚守着。

总是担心

是否它的一次来临还会

在这样的一个地方

拯救我们，

在那里先前被信任的东西

完全被转化进了亲密的东西之中，

由此一个新的法则开放出来，

完好无损的开端之种子和破晓。

再-见 108

为 1950 年 2 月 6 日而作

当爱升入思想之中，

存有已经俯身于它。

当思想为爱澄明，

恩宠已将发光的东西赐予了它。

语言

"啊！"

你快乐之暗示，

痛苦之声音，

它们的亲密之纯朴；

静默之裂隙，

最切近之切近的最早的接缝。

"啊！"

你是多么迅速地应和着它的陡然，

在应和中不是首先解释

而且说过的不意指什么，

向带有翅膀的歌

暗示自身，

在对话中回响，

这对话回荡向词语，

回荡向铁匠，

他首先把静默与静默束缚在一起，

把纯朴拯救到物之中。

"啊！"你"啊！"

自由地回返

入你的花冠之中

并跳起

世界之炉灶上的

存有之痛苦的舞蹈，

这炉灶的炭火烧尽，

在此期间它照亮了，

从它之中产生出来的东西。

你"啊！"

对未被言说之物的最贫乏的道说，

但是语言的庇护所：

最初的答案

和最后的问题。

64

马丁·海德格尔致汉娜·阿伦特

麦斯基尔希
1950 年 5 月 16 日

啊你！最被信任的人——如果你在这儿——而且现在还在这儿该多好——不过，我愿通过你的话语施魔法把你变到这儿来。但是巨大的水域横亘在我们之间。"语言"包含着我关于语言的思想；它不是关于语言的哲学。但是你记得：在一次走入森林山谷的过程中我们谈起过语言。**就和解与复仇而言，你说得对**。在这方面我思考了很多。在所有这些思考中你是如此地切近。然后我梦想着——你还是愿意住在这儿的，走着相互交叉的林中路，一同承受着物的所有静默的统治，在终极快乐的中心在此（dasein）。事实上，我"只有"你的照片——但是在我的心中，有你的心、渴望和希望：我们愿意在纯粹的纯朴之中越来越单纯地一起生长。第二张照片是不同的；但是你也应当拥有它。

110　在陌异之中，在家，你——最被信任的人，你已经重返、到达——汉娜——你——

马丁

［以下的一页被附在信中］
5 月 22 日我也许已经不得不返回**弗莱堡**了。请你以不可避免的解释学的方式往那里给我的这封当地书信回信。我想知道你更

中意照片中的哪一些；然后你就会得到你所希望的照片中的一张更加漂亮的。如果哪一天你想要另外一张照片，那就把它加进来。我们如此地远远相隔。如果你想把"赫拉克利特"给蒂里希的话，我会感到高兴的。但是，否则，这个讲座不应流传。

在离开弗莱堡之前，我收到了布洛赫（Broch）的《维吉尔》[之死]。你还拥有你的评论吗？在这里，我已经能够充分地集中心思。但是，当付诸语言的时候，一切都变得越来越贫乏。我随身携带着雅斯贝尔斯的《导论》。① 我在海德堡访问期间，你在小屋中对我讲述了"那则故事"。

你——

马丁

[还有另外一页被附在信中]

献给你

你——汉娜，

"雅斯贝尔斯和海德格尔"之间**真正的**"和"只有你。

成为（seyn）一个"和"是一件美妙的事情。但是，这是女神的秘密。它在所有的交流**之前**发生。它在"你"（DU）之中的"U"的深沉声调那里回响。

马丁

---

① 你读过它了吗？关于密码，也许你能够给我一个简短的解释。

65

马丁·海德格尔致汉娜·阿伦特

汉娜,

你充满爱意的书信长久地没有得到回应,至少是没有书面的回应。关于物的演讲是 6 日在慕尼黑举行的;在这里,我可以说是身陷巴伐利亚州的狮穴之中,与其他狮子不同,这种狮子拥有黑色且相当厚的皮毛。凭着第六感,我立即就在氛围中觉察到了离散性的和侮辱性的东西;幸运的是,在我的特别请求之下,也有年轻人一同在场。晚上,我们在极小的圈子里进行了一次良好的对话;我坐在古阿蒂尼(Guardini)和奥尔夫(Orff)之间,马克斯·普尔维尔(Max Pulver)对面,普尔维尔依然清晰地记得 1933 年在苏黎世的一次交谈。有人引起了几次骚动,唤醒了几个人。但最让人沮丧的是:只有几个人对如下的事实感知到了点什么:思想是一门非常严格的手艺,即使是在人们并没有出示工场的手和从属于它们的东西让人检查的时候。

你对瓦莱里(Valéry)的话的看法极其正确。它并不是让我踌躇的完美之幻想,而是这样的经验:少数比多数更多。当然,如果它没有通过手艺的教育得到充实并保持生气勃勃,那么一切都将会太过容易地陷入僵滞之中。

后来,埃尔弗丽德和我甚至被邀请去了乡村;总体上太多而且太过多样,以至于最后我感觉并不是非常好。此外,我的"康德"工作进展得不好；20 年后，尤其是在这样的岁月里，做出扩充，导致了一本完全东拼西凑的拙劣作品。我还是不想把后记和后记的附录提升为一种文学的形式。结果是这本书带着一个简短的前言没有变化地排版了。

我不断地在思考，是否还有一条道路把两件事情聚合在一起并且不引人注目地将之保持在当下：一件是，最长久和最严格的手艺属于思想；另一件是，思想自身是行动①，因为它支撑着存有的本质。艾克哈特大师有一次在他关于约翰的评论中说：ipsa cogitation……spirat ignem amoris。我们必须走得如此之远。

在此期间，卡夫卡-卷集已经到了。我衷心地感谢你的这份大礼。我只是才好奇地翻阅了一下，但是我能够看出真正地去阅读它将是一项花费大量时间的工作。

我们想在七月初去小木屋，希望这个似有雷雨的夏天的天气会适度地良好。关于物的"洞察"的第一部分现在已经被送到我的弟弟那里做复本去了。

根据在慕尼黑的经历，甚至是与更加年轻的人在一起的经历，我发觉：我是从另一个地方来说话的，在流俗的理解甚至是哲学的理解中再也找不到避难所了，几乎找不到结合点了。

极少有人意识到的东西首先是：从去蔽到相同者的永恒轮回的存有历史不是堕落的历史，在其中哲学可能会陷入歧途，而海德格尔竟然能够让它们回归正途。存有的历史根本就不是一个因果关系的发生事件意义上的历史。这样的观点目前也许还不能被克服。

---

① 中译文无法显示出德文中手艺（Handwerk）与行动（Handeln）在字面上的关联。——中译者注

你怎么样呀？你现在有希望在不久的将来走出城市进入山里待上比四天更长的时间吗？希尔德怎么样？对于我的愿望我几近苛求；你还记得你母亲的那张漂亮的照片吗？我设法为哈德尔(Harder)搞到了一张我在慕尼黑演讲的门票。然后他写了一封相当令人高兴的书信，这封信显示出了这个头脑全部的聪明和真正的学识。沙德瓦尔特(Schadewaldt)现在住在图宾根，一切都在全力进行中。我已经回绝了海德堡的演讲。否则的话，这里的一切都会照样是可悲的。但是，有更加重要的事情。在去往草地的路上与你就语言进行一次对话将会是美妙的，尽管有这纷扰的世界，但一切都是如此之好，以至于情形已经变好了。

出于对你的(已经变成了我们的)馈赠的感激，我向你致以问候，汉娜。

马丁

埃尔弗丽德衷心地问候你。——把你的下一封信寄往**巴登州的黑森林，托特瑙堡**。

113

66

马丁·海德格尔致汉娜·阿伦特

托特瑙堡
1950 年 7 月 27 日

汉娜，

你必须原谅我下笔如此地拖拉。但是，如果所有对着你而被思考的东西都被写下来的话，会有许多页的。没有被写下来的东西是神秘的，而且自身具有许多促成成熟的力量。

知道你在远方的海边，在树木之间——而且你能够随心所欲地游泳——你永远不会游**够**，我是**如此地**高兴。当大海承载着你而且你望入天空的辽远之中去的时候，那是世界的镜射游戏。

为你母亲的照片而感谢你；我欢喜地端详它。在那张麦斯基尔希的小照片上，你可以看到宫殿旁边的教堂塔；在那上边，我经常栖身于寒鸦和楼燕之间，梦入乡野。左边是维尔纳·冯·齐默恩①伯爵在其中撰写《齐默恩家族编年史》的宫殿。它的后面是菩提树花园，然后左边是向外通向照片边缘的田间小路。埃尔弗丽德为你附在上封信中的凌风草可能在路上丢失了。布雷克（Blake）的诗句美妙且富有启发性。雅斯贝尔斯几周以来都沉默着。我的退休现在是正式的了，而且外部的困境已经被消除了。但是，我认为我确实不再属于大学了。我们非常牵挂我们的儿媳，并为她感

① 维尔纳·冯·齐默恩（Werner von Zimmern，1485—1575）是德国历史学家和法学家。——译者注

114

到非常不安。而且整个事态也不令人高兴。我不知道当印刷辊到来的时候该如何处理我前几年的作品，它们还没有被誊写，而只是以原稿的方式存在着。俄国人或者 N.K.W.D.不会活捉我。

慕尼黑的演讲只涉及"物"，即四个部分（物、集置、危险、转折）中的第一个部分。我现在致力于一个——如某些人所说——最终的誊清稿；但是我的睡眠不好，而且我的心有时不在这上边。每天都被几乎总是无关紧要的来访纠缠着。没有抱怨、喜爱，只有论断。我对这些照片感到如此地高兴，而且**根本就不**看重技术上的完美。

在对你这个二月归来的持续不断的兴奋中，把所有最衷心的祝福献给你，汉娜。如果这里有皮疹爆发，不要担忧。一切都会走向终结，就如其必然是的那样。——你——

马丁

埃尔弗丽德衷心地问候你。

希尔德逝世的那天，我在慕尼黑讲话，并满怀爱意地想念**你们**。

67

马丁·海德格尔致汉娜·阿伦特
附诗一首

1950 年 9 月 14 日

汉娜，

亲爱的，我在这些诗行中为之而感谢你的那些照片，我一张都没有"扔掉"。我们很喜欢它们。它们很好地彼此补充。你身着飘摆的风衣站在海风中的样子，以一种就如阿芙洛狄忒①的诞生一样富饶的语言对我言说。在这张照片面前，我突然意识到了迄今一直被遮蔽着的东西。可惜的只是：你必须直接看太阳，所以眼睛不像形体那样容光焕发，不过你的形体是一种独一无二的目光（"我每天都出去"）。

但是，帆布躺椅中的那张照片把缺失的东西带来了。我为什么特别喜欢这一张？因为你在这儿，就像你在我弗莱堡的小木屋中的时候一样。这些日子被保存在其中了——与所有可爱的和最可爱的恶作剧一起。

在吊床中，就如它想向我显示的那样，大城市所有的疲倦依然伴随着你，但是以这样的方式：它已经有望退让于波浪、风和自由。

这些照片的规格特别好，它如此地适合于你——特别是你在上面站着的那张。

---

① 阿芙洛狄忒（Aphrodite）是希腊神话中爱与美的神，宙斯与大洋神女狄俄涅的女儿，爱神厄罗斯的母亲，掌管人类的爱情、婚姻、生育，以美丽著称。——译者注

看到你身边是草、树、风和光而不是集置(Gestell)到处建造的城市的房子和杆子,我感到高兴。

但是,你也许宁愿经受它,甚至将之作为组成要素来控制。

这些照片**是**一个充满爱意的问候,就如你所说。

马丁

[一张带有诗句和献词的便条被附在其中:]

116

献给你

波 浪

沉默地在钟声之中,

大海将钟冲制成它的波浪,

手轻轻穿过鬈发之诗,

将它们的芬芳带入柔光之中。

在照片上。

海德格尔/马丁

68

马丁·海德格尔致汉娜·阿伦特

1950 年 9 月 15 日

汉娜，

　　我不想只是出于焦虑不安而强迫自己在这一周写信。在此期间，你 9 月 5 日的信已经在这儿了。我也不想从抱怨开始；对我们儿媳的担忧实际上已经增强了，而且我们为此几乎身心交瘁了。埃尔弗丽德尤其如此；对她来说，慈母般的同情总是一再占得上风；由于没有合适的医生清楚地下诊断，我们内心极为矛盾。因此，这几周对我来说都收效甚微，而且尽管采取了各种措施，但来访者的干扰还是非常大。

　　我的事情已经以一种非常奇异的方式得到了决断；大学的报道并没有给出真相。我被给予了 80% 的养老金，退休了；即我不再属于大学。人们同时授予这个被给予了养老金而退休的人一个在高校任教的委任，就如剧院的一个应当"讲授"戏剧事业的戏剧顾问一样。这是一件有失体面的事情，即使我没有重新占据一个特殊的职位或者甚至"取回我的教席"的欲望——国际新闻界误将此作为事实来报道并相应地进行了评论。

　　在最坏的情形下，我会举办讨论课；但是，做出选择几乎是难以消解的麻烦。多于 20 人的讨论课是无意义的。但是，大概会有 200 人报名参加。经过几次抽样调查之后，只接受那些被现在的教授们作为最好的而推荐的年龄较大的学生同样是不可能的。

　　我感觉到我再也不适合大学的氛围了；另一方面，我清楚地知

117

道口头的和严谨地进行引导的言语是任何东西都替代不了的。我看不到出路。演讲的邀请我几乎每天都会收到，我可以把接下来半年的时间浪费在演讲旅行上，如果我会对这种引起轰动的忙碌有兴趣的话。所以我不知所措，并对所有要获得直接效果的企图都表示怀疑。"世界历史"在其疯狂之中已经向前疾驰得太远了。

你完全有理由说：事情会朝着内战的方向走下去。对于德国来说，而且一般而言对于欧洲来说，这是终结。我不相信美国会安然渡过。总体而言，鉴于现在被释放出的力量，想借用历史的观点来寻求出路也许是完全幼稚的。有时我会想：当人们依然企图要将他们的事情带入"可靠"之中的时候，这也属于过去的想法。但是，你知道：我仍然拥有许多时间，尽管我个人的生命有限。

雅斯贝尔斯定期给你写信，对我来说，这是一种快乐和安慰。他已不再回复我四月份的两封信。《月份》①上应当会出现一篇关于《林中路》的相当令人不快的评论，人们普遍认为它的幕后人是雅斯贝尔斯。但是，我根本就不读书评；因此这件事情对我来说无关紧要。1950 年 8 月 1 日的《**巴塞尔人新闻报**》报道说我无情地迫使我的犹太人前任离开了他的职位，并且我自己占据了他的位子。——世界没有从根本上改变；它到处都想要相同的东西（das Gleiche），并且在这个过程中忘记了同一者（das Selbe）。

感谢你充满爱意的、亲切的书信。你的生活进入了更加安宁的轨道，我为此而感到高兴。埃尔弗丽德出于一种你必定已经觉察到的好感向你致以非常衷心的问候。

我想着对你的所有的爱。

---

① 《月份》(der Monat)是由梅尔文·拉斯基(Melvin Lasky)1948 年在德国创办的政治和文化杂志，1987 年停办。——译者注

69

马丁·海德格尔致汉娜·阿伦特

弗莱堡

1950 年 10 月 6 日

汉娜，

对你生日的祝福已经走在路上有一会儿了。它是来自小木屋周围草地的一株蓟。

如果有足够的空间，你可以把它悬挂在你睡床上面天花板的一根丝线上。它会从那里把阳光反射给你。最轻微的气息都会使它摇摆和转动。在阴天的时候，它有时就会锁闭自身。所有的回忆和问候都在它里面。我们只是希望它完好无损地在恰当的时刻到达你那里。

谢谢你的生日祝福和你对斯蒂夫特的纪念。我们必须提前中断在小木屋的停留。在过去的时间里，天气阴冷、湿粘且刮大风。

我依然总是走在林中路上。你知道第一号勃兰登堡协奏曲的第四（最后）乐章吗？

我们两个都带着所有充满爱意的祝愿衷心地向你的生日致以祝福。

马丁

70

马丁·海德格尔致汉娜·阿伦特

麦斯基尔希

1950 年 11 月 2 日

汉娜，

在几天前我来到这里的那天，你漂亮的礼物经过瑞士完好无损地到来了。美妙的四重奏的声音我也一同带上了。我为此而衷心地感谢你，埃尔弗丽德也衷心地感谢你。当这些华丽的乐音让它们的波浪穿过我的房间且摆荡的时候，你总是那么特别地切近，这是件美妙的事情。

我担心那株蓟是否同样完好无损地到达了——在这个潮湿的、刮大风的、寒冷的 9 月，要找到一株美丽的、适合于你的蓟已是困难的事情了。它应当作为长入我思想的切近之中的东西，将一切掩护在自身中，并每天向你致以问候。

在我生日的那天，我们必须中断在小木屋的停留；我惹上了一次如此顽固的感冒，以至于现在依然不得不对付它，从而失去了工作的朝气。

"洞察"还是长时间地断断续续，以至于我依然犹疑于去写**那份**在某种程度上可以立得住的誊清稿。除此之外，借助于在布勒霍厄（Bühlerhöhe）为马克斯·科莫雷尔举办（Max Kommerell）纪念会的机会，我试图说一些关于**语言**的事情。

在麦斯基尔希这里我还放着出自 1938/1939 年的关于"语言"的准备性作品。一切都属于一个简单的脉络，这个脉络的基本轮廊要求一种相应的直接展示。但是，在这里，什么也不能被强迫；我等待着，继续耕犁着，直到它如愿以偿。

我经常想，把与你关于所有这一切的一次良好对话作为礼物来拥有，将会是多么地美妙和富有成效。被写下的东西立马就会变得僵硬和片面，即使你可以用你的先-思（Vor-Denken）来补充它。

后天，我会返回弗莱堡。在那里，这个学期期间我试图在家中，在最小的、更加随机的圈子里举办一次练习课。但是，我有这样的感觉：我再也找不到接口了，而且这个时代太过于躁动不安，以至于现在不能从他人那里渴望一种不提供处方、不设法让人满足的思想之张力。但是，人们如今想要的只是这个，而且也许不能再想要其他的东西了。我对所有与"学术的东西"和"大学"的接触都感到恐惧。人们说这是一种暗藏着的怨恨，是一种不可遏止的愤怒。我必须随便人们这样想。——

关于你，你写得很少。所以，我记着你夏天在我这里的样子，并默默地祝愿你依然在你的道路上。世界历史地展开的东西是出自一种神秘的密谋诡计，这种神秘远远超出了我们的简单想象。但是，同时也有波浪、切近和在记忆中不可耗尽的东西，**我们的五年**只是对此的一个暗示。

我问候你，汉娜——

马丁

71

马丁·海德格尔致汉娜·阿伦特

布雷斯劳的弗莱堡

1950 年 12 月 18 日

汉娜,

感谢你的讲述。此时你应该又在家里了。我现在能够稍微更加清楚地想见你的工作和环境了,虽然就在你的书信来了的几周之内,氛围中的一些东西也许已经变化了。个人并没有看入世界漩涡的中心,他越是在其中被翻转,他看到的就越少。对于紧接下来要发生的事情,每个人都有一个观点。欧洲和德国在紧接下来的晚夏会如何,没有人知道。一年前的现在,你已经在切近之中,而我却不知道。现在,就好像你昨天就在这里。在窗边现在有一台留声机;所以你的唱片才会成为完美的、悦耳的声音。"集置"已是一件谜样的事情;我们越少地试图回避这个神秘,某一天成功地去应和它的本质就会越加地可能。目前,似乎它破坏性的一面必须首先得到一种完满的裁决。对于"语言",你必须依然有耐心。虽然演讲通常具有直通事情的优点,但是它也必须放弃让事情出自其中心而言说的企图。

现在,我像你一样,经过多重的路线,已经到达了希腊人那里,不过在不同的区域之中,如果人们在这里终究还可以进行划分的话。我在钻研赫拉克里特残篇 16;它必须**还要**更加单纯并同时更加深远地被言说。开端性地被经验的去-蔽(A-Letheia)之重新赢获对我来说就像胚芽和种子,为了人的一种新的栖居做好

121

150

准备，它必须生长出来。随着时间的推移，我学会了理解歌德，在我们再次相见的第一个小时中你援引了他。他为了现象而反对牛顿的斗争，虽然立于历史性地被给予的"感性"和"理性"的区分这一基础之上，但仍然是旨在为世界而拯救大地，反对纯粹的计算。

在对这些深为关切之事的未被明言的关照中，我在我的"阅读练习课"上讨论了因果性（亚里士多德《物理学》B3）。如果人们对比一下亚里士多德和希腊人关于原因（aitia）所说的话和如今物理学家们就此发表的意见（这被看作因果规律的"强表述"："如果我们知道现在，那么我们就能计算出未来。"），人们就会感到眼前一黑，但同时感到心里一亮。

在练习课上，我根本没有谈及我的事情；与学生一起（我接受了初学者），学习了最初的几步和如下的一点：他们学会了看到对最不显眼的东西的思考如何已是最为本质性的，以至于狂妄地谈论大问题就是多余的事情了。我对此感到高兴：现在，我能够比三十年前更加简单地并带着更多的洞察力来提供这种直接的引导。当然，学生们——关于整个世界、克尔凯郭尔、帕斯卡和黑格尔，他们都获得了讲解，并把一切立即都归于世界观性的东西——是否会找到对这种行走练习的恰当趣味，是另外的一个问题。有时，我在他们的眼睛中看到：一两个人能够对澄清这种简单事情而感到愉悦。当我们直达思想的这种开端的时候，我都感到满足。——你会收到康德书和关于荷尔德林的论文集。作为圣诞祝福，我为你附入了一张最近拍摄的照片。圣诞期间，我们想要和儿子们待在小木屋里。这里的下面也已有雪了。——

在这些不平静的日子里，你一定会保持安宁，并保留持存之物。这样，我们就在对方的记忆之中。我问候你。

马丁

埃尔弗丽德向你致以谢意和问候。

也向你的丈夫和蒂里希致以问候。

马丁·海德格尔致汉娜·阿伦特

弗莱堡

1951 年 2 月 6 日

汉娜,

这次的问候应当在 6 日到达你那里。一眨眼,这一年飞逝而过。现在,像去年一样的光又洒落在了所有的东西上面;成长的岁月又会变得更加明亮,尽管历史的岁月似乎总是变得更加暗淡。你又从旅行中回来了,我感到高兴。圣诞期间在小木屋的日子——那时的我们在许多年以后又拥有了儿子们——是美妙的;外面有许多雪,且没有风;森林覆盖着白雪和白霜。只是缺少太阳,它直到现在都非常罕见。我衷心地感谢你来自法国的热情问候,埃尔弗丽德为那漂亮的手帕同样地感谢你。

一月初,我们被邀请到慕尼黑去看奥尔夫(Orff)的《安提戈涅》表演——全本的荷尔德林译文都被谱成了乐曲。我很长时间都没有这样的经历了。我们去看了两次。在两场表演之间的一天,莱茵哈特(Reinhardt)讲了荷尔德林对索福克里斯的《安提戈涅》的翻译——一次了不起的演讲;根据我的看法,莱茵哈特第一次提供了一把钥匙,来打开荷尔德林对其翻译的"注解"的秘密。

奥尔夫成功地返回并进入了表情、舞蹈和言语的原初统一体中,并从那儿强有力地扩展。奥尔夫穿越了荷尔德林,以他自己的方式到达了希腊人那里。诸神以瞬间的方式**曾经**在此。我希望你能够经验这个。

在这里,有某种东西在生长,它原本地脱离了所有从前的东西,却创造性地居有了被传承下来的东西。

后来,我一口气写了一篇关于赫拉克利特的逻各斯(Logos)的论文。它将会是我也重新撰写了的语言演讲的姊妹篇;现在,二者必须交互地被带上顶峰,以便有一天我会感到满意。——

我的练习课上的男孩儿们——至少是其中的几个——现在似乎也醒悟了。有时我想,我应当与那些三十年前帮助我学习的人一起详细讨论我现在试图做的事情。经常被仔细思考的事情总是变得更加神秘。所以,还是会走到这样的一步:有一天我们必须在道说中冒完全不可理解之物的危险,而不去操心越来越明显地蔓延的可理解性。——

在我们从慕尼黑返回之后,我们那从她的图宾根亲戚那里跑掉的儿媳突然在此露面,并向所有可能的人们讨一个职位。她还在这里。但是,我们希望她现在去她的姐妹那里。

官方医生的检查已经做了;但是迄今为止报告都没有到来。对我们所有人来说,这都是一大心病,人们通过每一个决定和建议不确定地摸索着,而且所有的一切都理所当然地撕扯着神经。——

就默里克(Mörike)的诗"在一盏灯上"中的一行,我与苏黎世的文学史家施泰格(Staiger)进行了令人愉悦的书信交流。现在,交流在圣诞节期间会有最终的结果,并且应当会公开出版。你会收到一份抽印本。顺便提一下,施泰格现在要在美国待一个学期。你把活生生的问题和诗聚集你的身边并唤醒它们,我为此感到高兴。很快就会再次写信,虽然我走路有点一瘸一拐的。衷心地问候你的丈夫和蒂里希。对你,我只说你已经知道了的东西。

埃尔弗丽德衷心地问候你

马丁

那棵树向你致意。

73

马丁·海德格尔致汉娜·阿伦特

弗莱堡

1951 年 4 月 1 日

汉娜——

感谢你充满爱意的来信和来自 M.克劳迪乌斯（Claudius）的美妙段落，这个段落由于它纯朴的诗意之美而要求所有的解释学艺术。

奥尔夫的音乐在我们的意义上不是音乐，在当今现代主义的意义上也不是现代的。

如你正确地猜测的那样，它是作为宣述调而被表演的，而且完全是从韵律中生长出来的。莱因哈特被期望着在一份慕尼黑的年鉴上发表他的演讲；但他是否能被说服如此来做，我不知道。

我也特地催促他出版他的赫拉克利特研究；他似乎也有这样的计划，因为他现在荣休了。另外，在斯坦福大学任教的赫尔曼·弗兰克尔（Hermann Fränkel）应当会在那里出版一部关于早期希腊思想和诗歌的德文大作。这部著作肯定会是出类拔萃的。

你提到了柏拉图。他就在我的手边；但是，在我给予我自己再次全新地阅读他的乐趣之前，我首先需要解决几个问题。在我与学生共同进行阅读练习（4 月 17 日它就要开始了）的过程中，我将接着从亚里士多德进行，然后力图跳到莱布尼茨。

在复活节的前一周里，博弗雷（Beaufret）曾在我们这里作客。他的问题的精准——现在这些问题已经是出自对我的尝试的一种自由掌握——令人耳目一新。最后，我们一起读了瓦莱里的"年轻的命运女神"和"蛇的轮廓"。

里尔克的一小卷遗作现在已经出版了，即"1925 年的小笔记本和便条"。这本书将会表明：1924 年对于他来说又是一个开始，带来了非常美妙的诗歌。我给你附上了两首诗的抄本。

不久前，我曾待在邻近那棵桦树的山谷中，这棵树向你致意，我们曾经走过的那个斜坡对面的第一排樱花草[也是如此]。春天迟迟地不愿到来。在黑森林地区中，还有两米深的雪。

希望你再次完全恢复了，并不受太多琐事的打扰。

H.布洛赫有新东西出来了吗，或者人们就此什么都不能得知？

根据官方医生的鉴定，我们的儿媳被宣布为精神错乱了。一切都缓慢地而且对所有卷入其中的人来说都悲惨地进展着。埃尔弗丽德想为手帕而向你致谢已经很长时间了。由于我们先前的帮手离开了，所以家务并没有留给如我们所需要的那么多的自由。赫拉克利特的逻各斯和我的"语言"慢慢地进入了必要的应和之中，而且二者为我提供了更好的基础来追问思和诗的关系。

所有的爱都跨过宽阔的波浪而去。

马丁

埃尔弗丽德衷心地问候你。

1951 年 4 月 2 日

汉[H]——

我还没有封上这封信，带着你的书的广告的文字就到了，我会瞧瞧这本书，尽管它有它的"对象性"，而且我的"英文"不够用。

我在前一封信中询问我的著作，是因为我对此感到惊奇：你没有提及它们当中的任何一本。当时，甚至是现在，我都认为：那些是你肯定知道的事情。

两本书都在圣诞节前离开了这里，大约相距十天，恰好就在它们从出版商那里来的时候；"荷尔德林"先到——通过普通邮件。请立即写信告诉我你认为哪种方式最保险。顺便提一下，确定的是：我的国外和国内邮件现在依然受到审查。最近，博弗雷也对我说，如果我不把书寄送给他，而是提供给到这里来的朋友们，那么情形就会更好。

衷心地问候你和你的丈夫。

马丁

74

马丁·海德格尔致汉娜·阿伦特

弗莱堡

1951 年 7 月 14 日

汉娜

感谢你的两封信，其中的每一封都带来了它的快乐。我不是不作声。我格外地没有理由搁置写作，哪怕只是保持现状也不行。随着**这一次**的亚里士多德-练习课（《物理学》B1）——在其中，我成功地为年轻人做到了一些事情——到来的，还有我的思想进程方面的一次显著的迁移和分散。数周以来，我都在钻研我 8 月 5 日为达姆城的对话（人与空间）而做的演讲。我选择的题目是："**筑-居-思**"。由于我希望一切都简单且不太长，所以工作量就愈加地大。如果它只是演讲就好了，但是在这样的场合，整条思想道路总是会变得打滑。很多东西掉落了；事情非常朴实无华，但是对于日常的"自然态度"却根本不可见。因此，你现在站立着，放弃了言语，而且再也不能在它惊险的路上帮助它。这时，我经常会想起我们在通向桦树的路上关于语言的对话（山谷静静地卧在群山之间，并频频致意）。即使我现在只是在边缘上轻触教学工作，我也经常有这样的感觉：尽管教学工作可能还是像原来那样重要，但是它的风格显著地破坏了本己的东西的生长。一次有远见的对话将是一件好事情，虽然你——由于关节炎而且头支在胳膊上——不得不躺卧在我的书桌旁边。我还为我在不莱梅的演讲而再次透彻地思考了赫拉克利特的逻各斯。文本已被誉写，希腊语也被加上了。你会

128

通过普通邮件收到它。

虽然我不认识赫尔曼·布洛赫，但是我从写了一篇出色悼词的维埃塔(Vietta)那里充分地知晓了不能轻看他的死亡。在接下来似乎再次平静了下来的几个月里，这样的偶然事件才会带来许多内在的麻烦。但是，这很好：你们至少表面上已经承受住了一切。——在他未发表的遗作中肯定还有有价值的、作者通常低估了的东西。但是，当生命之大风不再狂吹之时，一切的确都被改变了。

我们感谢你的书，凭我不完备的英语语言知识，我不能阅读这本书。埃尔弗丽德会对它很感兴趣；但是目前时代和家庭都太不安宁了。离婚现在已经得到了支持(因为精神失常，其过程人们不能直接看到，而是只能猜测)。

一切还是依然非常令人痛苦，因为在依法判决的离婚**之后**，事情并不能简单地被抛开。

如果你能就康德-书提出"令人生厌的"问题，那将会是好事一件。问题正变得如此罕见，而信条却越来越常见。

你不再拥有在这个夏天到海边做一次逗留的美好机会了吗？去年你不是精力相当旺盛地返回大城市的吗？——

直至阿姆斯特丹的演讲之前，我们要在小木屋。8 月 8 日前后，我要去萨尔斯堡一带待上两周，如果我获得了签证的话。去年在小木屋待的那个 8 月很是受到来访者的打扰。在那几周里，上面的孤寂完全被破坏了。所有的猎奇者都开车上来了。——

埃尔弗丽德向你致以衷心的问候。

问候你的丈夫。

对——还有"球的家之重量"——

160

献给你所有的爱

马丁

很快就会再写信,尽管我表面上缄默。逻各斯的抄本与一个小小的惊喜同时发出了。

75

马丁·海德格尔献给汉娜·阿伦特

献给你

致亨利·马蒂斯[①]的一幅素描画

和谐的宽度之被遮掩者——

哦,你大大的脸——

从完美的奇思妙想而来

举止确然地进入幅面的一个线条中,

陡然**一条**裂隙

编结着你。

它看到

遥远的东西切近。

它无损本质(freyen[②])。

---

① 亨利·马蒂斯(Henri Matisse,1869—1954):法国画家、图像设计师、雕刻家,他与毕加索一同被看作现代最重要的艺术家。他的作品克服了印象派,主要(但不是全部)属于"野兽派"。——译者注

② freyen:在本质之中不损伤。

76

马丁·海德格尔致汉娜·阿伦特

小木屋

1951 年 10 月 2 日

汉娜,

对于你的生日来说,这次的祝福来得有点儿太早了;但是,我的两封信之间的间隔不应变得**更**大了。我曾被深埋在工作之中,而且现在依然如此。但是,首先献给你真诚的祝愿:愿你周围的一切都美好而宁静——而且你可以没有太多外在牵挂地自由地展现你的天赋。

至于为了你的生日而来的演讲,在另外一个现在即将收尾的版本中,我已经将之更多地转入了原则性的东西当中。接下来,我会把它寄送给你。

你关于逻各斯的问题根本就不令人生厌。但是,必须在我不久之后再次进入希腊人的领域之时,我才能马上详细地并平静地进行回答。

为了我的生日,符合规定的荣休现在已经被授予了。所有人现在都期待着:我再次授课,或者至少更加密集地参与。现在我站在了这儿。此时,一次讲座对于我来说就是我所能被托付的最艰难的事情。事情变得更加地简单了,因而更加地艰难了,人们自己变得更加地谨慎了,并且提高了要求。在这种情况下,会出现什么样的后果?

无论如何,某些东西是缓慢的;但是,这样的步伐倒也更加适合于荣休的人,虽然我对于年龄毫无感觉,就如你远隔重洋时就已觉察到的那样。

但是,大学里现在的虚假神学的氛围也许是最使我疲于应付的事情。人们不能明白地公开这些事情。如今一个个人依然能够创造一种氛围,这种想法大概会被看作一种错误。

道尔夫·施特恩贝格(Dolf Sternberger)把我的达姆城演讲称作"惬意之哲学"。你也发现它是这样的吗?

131   布洛赫的东西会在何时何地出版?顺便提一下,本(Benn)开始让我感到失望了。

演讲"筑 居 思"可能会到达得有点儿晚。

然后,我还有一个惊喜——不是我的作品——而是关涉到我们两个并且肯定会使你感到高兴的东西。

此外,想到如下一点现在对我来说非常不安:下一个学期我无论如何都得出场。但是,迄今为止的练习课方式,尤其是对人的可行选择,现在也是不对头的。我依然期望着一个好秋天,并对你现在状况良好感到高兴。

致以亲切的问候。

马丁

埃尔弗丽德感谢你的问候,并再次衷心地问候你。向你的丈夫致以同样的问候。

77

马丁·海德格尔致汉娜·阿伦特

弗莱堡

1951 年 12 月 14 日

汉娜,

现在差不多快圣诞节了,我正在给你回信。我对此感到高兴:你周围的事情都已经平静下来了,而且能够致力于你心爱的计划了。把荷尔德林的诗翻译成英文——我能够想象得到:这能够在很大程度上取得成功,尤其是当我近来已经再次阅读了济慈(英文版,带翻译)的时候。你知道大斯图加特荷尔德林版本的第二卷——与一本内容丰富的、文本批判的补遗卷一起以大规格的形式——现在已经出版了吗?当然,如下一点是可疑的:**这次**在语言学上的奢侈本质上是否比黑林格拉特(Hellingrath)走得更远。

最近,我们在苏黎世;我在两所高校的全体大学生面前讲了话。主题是:"……人诗意地栖居……"。讲话还没有被誊写下来。但是,整体是成功的;第二天,我与罗马语言文学家施泰格和施珀里(Spoerri)的学生们一起举办了一个研讨班。由此我意识到:我还能够做这样的事——一份备忘录应当会私下被付印。然后,你就会收到它。

现在,通过分开的邮件,"物"的一个单行本和最后到达的惊喜都已在通往你那里的途中。希望所有的东西都能顺利地越过辽阔的大海到达你那边。

与此同时,我又在周五 5 点到 6 点讲授一小时的"什么叫思?"

132

了。一点钟时最大的教室就已被占据了,到了 4 点钟就没有人能再进来了——我自己也几乎不能;讲座甚至在另外两个阶梯教室里被转播;总共有 1200 个听众坚持听完了。在这许多的人当中,也许有一两个未知的人受到了打击。我讲得更加简单、更加直接——但是这使得我的准备更加地费力,在这个时候我拥有了练习**省略**的艺术的机会。许多听众会被简单的东西欺骗;**因为我现在才进入了真正值得思的事情的真正切近处。**

在练习课上(亚里士多德《物理学》第三卷论运动[kinesis])我看到:人们在过去的五年中没有学得太多的东西。他们根本就不知道"看"意味着什么;他们争辩,他们如此地身陷于科学之中,以至于自由的思想氛围对他们来说是不熟悉的。如果你仔细观察的话——我在开办我的老"幼稚园",而且——同时仍然在学习。在夏天,我会继续我的课程。

埃尔弗丽德状况良好。我们在小木屋度过了几周美好的秋日时光。在这儿的家中有许多的活儿,因为在被迁移到这儿的教师学院念书的赫尔曼住在这里,此外研究林业学的一个侄子也住在这里。约格在卡尔斯鲁厄的技术学院学习;离婚得到了支持;这个可怜的女人病了,而且一切都依然令人悲痛。约格正忙于他的大构想,并慢慢地又进入了他的领域;他想在下一年结束学习。但是,我们没有逼他。

圣诞期间,我们会待在小木屋。但是,在新年之前,我们会为年轻人腾出空地。

此外,世界看起来并不令人愉悦;而且人们似乎在哪儿学什么都学不会。人们如何能学会呢,也许我们首先必须学会学习。

我为你附入了两张纸条来粘贴两份印刷品。

133

我跨越大海之波浪向你致以问候。

马丁

埃尔弗丽德衷心地答谢你的问候。

78

马丁·海德格尔致汉娜·阿伦特

汉娜

　　我的回复出于各种不同的原因而被延迟了。流感击中了我们；我不得不取消了讲座。现在，我们又好转了——除了几处病痛之外，在这个多雪而无阳光的冬天这些病痛并不令人惊异。

　　此外，我们的计划和日期都还没确定。大约从 3 月 20 日到 4 月 6 日，我们应邀去意大利一趟。4 月底，大概 24 日，是亲戚的婚礼，而且还有其他事情，以至于我直到 5 月初都在这儿。

134　　你可能面临着一次跨越半个世界的旅行，但是经过试验之后，它无疑会比我们的意大利之旅更加容易完成，这次意大利之旅只会把我们带到托斯卡纳地区（Toskana）。

　　这个冬天，我对于我的课程感到茫然，但是想为夏天做好准备。听众在三个教室里坚持听到了底；但是，事情依然是艰难的，因为听众带来的前提几乎是不可确认的。

　　在练习课上就此而经验到的东西，显明了许多的热情和乐意——但是，我没有我自己培养的学徒，以至于一切都几乎依然是艰难的。通过罗斯（Ross）英文版的亚里士多德的《物理学》，至少现在有了一个好的文本；而且许多人都已经不顾高价而购买了它。但是，我可能必须讲授四个小时，并举办两个练习课，以便再次促发某些东西。以我的体力，这种事情再也不可能了，如果其他事情不被放在一边的话，那就更加不可能了。

《林中路》的第二版现在已经出来了，可惜纸张低劣。最近的演讲工作以及从属于它们的工作，我现在几乎必须完全放弃了。

在此期间，批评的声音"增多"了，如果它至少还是"批评"的话；但是，它总是我自1927年以来至今已经充分了解了的那个相同的东西。

略维特以他在《新评论》上的文章开了一个坏头。他显然什么都没有学会。对他来说《存在与时间》1928年是"乔装打扮的神学"，1946年是纯粹的无神论，而今天呢？

我问我自己，这一切将来会如何。马丁·布伯（Martin Buber）的态度不一样——但是，对于哲学他显然毫无感觉；也许他自己根本就不需要它。

现在，大斯图加特版的荷尔德林的第二卷已经出版了——几乎是超语言学的；——它要求特别的研究以发现相对于黑林格拉特的"进步"，虽然其中肯定有。——

此外，欧洲的情况看起来并不是很妙。人们必定理解了惊奇 135
之事，因为如今一切都是突然地和出人意料地袭来的。看起来，欧洲的视域似乎要逐渐地收缩。

尼采曾就活得最长久的"末人"说道：他们"眨巴眼"。——

你的旅行计划定好了吗？

我们衷心地问候你和你的丈夫。

马丁

79

马丁·海德格尔致汉娜·阿伦特

弗莱堡

1952 年 4 月 21 日

亲爱的汉娜——

现在我终于知道了你在哪里。对于我们来说，意大利是壮丽的；乘着汽车，人们以不同的方式进行观看——佛罗伦萨最美；在费苏里①，我们住在户外。如果你 5 月 19 日出发过来的话，对我们来说非常合适；也许你可以听一堂课；我在星期五的 17－18 点进行讲授；这个学期我没有练习课，因为我有其他的计划。感谢你的"勘误"——第二版是手工印刷的，而且是用劣质纸出版的。也许你在巴黎会结识让·博弗雷，最近他在这里待了几天。

听到关于巴塞尔的消息对于我来说非常重要。

现在，肯定是巴黎最美的时候，这个城市我还是不了解。

附件供你个人使用。

我们衷心地致以问候

马丁

---

① 费苏里（Fiesole）是意大利一处游览胜地，位于佛罗伦萨东北面。那里有伊特鲁里亚及罗马古迹。——译者注

80

马丁·海德格尔致汉娜·阿伦特

麦斯基尔希

1952 年 6 月 5 日

汉娜，

可惜，我在这儿只待到后天，且不得不再次返回弗莱堡。我的感冒已经恶化了。此外，我还感到劳累。

你最好现在**不写信**而且也**不来访**。一切都是**令人悲痛和艰难**的。但是，我们必须承受。

关于逻各斯的一些东西不久就会到。

马丁

81

马丁·海德格尔致汉娜·阿伦特

弗莱堡

1952 年 12 月 15 日

汉娜，

　　本应是你的生日祝福的东西，现在将作为圣诞祝福而到来。在为了在麦斯基尔希一次更长时间的工作停留而启程之前的匆忙当中，我无意中寄给了你一本寄给我的本子；里面的下画线也不是我做的。因此，我想请你把这个本子作为印刷品顺便寄还给我。

　　在此期间，我 1935 年夏季学期的讲座《形而上学导论》的抄本已经准备付印了。由尼迈耶出版的这本特刊应该会在春天，与《存在与时间》新印刷但未改变的版本同时，作为一个导论而出版，它同时会使得《存在与时间》与《林中路》之间的道路上的某些东西成为可见的。我现在着手于为夏季讲座《什么叫思?》——这个讲座你听过几个小时——的付印做准备。这个讲座以之而结尾的困难的巴门尼德解释我只是部分地做了演讲，在印刷版中它应该会出现。我想我已经再一次离事情更加地切近了一些。实际上，它是完全不可穷尽的。然而，如今要面对占支配地位的观念保持这纯朴的财富，是困难的。

　　10 月初，基于斯特鲁曼(Stroomanns)教授的特别愿望，在布勒霍厄，我为他 65 岁的生日举办了一次关于格奥尔格·特拉克尔(Georg Trakl)的演讲。《燃烧者》(*Brenner*)杂志的出版者和特拉克尔的朋友、保护人冯·菲克尔(von Ficker)先生也在场。这是一次美妙的相遇。我被置换进了1912年，那时我作为学生在弗莱堡大学的阅览室里阅读《燃烧者》，那时我第一次碰到了特拉克尔的诗。自从那以后，它们再也没有让我脱身。这个演讲（对诗的一个讨论）会在春天出版。

埃尔弗丽德和我在小木屋度过了八月和九月。的确，每年任何一个时节的天气都从未如此地荒凉和有害。但是我们经受住了它。

雅斯贝尔斯最近给我写信了。但是，我猜不透这封信。也许最好是等待一个好机会进行一次交谈。你更好地领会了局势，而且当我**克制**的时候，你会支持我。如你所说，八月你与雅斯贝尔斯一起待在山里了，这肯定产生了美好的结果。

我这个冬天不授课，因为我想把上面提及的出版事宜顺利完成。在夏季里做什么，我还没有确定。大众吓退了我。要找到少数几个适合于练习课的人是困难的。

与此同时，世界变得越来越黑暗。在我们这里，到处都是争辩。鉴于大钳子之中的灾难性境况，人们应当期待相反的东西。"欧洲"现在只是一个名称，人们几乎不能事后性地给它填充一个内容。历史的本质变得越来越神秘。人的最基本努力与直接的无效果状态之间的裂隙变得越来越阴森可怖了。这一切都表明：我们惯常的想法是跛行在局势之后的，而且再也赶不上它了。

于是只剩下了听天由命。可是，正相反，虽然外在的危险增加了，我在所有的东西之中却都看到了更新的或者更好地说是最古老的神秘（Geheimnisse）的到来。这个远见已是我去年的演讲的基础了，而且我还希望能够成功地依据一种更加清晰的统一性来描述它。

我们的森林和山岭依然矗立着，还没有对它们的本质感到厌烦。在这个圣诞季节，它们在一个我们在这里几乎不能想象的世界中向你致意。你现在忙什么呢？

　　不久，斯图加特版的荷尔德林中从希腊语翻译出来的那卷就会出版了。

　　在真挚的记忆中向你致意。

马丁

　　埃尔弗丽德致以衷心的问候。

　　也问候你的丈夫，并在有机会时问候蒂里希。

82

马丁·海德格尔致汉娜·阿伦特

麦斯基尔希

1953 年 10 月 6 日

汉娜——

在每时每天持续不断的回忆过程中，你充满爱意的纪念是一次巨大的快乐。

我埋头于工作中——还是与希腊人一起，而且它变得越来越清晰了——至少我是这样认为的。

我希望你状况良好。

情况如何能够是别的样子——在持久之物中——

139

马丁

你知道瑞士马内斯书库①中带有马克斯·里奇纳②评论的漂亮"合集版"吗？

你还记得在弗莱堡第一次再相见时你从"合集"中引用了哪首诗吗？

---

① 马内斯(Manesse)出版社 1944 年成立于瑞士，其出版规划的重点是"马内斯世界文学书库"，即拥有统一的、高质量的装帧的系列图书。——译者注

② 马克斯·里奇纳(Max Rychner，1897—1965)：瑞士作家、新闻记者、翻译家和文学批评家。——译者注

83

马丁·海德格尔致汉娜·阿伦特

布雷斯劳的弗莱堡

1953 年 12 月 21 日

汉娜，

以这两张照片来说——它们各以其自己的方式是地道的和出色的——你使我感到非常高兴。

迟一些时候，我会寄给你下个月要出版的一些东西，其中也有关于技术的慕尼黑演讲，这个演讲也许你已经听说过了。

12 月 9 日，我和埃尔弗丽德在马堡，在那里我在学校的大礼堂（伴有向教学楼中最大的教室的转播）就"科学与思义（Besinnung）"讲了话。遗憾的是，布尔特曼不在现场；这个冬天他在苏黎世举办客座演讲。12 月 11 日，我在卡塞尔的一个协会中进行了讲话，这个协会与我 28 年前在其中举办关于狄尔泰和历史性的演讲的那个协会是同一个。——

目前，我又致力于赫拉克利特了；与他和巴门尼德的对话使我无法脱身，这些对话越是稀少，我就越是清楚，它们是哪种类型的（即如何被限定，以何种方式追问不同者和相同者），如果人们把这些对话看作"解释"，那么人们就以这种或那种方式误解了它们。我在我的技术演讲中关于技艺（techne）所说的东西，回溯得很远，一直到智者讲座的导论，这个讲座是你在我这里听到的第一个。

向你的丈夫问好。

埃尔弗丽德和我向你致以衷心的问候

马丁

140

84

马丁·海德格尔致汉娜·阿伦特

1954 年 4 月 21 日

汉娜，

你的书信是一个巨大的快乐，而且我必须打心底里感谢你：你如此心无旁骛地接受了翻译任务。如果通过**你的**严苛的目光，我的思想进入盎格鲁萨克逊的语言世界中去了，并依然处在它的监视之下，那么这自然会是一件了不起的、影响深远的事情。但是，我几乎不敢去想：带着你其他的负荷，你还可以承担起最终的、决定性的检查。

你对标准语言的掌握就如同对尤其是事情和思想道路的掌握一样的好。在这里，我处在困境之中，不能够进行判断。现在几乎每个月都会有关于翻译的这个或那个询问从美国而来；在拉丁美洲，他们问都不问地翻译了来到他们眼皮子底下的所有东西。——

罗宾逊（Robinson）给我留下了一个好的印象；实际上，他非常重视这件事情。但是，他显然需要帮助；根据你引证的样品，巨大的错误无疑可以在这里生根，就像那些通过第一次法文翻译而蔓延的错误那样——现在几乎是不可根除的了："向死而在"——être pour la mort，而不是 vers la mort①。

---

① 法文的 pour 相当于英文的 for，相对于法文的 vers（相当于英文的 to）来说，目的性、因果性的含义多一些。——译者注

耶格尔(Jäger)教授也已拜访了我,他非常尽力,而且作为日耳曼学学者语言上更可靠,但是就如他自己所说,他在哲学中游历得还不够。

然后是两个年轻人,他们曾一起翻译过关于人本主义的书信,现在在翻译《林中路》中的几篇文章。他们的工作给我留下了一个强烈的印象。他们的通信地址:

亨利·E. 拜塞尔(Henry E. Beissel)

约翰·W. 史密斯(John W. Smith)　加拿大安大略省多伦多市第 5 区格兰路 303 号。

此外,一再的询问来自于一个女人:

埃迪特·克恩(Edith Kern)　　纽约市晨边大道 88 号 3D 号公寓,由布特勒·哈尔(Butler Hall)转交

邮编:27[①]

还有第二个通信地址:　　　康尼狄格州纽黑文市

由耶鲁站转交

此外:　　　　　　　　　伊丽莎白·威廉姆斯

(Elizabeth Williams)

纽约市

东第 56 街区第 133 号

邮编:22

---

① 前面省略了"100"三个数字,下同。——译者注

我乐于听到你的情况如何和你在做什么。我现在忙于把过去几年分散出版的演讲和论文结集出版，但是以这样的方式：内在的统一性特意地和清晰地成了可见的。这种订正本是非常有益的。

2月初，我在苏黎世举办了演讲《科学与思义》——5月2日它要在瑞士广播电台播放。借助这次机会，我遇见了布尔特曼，上个冬天他在苏黎世举办了关于加拉太人书信的客座演讲。雅斯贝尔斯的攻击使得他非常地意志消沉——我发现他非常老了。对于马堡的蜕变他自然也感到悲伤。

对于你以一种如此具有决定性意义的方式接受了翻译，埃尔弗丽德和我感到非常高兴，并衷心地问候你。

我的讲座《什么叫思？》现在在长条校样中被修改，几天之内就会付印，以便在5月以与导论同样的印版问世。你会收到一份样本。

偶尔地也要给我写信，告诉我我的哪本出版物你还尚未拥有。

我已经放弃了"讲座"，对于演讲我也变得比以前更加有节制了。

尚未印刷的材料堆积如山，这令人不安和恐慌。另一方面，我还是根本就没有兴趣把自己完全耗在我的"未发表的遗作"上面。在麦斯基尔希，我不久就会和我的弟弟一起详细讨论1934年夏季学期的讲座，这个讲座是我在我的大学校长职位终止之后举办的——作为语言之本质问题的"逻辑学"。

根据我们在前往查林根的路上的对话，你知道了这个问题是如何确然地位于我的思想的中心的，没有这个问题，对思和诗的关系的思义就始终是没有空间和基础的。

E.施泰格的一个学生现在已经在亚特兰蒂斯（Atlantis）出版社

出版了一部杰出的作品《荷尔德林与海德格尔》。他带来了对晚期荷尔德林(尤其是"返乡")的一种全新的、对我来说令人信服的解释。迄今为止的阐释——甚至是我的——都是站不住脚的。如果你对这个 26 岁的作者——目前,他借助于瑞士的一份奖学金正待在这儿——的作品感兴趣,我会给你弄一本。

在纪念之中

马丁

附言

我会让舒尔茨书店用普通邮件把我的下列抽印本和作品寄给你:

1.《田间小路》——现正销售

2.《出自思的经验》——同上

3. 关于技术的追问(慕尼黑秋天会议的演讲)

4.《……人诗意地栖居……》,载于可能要倒霉的杂志《口音》的第一期

5.《论真理的本质》,第三版。

6. 载于《南方杂志》(*Cahiers du Sud*)的关于人本主义书信的一份法文译本。译者是一位年轻的耶稣会士,一年前他退出了兄弟会。

马丁

85

汉娜·阿伦特致马丁·海德格尔

1954 年 4 月 29 日

德国布雷斯劳的弗莱堡市查林根区

略特布克街 47 号

马丁·海德格尔教授先生

亲爱的海德格尔先生——

　　几周之前,我带着巨大的快乐获悉:堪萨斯大学的罗宾逊教授正在准备《存在与时间》的一个英文版。我已经很细致地阅读了他的一个章节(第 52‒63 页),并详细地回复了他。就如罗宾逊先生自己所知道的和在他给我的信里所明确强调的那样,现有的译文是不可以付印的。它还包含着几处错误,而且对我来说似乎还包含着不必要的复杂难解。这在于事情的性质,而且部分地也可以被归因于如下一点:罗宾逊先生总是竭力争取尽可能地忠实于原文。我相信只有走这条路,一项翻译才能够取得实际的成功,而且我高兴地看到:在所有的情形下,相对于更容易的(从而导致平庸乏味的)道路,罗宾逊先生都宁愿选择更加艰难的道路。我已经擅自提请他去注意几个不一致的地方,而且我想这合乎您的心意。

　　在这里,对一个译本和但凡可能的话一份双语文本的需求(许多哲学学生和教授掌握了足够的德语,以便能够靠自己跟上)是非常大的,而且在我看来还在增加。去年冬天期间我去几个较大的大学做讲座的时候,这一点对我来说变得尤其清楚。到处都有人问我关于您的哲学的事情。但是,也恰恰是在这样的时刻,误解特

144

别容易出现。因此,在审阅文本的时候,我曾经而且现在也许都有点过分谨慎。我希望罗宾逊先生会理解我的意图——鼓励而不是威慑。根据我迄今所看到的一点东西,我愿意相信:最终的成果能够是优秀的。

向您和您的夫人致以最美好的祝愿

您的

汉娜·阿伦特

86

汉娜·阿伦特致马丁·海德格尔

于 1954 年 5 月 8 日

马丁——

你的妙信,它让我如此地惊愕。现在,我至少知道了你想让事情成为什么样子的;而且我希望你知道如下事实:你原本几乎不可能给予我更大的快乐。(如果成功了的话,那么从而很早就已从未对过头的某些东西就会恢复正常,而且然后这些东西自然就会变得更加地复杂。)我经常想为你提供一些对于英语语言区域来说类似的东西;这似乎是如此地自然;但是,我不想将你置于想要说不("在哲学中游历得还不够")和去寻找借口的窘境之中。("哦,穿越切近的/每一条道路都是/多么地遥远"??)

罗宾逊还没有回信。希望他没有伤心。但是,情况真的不对。我如此详细地对它进行了检查,因为根据翻译者的经验我知道:开始时的一次彻底检验能够为今后节省非常多的工作,而且能够把一切都带入另外一个轨道上去。——我还没有接触过其他的译者。多伦多的那两个年轻人是为某家出版社或者某本杂志而工作吗?《党派评论》,最好的非学术性杂志之一(有点类似于巴黎的《法兰西新评论》),常常想出版些东西,但总是担心翻译问题。最恰当的做法也许是当你受到询问的时候简单地把人们指引到我这里来。如果事情顺利,那很好;如果不顺利,人们就不能再做些什么了。——关于人本主义的书信在这里已经被翻译过一次了;我还没有看见过它,但是《党派评论》的出版人——译文被提供给了

145

他，而且他德语良好——对我说，它完全不可接受。

　　你问我在做什么。自从大约三年前以来，我试图达成三件以各种方式彼此连接在一起的事情。1. 从孟德斯鸠出发，对国家形态进行一种分析，目的在于揭示统治概念在什么地方进入政治领域（"在每一个政治共同体中都有统治者和被统治者"），以及政治空间如何在各种不同的情形下被建构。2. 可能一方面从马克思出发，另一方面从霍布斯出发，对根本异类的行动的一种分析，从思辩生活的角度来看，这些行动通常被混同于行动的生活，即劳动-生产-行动，这时劳动和行动是以生产为模型而被理解的：劳动变成了"生产性的"，而行动是在手段-目的的关联中被解释的。（如果没有青年时代在你那里学得的东西，我就不会能够做到这件事，如果我确实可以做的话。）——3. 从洞穴比喻（和你的解释）出发，对哲学与政治的传统关系的一个阐述，实际上是对作为所有政治理论之基础的柏拉图和亚里士多德对政治的态度的一个阐述（对我来说关键的是：柏拉图使善［agathon］成了最高的理念——而不是美［kalon］；我认为是出于"政治的"原因。）

　　这在纸上听起来比它所要意欲表达的更加地雄心勃勃。由于如果不陷入没完没了的境地的话我就不能将之具体化，所以情形就愈加如是。当我有时间探究在写关于集权统治的书期间就已不断地搅扰着我的那些问题的时候，我就着手于这些事情了；而现在我再也不能以恰当的方式脱身而出了。这个冬天期间，我已经试图第一次实验性地把事情端呈出来——在普林斯顿和圣玛利亚的系列讲座中，以及几个单个的演讲中。在普林斯顿，只是为系里和高级研究院的成员做的。（马里顿［Maritain］也在场；否则的话，实际上也是非常令人满意的。）——我做这些事情的勇气，除了别的

146

以外，也来自于过去的几年在这个国家中令人不快的经历和政治科学之滑稽可笑的-无望的状况。

就私人而言，我们状况良好。除了在新学院每周一次的讲座和研讨班之外，两年前亨利希还拥有了一个学院教授的职位。这个学期期间，从周一到周四他不在纽约。这令人不是很愉快，但是我拥有了许多的时间和安宁。然而，目前，我必须把一切都放在一边，因为我必须做我的书的德文翻译——这使我感到极为厌烦。

雅斯贝尔斯对布尔特曼的攻击——完全不可理解。这让布尔特曼如此地伤心，我感到非常遗憾。我相信雅斯贝尔斯期待着一个答复。1952年在马堡我见过布尔特曼；那时他就已经很老了。

你要出版演讲《科学与思义》吗？你会让我知道吗？我非常期待《逻辑学》。我依然经常沉溺于关于语言的对话中。你在你冬天的书信中写下的关于"对话"——人们以这种或那种方式将之误解为"阐释"——的内容，尤其让我感到高兴。也是由于在一次关于你的阐释的争鸣通信中，我正好在试图使类似的东西对于好人弗里德里希（遗憾的是，他有点儿愚笨）成为清楚明白的。也许没有成功。的确，那么关于赫拉克利特和巴门尼德的事情怎么样了？我对此感到很高兴：我会收到技术-演讲。我想，我会为了九月份在［美国］政治科学协会［年会］上的报告而使用它。

衷心地问候埃尔弗丽德。向你致以所有美好的夏日祝愿。

87

马丁·海德格尔致汉娜·阿伦特

弗莱堡

1954 年 10 月 10 日

汉娜，

我衷心地感谢你的问候、祝愿和你忠诚的纪念，同样也感谢你在翻译工作中弥足珍贵的帮助。

你对两本书的封面提出的好建议已经被实施了；《演讲与论文集》的第一份样本在我生日时到达了小木屋。其中的几篇你还没有见过。全部都再次被审查了一遍。在你生日时这本书还不会到达你手里。现在我跨越海洋的波浪为你的生日送上衷心的祝福，祝福你从内心深处充实你自己的工作。

148 　　我在做什么？总是一样的。我想再次审查我的柏拉图作品，从 1924/1925 年的《智者》开始，并重新阅读柏拉图。总地说来——我现在刚刚开始有点更加清楚和更加自由地看待总是被追寻的东西。然而，道说总还是一件困苦的事情，这只是意味着：即使是看（Sehen）也有它的困难。如下的事情是否还会成功：语言从辩证法中抽离而出？

如果你浏览一下那本新书中的文集①，你就会注意到它是如何被建构的，第一部分是如何指向最后一部分而且反之亦然。有时，我甚至想特意地帮助读者进行跳跃。但是，如果与之有关的那

---

① 与语言相关的东西还是被留待以后了。

些人自己进行跳跃的话,那会更好。

9月和10月的第一周,埃尔弗丽德和我待在小木屋,基本都是坏天气。从10月16日到18日是我的康斯坦茨文科中学350周年庆祝会,而且我们期待着几天博登湖的秋日。

你还在大城市吗?

在"总是"(Immer)之回声中

马丁

埃尔弗丽德衷心地问候你。

问候你的丈夫

88

马丁·海德格尔致汉娜·阿伦特

弗莱堡

1959 年 12 月 17 日

亲爱的汉娜，

149　　我最近出版的两本作品会通过耐斯克（Neske）出版社到达你手里。与语言有关的书可能会让你想起与这个不是一个对象的"对象"有关的对话。感谢你的祝愿和问候。我故意不往巴塞尔写信。

　　最近，我在《频谱》上看到过你的一幅非常漂亮的照片。它让人想起遥远的往事。

　　愿你在享受你的工作。

　　致以一个衷心的问候

马丁

　　埃尔弗丽德衷心地问候你。

　　又及

　　小纸条是用来粘贴的。

89

汉娜·阿伦特致马丁·海德格尔

于 1960 年 10 月 28 日

亲爱的马丁，

我已经指示出版社寄给你我的一本书。就此我想说句话。

你会看到，这本书没有献词。如果我们之间的事情一直都对头的话——我是说*之间*，也就是说，既不是你也不是我——我本会询问你是否可以把它题献给你；它直接产生于那些最初的弗莱堡岁月，所以所有的一切在每个方面差不多都应归功于你。照目前情况来看，对我来说这似乎是不可能的；但是，我想以某种方式至少向你说一说这赤裸裸的事实。

祝一切安好！

90

马丁·海德格尔致汉娜·阿伦特
[*感谢你为祝贺我75岁生日而送的印刷的手写体卡片*]

在思想的最后路程上被给予我的问候、祝愿和礼物是鼓励,同时也是受之有愧的东西的象征。一个人如何能够对这样的快乐给予充分的感谢?除非他坚持不渝地追问——

什么叫思?这叫作:

带来感谢?

马丁·海德格尔

[背面上手写的附言]

弗莱堡
1965年4月13日

亲爱的汉娜,

我对你的纪念的感谢来迟了,因为我不确定你的通信地址。现在,伽达默尔在德国语言和诗歌协会的年会上把它给了我。我认为,虽然在其他方面你也出版了繁多的作品,但你还总是一直逗留在哲学这里。在我们这里,它现在当然必须让位于社会学、语义学和心理学了。然而,哲学的终结能够成为另外一种思想的开端。我还是经常想起我们散步时关于语言的对话。

衷心地致以问候
马丁

秋天

91

马丁·海德格尔致汉娜·阿伦特（带有两个附件）

小木屋

1966 年 10 月 6 日

亲爱的汉娜，

我衷心地祝福你 60 岁的生日，并祝愿你之此在（Dasein）的到来着的秋天为你的任务——你为自己设定了这些任务——和尚未可知地等待着你的那些东西提供所有的必要条件。

思之快乐总是会自行重新调校自己，并被对思想在这个纷乱的世界中现今还能够做的事情的思义伴随着。但是，如果它比方说被赐予了一个隐秘的传统的话，那么它就是充分的了。

自从解释柏拉图的《智者》的意图以来，似乎有很长时间了。然而，对我来说，情形似乎经常是：聚集于一个独一无二的瞬间的东西掩护着持久之物、曾在之物。

在即将到来的冬季学期，我会参与——在长时间的停顿之后——芬克关于赫拉克利特和巴门尼德的一个研讨班。

到如今，与埃尔弗丽德在希腊的三次逗留——部分地船游，部分地住在爱琴那岛——已经向我证明了一件仍然几乎还没有被思考的事情：去-蔽（A-Letheia）不只是一个词，也不是语源分析的对象——而是所有存在者和事物之在场的依然起着支配作用的力量。而且，没有集-置能够阻挡它。

想念你

马丁

埃尔弗丽德同样地在真挚的回忆中致意。

[附件1]

荷尔德林

秋天①

大自然的闪亮是更高处的显像，

那时日以诸多的欢乐终结的地方，

是这样的年岁，辉煌圆满，

那果实融入高光的地方。

大地浑圆，这般艳丽，呱噪甚稀

一丝声息飘过空旷的田地，阳光温暖了

秋天柔和的白日，田野静立

若眺望远方，吹拂着芬芳

荡过树梢、枝条，伴着轻轻的微笑，

已空的茬田常常混淆，

明朗的景象之全部意义还活着

仿佛四周漂游的金色的辉煌。

于 1759 年 11 月 15 日

（作于他死前一年，即 1842 年 7 月 12 日）

---

① 此诗的中译文参见荷尔德林：《塔楼之诗》，先刚译，上海：同济大学出版社，2004 年版，第 34 页。——译者注

［附件 2：私人明信片，手写于背面］
从小木屋里的工作室看到的景色

献给

汉娜

60 岁生日

马丁

汉娜·阿伦特致马丁·海德格尔

纽约

于 1966 年 10 月 19 日

亲爱的马丁，

你秋天的书信是最大的快乐，即尽最大可能的快乐。它陪伴着我——与那首诗一起，与从黑森林工作室向外可以看到的漂亮的、生机勃勃的水井之景致一起——而且会长久地陪伴着我。（心被春天诱起和打碎的那些人，将会让他们的心被秋天重新治愈。）

我不时地听说关于你的事情。你在写《存在与时间》的已经被命名为"时间与存在"的第二卷。然后，我的祝愿进入了你的三角形，弗莱堡-麦斯基尔希作为斜边，在它的上面是托特瑙堡。而且，现在爱琴那岛也是，那里也是我们一再待过的地方。我的思绪也经常回到智者讲座。自我看来，在持恒的东西那里人们能够说——"开端和终点始终是同一个东西"。

我问候埃尔弗丽德。亨利希非常诚挚地致以问候。

一如既往——

汉娜

93

马丁·海德格尔致汉娜·阿伦特

布雷斯劳的弗莱堡

1967 年 8 月 10 日

亲爱的汉娜，

在我们 7 月 28 日周五的聚会之后的那一天，我找到了本雅明的马拉美（Mallarmé）引文所从出的那个段落。我是通过追索笔记而做到的，这些笔记记录着有关马拉美的思想和诗歌的段落。

156　　　　这个引文属于文本《主题变奏曲》（七星诗社版，第 355 页以下），而且是在第 363 页以及以下。这个文本很难，应该有一份精确的译文。

当你以那样的致辞开始你的演讲的时候，我立即担心会有一种不好的反应。然后，它就来了，不过它自然不会干扰到你。多年以来，我一直警告年轻人说：如果他们想往前走，那么就应避免赞许地援引海德格尔。

但是，对于敏锐的人来说，你的演讲单是通过水准和结构就已产生了效果。这样的东西越来越多地从我们的大学里消失了，甚至连如其自身所是地言说事情的勇气也消失了。

遗憾的是，我们能用来进行关于语言和辩证法的午后谈话的时间太少了。你不能在 8 月 19 日之前再到这儿来一下午吗？或者你已经被要求得太多了？

8 月［7 月］29 日的上午我试图往宾馆里给你打电话。但是，你已经离开了。

然后,在过去的一周中,这里来过许多访客。

昨天,我收到了一个带有现代"苏联哲学"概述的单行本——一件令人悲伤的事情,当人们考虑到这些人肯定是有才华的的时候。第一次世界大战之前,在这里我作为学生经历过这个。

如果你没有充足的时间,我也可以到巴塞尔去待几个小时。

我一如既往地问候你

马丁

埃尔弗丽德衷心地问候你。

94

汉娜·阿伦特致马丁·海德格尔

巴塞尔

于 1967 年 8 月 11 日

亲爱的马丁——

你又开始写作了，多好。而可惜的是，你现在不会来看克利 (Klee)-展览会。它包括几幅非常漂亮的画，这些画显然是没有复制品的。

我当然可以在 19 日之前再过来一次。最好是在 16 日或 17 日或 18 日。给我写信，或者往宾馆里给我打电话，最好是在上午大约 10 点之前。（电话号码：24.45.00）

"不好的反应"——我已经看到它了；如果我预见到了它的话，我也许就会使事情变得更具有戏剧性一些了。但是，现在有一件事情的确让我担忧：那致辞让你感到不舒服吗？对我来说，它是世界上最自然的东西。

我为马拉美-引文而感谢你。非常期待着再次见到你。

问候埃尔弗丽德，亨利希致以问候。

一如既往

汉娜

马丁·海德格尔致汉娜·阿伦特

布雷斯劳的弗莱堡

1967 年 8 月 12 日

亲爱的汉娜，

你要再来，这是一个巨大的快乐。请在 8 月 17 日星期三下午过来，而且要尽可能早，以便我们为对话获得某些活动余地，但是你必须要按最便利的火车来行事。

我怎么会不对你的致辞感到非常高兴！我只是担心它可能会广泛地给你造成令人尴尬的不和谐气氛。从这反应当中你可以事后推断出："客观地"来看，这致辞是非常大胆的。

替我问候亨利希，埃尔弗丽德向你致意。

一如既往

马丁

96

马丁·海德格尔致汉娜·阿伦特

1967 年 8 月 18 日

亲爱的汉娜，

你曾经在这儿，这多么美好。

今天早上我恰好找到了这些纸张。

一如既往

马丁

埃尔弗丽德致以问候

问候亨利希

97

汉娜·阿伦特致马丁·海德格尔（带有附件）

于 1967 年 9 月 24 日

亲爱的马丁，

《康德关于存在的论题》是一部奇妙的作品。当我在归程中阅读它的时候，它如此完美地切合于对被诵读的东西和对话的回忆。我为你附上了卡夫卡的一则箴言，当你提及空间和时间的自由之境的时候，然后又在康德文本中、在关于（作为"在途中"和"达及我们"的东西的）将来的第一个段落里，我想起了它。因为，卡夫卡寓言中的那两个"对手"肯定是过去和将来。（我也附了一页，它是复制的。也许你可以用它来再完备一个复本。）

我确实有疑问，但是对我来说其中只有一个——也许是外围的——是迫切的："**现实之物总是一个可能之物的现实之物；而且它是最终回溯到一个必然之物的现实之物。**"这是你说的，还是在补充康德？如果现实之物是一个**可能之物**的现实性，那么它如何能够指向必然之物？我们把现实之物——不可避免之物、不可否认之物——认为是必然的，是因为我们看不到我们与之"进行和解"的另外一种可能性？

关于出版事宜，我不知道任何更确切的事情了。格林·格雷（Glenn Gray）写信说，要在明天打电话。似乎还没有什么事情被决定下来。我暂时还没有给威克（Wieck）打电话，因为我想先跟格雷谈谈。事情不应看起来好像是我在进行干预。

我感到高兴和感激——我曾经在弗莱堡。祝将要到来的一年万事如意。问候埃尔弗丽德。亨利希衷心地致以问候。

—如既往——

汉娜

［附件］

他有两个对手：第一个从后面，从源头驱迫着他。第二个阻挡着他向前。他与两者都进行斗争。实际上，在与第二个的斗争中，第一个支持他，因为他要把他往前推，而在与第一个的斗争中，第二个同样也支持他；因为他要把他往后赶。但是，这只是理论上的情况。因为不仅是这两个对手在场，而且他自己也在场，况且谁真的知道他的意图呢？无论如何，这是他的梦想：在某个未被注意的时刻——一个空前黑暗的夜晚当然属于这样的时刻——他得以跳出战线，并凭借他的斗争经验，被擢升为他那两个彼此斗争着的对手的法官。

卡夫卡，"他"，出自 1920 年的札记，第五卷，第 287 页

98

马丁·海德格尔致汉娜·阿伦特

麦斯基尔希

1967 年 9 月 29 日

亲爱的汉娜，

我对卡夫卡-书信和科耶夫（Kojève）的黑格尔-书的致谢来得晚了。二者都使我获得了充实。著作映现在书信之中——或者毋宁说相反？科耶夫显示出一种罕见的思想激情。过去几十年的法国思想是这些讲座的回音。甚至连这些消息的中断自身也是一种思想。但是，科耶夫把《存在与时间》只作为人类学来读。

你来过，这是美好的事情。我在这里只待几天，为的是安排未发表的手稿。不同寻常的秋天的天气召唤着博登湖和上多瑙河之间故土的早先之路。

昨天，我的弟弟给我看了报纸上的一则简讯，根据这则简讯的说法，达姆城科学院奖赏了你的散文。这符合你与我们的语言的关系，即你对我们的语言的爱。

我为你感到高兴。有时，它们所切中的不仅是正确的东西，而且甚至是真的东西。

我向你和亨利希致以问候。

一如既往
你的马丁

161

99

马丁·海德格尔致汉娜·阿伦特（带有附件）

麦斯基尔希

1967 年 10 月 30 日

亲爱的汉娜，

我想你会去达姆城，虽然我告诉我自己你不一定会再进行一次欧洲旅行。这样的想法属于我们不能逃避的游戏的领域。

感谢你拍得如此棒的照片，它们也抓住了我们对话的样子，抓住了可见的东西之中不可见的东西。

你喜欢关于康德的文章，我对此感到高兴。关于模态的段落是在康德的意义上来讲的。我自己对这个问题的思考 30 年来一直在变动。随着对存在问题的讨论，形而上学的这个组成部分会瓦解，并要求从对潜能（dynamis）-现实（energeia）的希腊的（而不是经院主义-罗马的）解释出发，进行另外的规定。通过用能力（potentia）和实现（actus）来进行"翻译"（Übersetzung），辩证法的所有无根和无望状态就已经开始了。

162　　　　但是，要就此说些什么总还是太早。

那个卡夫卡文本非常富有启发性。我赞同你的解释。只是在"澄明"这个标题下搅扰我的东西所关涉到的并不仅仅是空间和时间的自由之境，而且也关涉到给出空间**和**时间——时-空（Zeit Raum）自身的东西，从而恰恰不是超出时间和在时间之外的东西。时间与永恒的区分这样的托辞太廉价了。对于神学来讲它也许够用了，但是对于思想来讲它总是一个太粗糙的东西。

我徒劳无功地寻找的动词的及物用法的例子，我给你附上了。

我已经让出版商给你寄送《路标》了。在校对的时候，我学到了很多东西——前言暗示了一些这方面的东西。

来自格林·格雷的第二封信为翻译工作的延续预示了一个有希望的前景。

保重身体并快乐工作。

一如既往

马丁

衷心地问候亨利希。埃尔弗丽德一直到明天都会在巴登威勒①疗养。

［附件］

在黑暗之中

心灵令蓝色的春天沉静。

在湿润的夜晚的枝条下

情侣的额头沉坠在阵雨之中。

夜歌

春天的云层在昏暗的都市上空升起，

这都市令更高贵的僧侣时代沉静。

---

① 巴登威勒(Badenweiler)是位于弗莱堡以南约 30 公里处一个有名的温泉小镇。——译者注

100

汉娜·阿伦特致马丁·海德格尔

纽约

于 1967 年 11 月 27 日

亲爱的马丁——

感谢来信，感谢沉默（Schweigen）的及物用法的"例子"（非常漂亮，我相信我立即就领会了它；但是，它不适用于马拉美，因为 tacite[沉默的]只是形容词，动词 taire[沉默]也可以是及物的，taire la vérité[不讲真话]），感谢上多瑙河。我不能去达姆城，我当然本是愿意**去**的，只是我最想去的地方不是达姆城；当我能够不引起不快地避开这样的事情的时候，我总是感到非常高兴。然而，我不能否认这个奖赏令我感到高兴，而且正是出于你所提到的那个原因。

你关于"模态"所写的东西对我来说比我能够说出的更加重要。这个问题折磨我很多年了；我们的思想的结果在我看来在许多方面都是非常特殊的。毕竟，所有的世界在如下一点上似乎都是一致的：只有也是必然的东西才能够是有意义的。我认为这是一种笨拙得可怜的看法。你的真理概念是独一无二的，恰恰是因为它与必然性没有关联。在康德-论文中的那个段落那里，你是否在康德的意义上来说话，对我来说曾是不清楚的。

我寄送卡夫卡-文本，只是因为将来的概念——向我们走来的将来。最后的句子——随着跳离——当然是完全落回了传统之中；它是巴门尼德和洞穴比喻的跳跃，只是刚好在现代的戏剧性绝望的色调之中。但是，依然值得注意的是：比喻仍然是同样的；因为我认为这几乎毫无可能：卡夫卡了解巴门尼德或者柏拉图。我知道，"澄明"(Lichtung)恰恰是在森林的中间。

顺便提一下——你知道克洛普施托克①的这句话吗："无言的东西首先在一首好诗中散布，就如在荷马的战役中的、只被少数几个人看到的诸神那样。"

在这里，要在此时拥有并保持安宁是非常不容易的事情。国家无可疑议地处在一种骚乱中，而且人们不断地被所有的方面催逼着去表明态度。如果它们［表明态度的请求］来自学生的话，人们就不能逃避。代际之间的良心冲突非常严重，而且即使人们不能直接提出建议，并且也许也不应该提出，对话还是有用的。

我和弗雷德·威克谈了话，他曾经在我这儿待过。由此至少显现出来了如下的事实：哈珀(Harper)铁了心要把海德格尔-项目继续下去。但是，他们显然想要把所有其他的东西都从哲学的部门中清除出去。出版社的领导人在变动，遗憾的是，这种变动在这里非常频繁。这个出版社在不久前还非常重视学术，现在却显然更喜欢关注引起轰动的废话——曼彻斯特②关于肯尼迪遇刺的书、斯大林的女儿所谓的回忆录，等等。唯一令人欣慰的是：先生们显然估计错了；尽管有无法形容的煽动宣传，公众却很少有反应。《存在与时间》卖得非常好，而且销量不断攀升，这个事实在他们做出在任何情况下都不让海德格尔从他们手中滑走的决断时，必定

164

---

① 克洛普施托克(Friedrich Gottlieb Klopstock，1724—1803)是一位德国诗人。他最著名的作品是英雄史诗《弥赛亚》。他使得德国诗歌从亚历山大诗行的绝对统治中摆脱了出来，成为德国文学一个新时代的奠基者。席勒和歌德在艺术上都曾受惠于他。——译者注

② 威廉·曼彻斯特(William Manchester，1922—2004)，美国著名历史学家。——译者注

也一起发挥了作用。我收到了格林·格雷的一封短信,他在信中说他下个月要到这里来。

你写信说你在麦斯基尔希安排手稿,这使我又感到心情沉重:它们没有副本。

我等待和期待着《路标》。

你要保重,向埃尔弗丽德问好;正在阅读你的《尼采》的亨利希衷心地致以加倍的问候。

一如既往

汉娜

汉娜·阿伦特致马丁·海德格尔

纽约

于 1968 年 3 月 17 日

亲爱的马丁,

我已经在我的思想中——在沙发上躺着的时候——给你写这封信很久了。在这个非常阴暗的冬天里,《路标》是一个安慰和希望。我把所有的东西都非常缓慢地又读了一遍;只有关于莱布尼茨和物理学的最后两章我不了解。我相信我知道你所说的在校对的时候学习意味着什么。如果人们如其现在被编排的这个样子来阅读这本书的话,一切都会在一种异样的光中再现,而且以其他方式几乎不能被获得的一种上下文一样的脉络变得清楚了。我的书桌上依然有这本书,部分是出于迷信而将之作为护身符,但部分也是由于我现在差不多熟练地掌握了全部的东西,真的非常喜欢打开并大声阅读它。

几天前,哈珀寄来了《什么叫思?》的毛样。我已经借着德文本认真地阅读了它的部分内容,而且它给我留下了一个非常好的印象。(但是我还没有读完,也还没有给格林·格雷写信)。译文非常仔细,在词语的选择方面经常令人惊讶地富于想象力和得体。(比如,用 thought-provoking [发人深省的]来译"bedenklich"["令人疑虑的"]。)它读起来不费力,而且似乎没有扭曲。进一步的翻译似乎是有保障的;这些东西在当今学生中的反响非常强烈。

阴沉的冬天:首先是亨利希病了,静脉炎(也许是血栓症),但是现在又完全健康了。然后是你大概肯定听说过的那些政治上的事情。在过去的几天中，情形看起来好些了，而且我也兴高采烈地摆脱了我的萎靡状态。对这个国家，即对共和国来说，能够发生的最好的事情就是输掉战争。这会有非常令人不快的后果，但是这些后果比帝国主义的冒险和沾满血迹的美国霸权下的和平更加地可取。国内的抵抗是不同寻常的，而且不仅是在学生中间，也在参议院、新闻界中间，在大学里也非常普遍。我们能够再次幸免于难，首先也是因为现在议会之外的反抗（尤其是"年轻人"的反抗）首次与议会的（尤其是参议院的）反抗联合起来了。

我想知道你们怎么样了。你怎么样了。你在忙什么。夏天的计划还完全不确定。如果能再见到你那就好了。——如果能进行一次交谈就好了。在任何情况下，我都想着你状况良好，而且当我这样想的时候，我会感到高兴。

亨利希致以问候；问候埃尔弗丽德。

一如既往地问候你——

汉娜

102

马丁·海德格尔致汉娜·阿伦特

目前,麦斯基尔希

1968 年 4 月 12 日

亲爱的汉娜,

我和我的弟弟在这儿一起工作已经 3 天了。在此之前,我和埃尔弗丽德在巴登威勒待了两周,生平第一次去了一个疗养地,结果我真的变懒了。一月初,在 10 日,晚上将近 8 点钟的时候,我突然感染了一次——如后来被证实的那样——流行性感冒。不经意间,我就已猛烈咳嗽,而且烧到 39.6℃。翌日,当医生来的时候,我已经又降到 38.4℃了,他把这解释为一个好的征兆。但是,为了预防我这个年龄的并发症,我得服用一种盘尼西林衍化物三天之久,这给我带来了许多麻烦。在此期间,在照顾我的时候,埃尔弗丽德也被传染上了。我们与之搏斗了数周——为此去了巴登威勒。现在我又健康了,而且埃尔弗丽德也是。这则生病的故事只是为了——与常规相反地——引入对你 3 月 17 日的那封令我感到非常高兴的来信的回复。我最大的愿望是:你在此期间已经从消沉状态中摆脱出来了,摆脱了到处总是变得越来越黯淡的"境况"。亨利希又健康了,这也许也帮助了你。

感谢你监督《什么叫思?》的翻译。在弗莱堡,人们谣传它非常糟糕。相反,我已经确信格林·格雷真的理解了事情(Sache)。我对此感到非常高兴:恰恰是**这个**讲座被翻译了,而且年轻的一代人能够容易地获得它了。

167

我的工作被疾病打断了。但是，我慢慢地又重新找到了回去的路，而且借助于**简单地**言说相同者的努力——也许是 60 页的篇幅，依然走在通往它的途中。如果人们还是在自身的外面四处闲荡而且想法依然含糊不清的话，那么人们在思想的领域中就只会写厚厚的书和多卷本的著作。

我看到，不过只是匆匆地，你已经在《水星》上说出了重要的东西。

我已经拒绝了在维也纳国际哲学代表大会上在社会名流中露面；我从不参加这样的活动。

对于阴森可怖的"公共领域"来说，还有"其他的选择"吗？更清楚地说：在关于"其他选择"的这种闲谈**面前**，还有本质之物的尺度吗？在意识到不是他造就了自身这个事实之前，人们还要穿越哪些苦难的深渊？——

《路标》是一个实验；只有那些已经了解了它们①的人才能准备好**像你那样**去读它们。这样的人很少。但是，如果有这么几个人的话，那就已经够了。他们能够等待（Warten）。这根本上不同于希望（Hoffen）。希望属于阴谋诡计和"快乐"之制造的范围。

如果你来的话，请及时（即提前）写信告知你的计划。问候亨利希。埃尔弗丽德致以问候。

一如既往地问候你——

马丁

---

① 路标的原文"Wegmarken"是复数。——译者注

168

103

汉娜·阿伦特致马丁·海德格尔

于 1968 年 8 月 23 日

亲爱的马丁,

由于我没有听说关于你的更多的情况,所以我也没有再写信。反正不必要了,因为亨利希病了,而我不能离开——就如格林·格雷大概已经告诉你的那样。现在,我终究已突然决定到欧洲去待上 10 到 14 天。我会在 9 月 1 日或者 2 日在巴塞尔,奥伊勒(Euler)宾馆,而且在那里也许会待上一周。如果我们能够相见的话,请给我往那里写封信。我是可变通的,或许也能在九月的第 2 周来进行安排。只是我必须快速地知道。你肯定知道:在十月之前,格雷是不能被期待的。

亨利希致以问候。问候埃尔弗丽德。

一如既往地问候你
汉娜

104

*马丁·海德格尔致汉娜·阿伦特*①

勒托尔(亚威农②)

1968 年 9 月 6 日

＝汉娜·阿伦特女士,巴塞尔奥伊勒宾馆＝

在 9 月 12 日访问查林根之前,我会在勒内·夏尔(Rene Char)
的研讨会上一直待到 9 月 9 日,欢迎,致以问候＝马丁＝

---

① 这是一封电报,原文无标点符号。——译者注
② 亚威农(Avignon)位于法国普罗旺斯地区的沃克吕兹省,马赛西北约 85 公
里。——译者注

105

马丁·海德格尔致汉娜·阿伦特

弗莱堡

1968 年 9 月 11 日

亲爱的汉娜，

我们明天 16 时等你喝茶，并想要你留下来吃晚饭。

像你一样，我也感到高兴

马丁

106

汉娜·阿伦特致马丁·海德格尔

弗莱堡

［1969 年 2 月 28 日］

亲爱的马丁——

我在这里参加雅斯贝尔斯的葬礼。只待几天。我非常想要见到你。有机会吗？下一周的星期三对我来说最好。

一如既往

汉娜

联系我的最便捷方式是在早上往我这里打电话。

107

马丁·海德格尔致汉娜·阿伦特

弗莱堡

1969 年 3 月 1 日

亲爱的汉娜

下一个周三对我来说是合适的——最好是下午——因为我上午需要工作。

一如既往

马丁

108

埃尔弗丽德·海德格尔致汉娜·阿伦特

1969 年 4 月 20 日

亲爱的汉娜,

今天我对你有一个请求:在最近的一次令人厌恶的流感之后,我们已经决定放弃**两层的**大房子,并在我们后面的花园里建造一所带有通往花园平地出口的一层小房子。这大约会花费 8 万到 10 万德国马克,我们当然没有这笔钱,但是我们有贵重物品。马丁立即就给我展示了由**他自己手写的**《存在与时间》的付印稿样。但是,由于我们在钱方面一无所知,所以我们不知道这份手稿值多少钱,以及到哪里能够将之供以出售。格林和乌尔苏拉·格雷(Ursula Gray)——我们昨天与他们谈了话——认为,他们应当问一下你;但是,借助这封信,我自己来做这件事情。请非常谨慎地处理这件事情。哪怕一个简单的答复,我们也会心存感激的。

另外,我们现在又状况良好了,希望你和你的丈夫也是如此。

衷心地问候你

埃尔弗丽德

马丁

马丁刚才还说:

尼采讲座的手稿同样也会供以出售。

171

109

汉娜·阿伦特致埃尔弗丽德·海德格尔

于 1969 年 4 月 25 日

亲爱的埃尔弗丽德，

应你的询问，我立即写信告诉你我所知道的东西——这些东西不是太多。无疑，《存在与时间》的手稿显示了一份可观的价值，同样无疑的是，随着时间的流逝这份价值会显著提升。这当然同样适用于《尼采》，虽然它眼前的价值也许比较低。因而不仅是官方的研究机构，而且做生产性投资的收藏者，都会考虑这两份手稿的。最简单但不必然是最好的做法是：把这样的东西转到德国国内最大的（据我所知）而且在国外最为知名的拍卖行去拍卖。

即：J. A. 思达噶特（Stargardt）

马堡市

大学街 27 号

邮政编码：355①

他们经营所有类型和各个世纪的手稿，甚至经营当代作者的那些手稿——比如恩斯特·荣格（Ernst Jünger）、霍夫曼斯塔尔（Hofmannsthal），等等。他们把他们涉及范围广泛的目录册发送到全世界。这时"谨慎"自然是谈不上的，但是你们可以按照通行的做法通过一个看起来适合于你们的经纪人来接近那些人。也许

172

---

① 这是德国 1993 年以前使用的旧邮政编码，后面的一个 0 通常被省略掉。——译者注

你们可以让他们给你们寄送一份目录册，以便首先获得一个印象。

无疑还有另外的可能性。我可以试着在这里打听一下。困难的事情是谨慎。因为这里涉及的是独一无二的（sui generis）东西，不知道它涉及的是什么的人不能做出判断。我可以向一个我所知道的、在专业领域中特别受尊敬的图书馆馆员打听一下，我会请求他谨慎。他现在在哥伦比亚这里做教授，他出生于德国，而且不久（退休）前曾是耶路撒冷希伯来图书馆的馆长。他知道其他人都不知道的消息。此外，我可以求助于库尔特·沃尔夫（Kurt Wolff）的遗孀海伦妮·沃尔夫（Helene Wolff），她是我的一个朋友。她拥有关于这种事情的经历，而且如果人们请求她谨慎的话，她也是可信赖的。

最后——我也许还能够求助于国会图书馆手稿部的主任，我是偶然地认识他的。但是，只有在沃尔曼（Wormann）（上面提到的那个图书馆馆员）向我提出建议，当然还要你们也同意的情况下，我才会这样做。就谨慎来说，这样的公职人员通常是可靠的；但是，此处我不会拥有私人性的保证。就此而言，潜在的困境将会是：他的建议也许不是不带偏见的，虽然我认为国会图书馆只对美国的作家感兴趣。

格林·格雷已经写信告诉了我那次令人不快的流感的情况。它和去年的一样吗？它已经让你们非常得疲惫了吗？亨利希在冬天里患上了所谓的香港流感，但是不严重；高烧五天，然后就结束了，没有吃药，也没有后遗症。

173

五月底我们要去欧洲几个月。到时我会写信告诉你。这里的事情让人很不愉快。衷心地祝你们两个一切安好。亨利希衷心地致以问候。

110

埃尔弗丽德·海德格尔致汉娜·阿伦特

1969 年 4 月 28 日

亲爱的汉娜,

我们衷心地感谢你的迅速回复。把手稿交给贸易行,不在考虑之列。我们考虑把它提供给一个官方的博物馆或者基金会,比如就像你提到过的国会图书馆。如果这不会让你太费心的话,我们想请求你去问一下你将之描述为特别有经验的图书馆馆员的那位教授,这样的一种手稿收藏可能会支付多少钱。进一步的询问,甚至是你的来信回复都是不必要的;我们期待着很快在这里见到你们;然后我们就可以口头地进一步谈论此事。

这里的情形也不是"令人高兴的",但是书斋完好无损。流感也已经被压住了。

五月底我们还会在这里,然后我们会外出一小段时间,从六月的最后十天开始,你们就总是能在这里找到我们了。

再次感谢你,并衷心地问候你和你的丈夫

埃尔弗丽德

［来自海德格尔的手写附言］

174

一如既往地衷心问候你,也问候亨利希

马丁

也感谢你来自巴塞尔的照片和胶片。

111

汉娜·阿伦特致埃尔弗丽德·海德格尔

纽约

于 1969 年 5 月 17 日

亲爱的埃尔弗丽德，

我的图书馆馆员朋友沃尔曼前天曾在这里，而且我还是立即就给你写了信，以便不会忘记任何细节。现在接下来的内容都是他的建议：

1. 特别值得考虑的图书馆：在德国首先是马尔巴赫的席勒档案馆，它也购买哲学方面的手稿，并拥有宽裕的资金可供支配。在法国是国家图书馆，它偶尔也购买德国人的手稿（比如几年前的一大批海涅藏品），如果它们对法国意义重大的话——这尤其对《存在与时间》来说的确是成立的。但是，他这样认为——他们暂时不会有钱。

在美国，首先是耶鲁——《形而上学导论》也是在它的出版社出版的。他们拥有最大的（？）①德国人手稿藏品，尤其是也拥有很多里尔克的手稿。此外，普林斯顿和哈佛也有大量的德语藏品。

人们在德克萨斯也许能够获得最高的价格，在这个领域中德克萨斯是新近出现的，而且以非常高的价格购买了许多。（国会图书馆不在考虑之列；他们只购买与美国有关的书籍。）

175　　　2. 手稿不应被交易。这样的话，它如何被提供给人们？沃尔

---

① 原文如此——译者注

曼指明了没有经验的人们是如何会轻易地被欺骗或者犯下错误的。最好是让思达噶特——我已经提到过它——来做这件事;因为这个公司不仅进行拍卖,还会促成这样的供应。当然,他们为此会收好处费,但这是值得的。另一方面,最好是有个出自家族的人来面对公司,这个人能够进行允诺,他作为礼物得到了手稿或者在一定程度上继承了它们。沃尔曼也认为这会导致减税——对此我并没有完全理解。

3. 但是,如果你们还是想直接出售的话,这也应当通过一个经纪人来做。在美国,可以考虑格林·格雷,通过他作为译文出版者的身份,他本应已被确认为合法的了。就德国来说,他不是如此地确定,尤其是他也不确定应当向谁供货,以便获得一个合情合理的价格。在这个领域里最有经验并且也完全值得信赖的人是法兰克福德文图书馆的克斯特(Köster)教授。他是埃佩尔斯海默(Eppelsheimer)的继承人,我认识他,而且数年前当我搜寻无主的犹太文化财产的时候,他曾对我非常有帮助。他退休了,但还是非常清醒,并活跃在很多领域,是一个见多识广、非常讨人喜欢的人。

4. 现在就价值而言——当然是没有一个公平价格(iustum pretium)的。通过多次的报价,价格能够升得很高。他给了例子:一批不是十分吸引人的与爱因斯坦的通信往来——52 封信在伦敦(欧洲最大的拍卖行苏富比[Sotheby]①,邦德街)被估值 5000 英镑,后来卖出了三倍的价钱。但是这家拍卖行不在考虑之列,因为他们只做拍卖。(也就是说不同于思达噶特。)柏林用 250 万马克

---

① 苏富比是山姆·贝克(Samuel Baker)于 1744 年在伦敦创立的,是一家历史悠久的艺术拍卖商。——译者注

购买了格尔哈特·豪普特曼①的遗作。

开始他不愿做估价,但后来还是突然说:《存在与时间》也许最少要卖 7 万到 10 万马克,也就是说不算尼采-手稿。也可能会更多得多。

5. 最后:沃尔曼还警告说:在买卖做成之前,这样的事情只能保密。最终购买的机构会公开它的收购。然后,也接到过一个报价的其他机构就不会再觉得有义务保持谨慎了。因此,比如几年前 B.邵肯(Schocken)变卖了他非常宝贵的德文藏品——通过几个经纪人;但是,现在每个人还是都知道了这个消息。

我写得匆忙。我们就要去旅行了,而学期还尚未结束。5 月 28 日我们会在瑞士。地址:提契诺州台格纳市,卡萨巴尔巴特(Casa Barbatè)酒店,邮编 6652,电话 093 - 65430。我认为我们会在六月底或七月初相见。

祝家家户户一切安好——汉娜

---

① 格尔哈特·豪普特曼(Gerhart Hauptmann,1862—1946)是德国作家、自然主义在德国的最主要代表人物。1912 年获得诺贝尔文学家。——译者注

112

马丁和埃尔弗丽德·海德格尔致汉娜·阿伦特

1969 年 6 月 4 日

亲爱的汉娜,

我非常感谢你不顾你的巨大负荷而如此详细地给我写信。我们首先考虑的是马尔巴赫以及法兰克福的歌德主教教堂议事会;只是我担心那里的报价会太低。

此外:如果一桩买卖完成了,那么秘密操纵就是不必要的了;在要求你的时候,我们只是想避免在一桩买卖**之前**面临国际手稿市场上对这部手稿的抢购。

我们期待着在这里见到你——也许是六月底?到那时候,我们希望你和你的丈夫能够获得为返回纽约而确实迫切需要的休整。

177

我们非常衷心地致以问候
马丁和埃尔弗丽德

113

马丁·海德格尔致汉娜·阿伦特

布雷斯劳的弗莱堡

1969 年 6 月 23 日

亲爱的汉娜，

我们期待着你的来访，并在星期四（即 6 月 26 日）的下午一早等你。

一如既往

马丁

114

马丁·海德格尔致汉娜·阿伦特

布雷斯劳的弗莱堡

1969 年 8 月 2 日

亲爱的汉娜，

那么我们就在 8 月 16 日下午等你们。多米尼克·**福尔卡德**（Dominique *Fourcade*）的通信地址是：巴黎省第 17 区，西欧多尔里博（Théodule Ribot）街 16 号，邮政编码：75①。他是一个非常招人喜爱的年轻人，而且是勒内·夏尔的朋友。几年前，他和让·博弗雷一起到小木屋来拜访过我们。

在此期间，与马尔巴赫的一份合情合理的协议已经达成了，所以你就不必再费心了。

我们希望你们在那儿逗留的剩余时间里能够继续好好休养。

我们衷心地问候你们，并期待着再见和结识。 178

一如既往

马丁

又及，与 H. 约纳斯（Jonas）的交谈非常令人高兴。他显然完全脱离了神学。

---

① 巴黎省的邮政编码以 75 开头。——译者注

115

汉娜·阿伦特致马丁·海德格尔

台格纳
于 1969 年 8 月 8 日

亲爱的马丁，

这只是为了再次确认 16 日。我们大约 4 点钟到你们那儿。以防万一：从 15 日晚上开始，我们会在瑞士的老森林屋酒店。

我现在才读了托尔（Thor）①研讨班的记录。它是一份特殊的文献。每一个方面都是。对我来说有着特殊的意义，因为它把马堡的时日、作为老师的你如此切近地带到了我面前，并且现在正好与你当前的思想如此紧密地结合在一起了。接下来，我要阅读逻辑学的最初稿本，是你让我注意到它的。（我不知道差异文本，在这里也没这个可能。）事情之原本所是简单得令人惊讶。

我现在要给福尔卡德写信。他把带有一篇令人感动的献词的两小卷诗集给我寄往了纽约。没有通信地址。约纳斯曾在这儿待过——对于苏黎世的相遇感到极为幸福，对于这次相遇他按其一贯的风格进行了如此详细的报道。他所"完全脱离"的东西要比神学多得多。

祝你们两个一切安好

一如既往的汉娜

---

① 1969 年海德格尔在法国普罗旺斯的托尔举办了一个研讨班。——译者注

116

汉娜·阿伦特献给马丁·海德格尔

献给你
为了 1969 年 9 月 26 日
45 年之后
依旧
汉娜

女士们、先生们！

马丁·海德格尔今天 80 岁了，并且在此把他公开从教的 50 周年纪念日与他 80 岁的生日一道进行庆祝。柏拉图曾经说过："因为本原也是一个神；只要它待在人们中间，它就拯救一切。"[arche gar kai theos en anthropois hidrymene sozei panta][1]

那么就让我从这个公共领域的开端开始吧，不是从在麦斯基尔希的 1889 年开始，而是从这位教师在弗莱堡大学进入德国学术公共领域的 1919 年开始。因为海德格尔的出名比《存在与时间》在 1927 年的公开发表要更早，所以如下一点是可疑的：这本书不同寻常的成功——不只是它立即就引起的轰动，而且首先是它格外持久的影响，在这个世纪的出版物中很少有能够匹配这种影响的——是否是可能的，如果没有先行于它的（如人们所说的）教学成就的话，而这本书的成功至少在那些当时还是学生的人们看来只是证实了这种教学成就。

这次出名有其奇特之处，也许比 20 年代早期卡夫卡的出名或者在此之前 10 年布拉克①和毕加索在巴黎的出名还要更加奇特，他们也是那些对于人们通常所理解的公共领域来说不知名然而却产生了非凡影响的的人物。因为，在海德格尔的情形中不存在这名声可以基于其上的东西，没有书面的东西，除了人手相传的讲座抄录之外；这些讲座论及的是众所周知的文本，这些文本并不包含人们可以复述和传达的教义。因此除了一个名字之外几乎就没什么了，但是这个名字就像隐秘之王的传闻一样传遍了整个德国。这完全不同于以一个"大师"为中心并受其指挥的"圈子"，比如格奥尔格-圈子，这个圈子虽然为公众所知，但却通过一个秘密（Geheimnis）之光辉将自身同公众分离了开来，而这个秘密据说只有这个圈子的成员才知道。在海德格尔这里，既没有秘密也没有成员资格；然而传闻所达及的那些人们的确彼此相知，因为他们全都是学生，他们之间有偶然的友谊，而且后来也许有时也会结成小集团，但是从未有过一个圈子，也没有秘传的教义。

那么谁听到了这个传闻，它又说了什么呢？当时，在第一次世界大战之后，在德国的大学中虽然还没有反叛者，但是在不只是纯粹的职业学校的院系当中，在那些学习对他们来说不只是意味着为职业做准备的学生当中，存在着对教学工作和学习活动的普遍不安。哲学不是谋生的学问，反而是决心成为穷光蛋的人的学问，正是这个决断使得他们成了要求高的人。对于他们来说，要义根本不在于对世界智慧或生活智慧的寻求，而且对于试图为所有谜团寻找答案的人来说，世界观和世界观党派提供了一个丰富的选项以供利用；为了在它们之间进行选择，不需要学习哲学。但是，

---

　　①　乔治斯·布拉克（Georges Braque, 1882—1963）是法国画家，立体派的主要倡导者和理论家。——译者注

他们现在也不知道想要什么。通常，大学为他们提供的或者是学派——新康德主义、新黑格尔主义、新柏拉图主义等——或者是老旧的学术科目，在其中哲学——被精细地分格为认识论、美学、伦理学、逻辑学和类似的东西——与其说是被传授了，不如说是通过深不见底的无聊而被毁掉了。甚至是在海德格尔出现之前，当时就有几个反叛者反对这种倒不如说舒适的而且以它的方式也非常稳定的运转模式；按时间顺序来说，有胡塞尔和他的呼吁"回到事情自身"——即"离开理论，离开书本"——和作为一门严格科学的、能与其他学术科目并立的哲学的建立。这当然非常天真，而且也全然没有反叛的意愿，但这首先是舍勒稍后是海德格尔所能够引以为据的东西。然后，在海德堡还有有意识地进行反叛并且来自于不同于哲学传统的另外一个传统的卡尔·雅斯贝尔斯，如您们所知，他与海德格尔是长久的朋友，恰恰是因为海德格尔的前有的反叛性质作为在**关于**哲学的迂腐闲谈中间原初地具有哲学性质的东西而令他感兴趣。

这少数几个人彼此间的共同之处是——用海德格尔的话来说——他们能够"在一个博学的对象和一个被思的事情之间"[2]进行区分，而且对他们来说博学的对象几乎是无关紧要的。那时，传闻达及了那些或多或少明确地知晓了传统的断裂和已经开始了的"黑暗时代"的人们那里，这些人因此把博学（尤其是哲学的事情方面的博学）看作是一种无益的游戏，并且因而只是由于他们考虑的是"被思的事情"，或者如海德格尔现在会说的那样，考虑的是"思想的事情"[3]，所以他们才愿意顺从于学术训练。把他们吸引到弗莱堡的这位编外讲师这里来并在稍后的时候把他们引向马堡的那个传闻说：有一个人，他真正地实现了胡塞尔所宣告的那些事情，

181

231

他知道这些事情不是学术性的事务（angelegenheit），而是思想着的人所深切关注的事情——且不是从昨天和今天开始，而是一直如此——而且恰恰是由于对他来说传统的联系已经断裂了，所以他正在重新发现过去。从技巧上来说，关键的是：比如，不是柏拉图的被谈**论**，也不是他的理念论被描述出来，而是贯穿整个学期的一个对话一步一步地被继续和审问，直到不再有千年的教义，而是只有一个全然当下的疑难。今天，对您们来说这些听起来也许非常熟悉，因为现在有如此多的人在这样做；然而在海德格尔之前，从未有人这样做过。传闻把这说得非常简单：思想又复活了，被认为已经死了的过去的文化宝藏又说话了，由此被证明的是：它们说出的是完全不同于人们疑惑地猜测的东西。有一个教师；人们也许能够学会思想。

所以，他是思想王国中的隐秘之王，这个王国虽然完全属于这个世界，但是却如此地被遮蔽在其中，以至于人们从未确切地知道它是否真的存在，虽然它的居民比人们所以为的更加众多。因为否则的话人们如何能够解释海德格尔的思想和富于思想的解读的那种无与伦比的、通常是地下式的影响——这影响超越了学生的圈子，而且超越了人们在哲学名下通常所理解的东西——呢？

因为不是海德格尔的哲学——对它人们能够有权利质疑它是否真的存在[4]——而是海德格尔的思想，如此决定性地参与规定了这个世纪的精神面貌。这种思想具有一种它所独有的好探索的品质，如果人们想从语言上来把握和探测这种品质的话，那么这种品质就在于对动词"思考"的及物的使用。海德格尔从未"对"某物进行思考；他思考某物。在这种全然非冥想的活动中，他钻入深层，但并不是为了在这个深层中——对于这个深层人们可以说：在此之前,它完全没有以这种方式和精确度被发现过——去发现一个终极的和牢靠的根基,甚至也不是促使它露出地面,而是为了居留于这个深层中铺设道路并安置"路标"[5]。这种思想可以接受任务,可以研究"问题",它当然总是具有某些它当前忙于做的或者更确切地说它对之感到兴奋的特殊的东西;但是,人们不能说:它有一个目标。它是不间断地进行活动的,而且铺路自身与其说是为了一个事先被看到然后被指向的目标,不如说是为了一个维度的展开。这些道路可以是"林中路",它们恰恰是因为并不通向被设置在森林之外的一个目的地而且"突然地终止于人迹不至之处"[6],所以才远比小心谨慎地被规划的问题街道(Problemstraß)——属于一个行业协会的哲学家和精神科学家的研究匆忙地行走于其上——要更加适合于那些喜爱森林并在其中有在家之感的人们。"林中路"的比喻触及了某些非常本质性的东西,但不是像初看起来的那样:某人走上了他不再由之而继续走下去的林中路,而是这样:与伐木工人相似,某人以森林为业,走上了他自己所开辟的道路,在这个过程中路径的开辟就像木柴的砍伐一样属于业务的一部分。

在首先由其好探索的思想所展开的这个深层维度中,海德格尔铺设了一张这种思想道路的大网;而且可以理解,得到关注并有许多人效仿的、唯一的直接效果是:他导致了传统形而上学大厦——反正在其中已经很久没有人感到得劲儿了——的崩塌,就如同地下的通道和挖掘活动导致地基打得不够深的东西崩塌一样。这是一个历史性的事件,甚或是头等的,但是它不必与我们当中那些处身于所有过去和现在的行会之外的人有关。从一个特定的视角出发,人们能够有理由把康德称为"打碎一切的人",这与康德是谁——不同于他的历史性的角色——少有关联。而且，就海德格尔对本就即将来临的形而上学的崩溃的贡献来说，如下一点归功于他且只归功于他：这崩溃以一种配得上先前（Vorangegangene）的方式而发生，形而上学被**思**到了尽头，并只是好像被随它而来的东西推翻了。如海德格尔所言[7]，"哲学的终结"，但是这样一种终结：它给哲学带来荣誉并使之保持在荣誉中，它是由最深地身陷于其中的人准备好的。整个一生中，他把哲学家们的文本作为他的研讨班和讲座的基础；在年迈之时他才敢走出如此之远，以至于他举办了一个关于他自己的文本的研讨班。[8]

我说过，人们追从这个传闻，是为了学习思，而后人们体验到的是：思作为纯粹的活动，也就是说作为既不是受求知欲也不是受对结论的渴望驱使的活动，能够变成一种激情，这种激情与其说是控制着不如说是组织和贯穿着所有其他的能力和才华。我们已是如此地习惯于理性与激情、精神与生命的古老对立，以至于一种**激情的**思——在其中，思与活生生的存在成为一体——的想法对我们来说是相当陌生的。海德格尔自己已经有一次把这种成为一体——按照一则有充足证据的趣闻——表达在了一个独特的简洁的句子里面了，当时他在开始一次关于亚里士多德的讲座，他没有导入通常的传记，而是说"亚里士多德出生、工作并死去"。有这样的东西存在，这——如我们事后能够认识到的那样——是哲学之可能性的根本条件，但如下一点是非常可疑的：没有海德格尔思着的生存，尤其是在我们的世纪里，我们还能够经验到它。这种思——它作为激情出自于"在世界之中出生"这个简单的事实，而后"追思在存在着的一切东西之中起作用的意义"[9]——像生活自身一样，少有一个终极的目标——结论或知识。生命的终点是死亡,但人不是为了死亡而活着,而是因为他是一个活生生的存在;他进行思考并不是为了任何结论,而是因为他是一个"思着的,即沉思着的存在"[10]。

这导致的结果是:思以其独特的方式解构性地或者批判性地对待它自己的结论。的确,自古代的哲学学派开始,哲学家就显示出了一种建构体系的致命倾向,而如今我们经常要费力地去拆除被建造起来的大厦,以便发现真正地被思考的东西。但是,这种倾向不是源自思本身,而是源自完全不同的、在它们那方面又完全合法的需求。如果人们用其结果来衡量直接的、激情的、活生生的思,那么佩内洛普的托词[①]这样的事情就会发生在它的身上——晚上,它就会不懈地把白天纺织的东西再拆开,以便在接下来的一天里能够重新开始纺织。虽然偶尔提及已经出版了的著作,但是海德格尔的每一本著作写得都好像是他正在重新开始,而且每次都只是采用已经由他创造的语言,即术语,但是在这个方面概念只是一个新的思想进程所导向的"路标"。当借助尼采谈及"思之向来总是重新开始的铤而走险"的时候,当强调"什么是思的事情这个**批判性的**问题在何种程度上必然且永久地属于思"的时候,当说思具有"回返的特征"的时候,海德格尔提及了思的这种特性;而且当

---

① 佩特洛普(Penelope)是古希腊神话中战神奥德修斯的妻子。奥德修斯随希腊联军远征特洛伊,十年苦战结束后,希腊将士纷纷凯旋归国。唯独奥德修斯命运坎坷,归途中又在海上漂泊了十年,历尽无数艰险,而且人们盛传他已葬身鱼腹,或者客死异域。他在外流浪的最后三年间,有一百多个来自各地的王孙公子,聚集在他家里,向他的妻子求婚。坚贞不渝的佩特洛普为了摆脱求婚者的纠缠,宣称等她为公公织完一匹做寿衣的布料后,就改嫁给他们中的一个。于是,她白天织这匹布,夜晚又在火炬光下把它拆掉。就这样织了又拆,拆了又织,没完没了,拖延时间,等待丈夫归来。后来,奥德修斯终于回归家园,夫妻合力把那些在他家里宴饮作乐、胡作非为的求婚者一个个杀死,终于团圆。——译者注

他将《存在与时间》置于"直接的批判"之下,或者意识到对柏拉图的真理的特定解释"是站不住脚的",或者完全一般性地谈及对他自己的著作的"回顾"的时候,海德格尔实践了这种回返。"这种回返总是会变成一种重新讨论",不是变成一种收回,而是变成一种对已经被思了的东西的重思。[11]

186   如果活得足够长,每一个思想家都必然会力求消解他所思考的东西的原来结果,而且必然会只通过重新对它们进行思虑的方式而进行。(与雅斯贝尔斯一起,他会说:"那么,恰恰是在人们想恰当地开始的时候,人们应当离开!")思着的我是不老的,而且只要他们只有在思中才是真实的,那么这就是思想家们的不幸和幸福:他们没有衰老就变老了。思的激情与其他的激情共有这些性质——我们通常将之认作一个人的特性的东西(它的由意志编排的整体产生了性格之类的东西)不能经受那种攫住并几乎占据人类和个人的激情的冲击。如海德格尔所说的那样"立于"狂怒的风暴"之中"进行思考并且对其来说时间简直是静止的那个我,不仅不老,而且也无特性,虽然总是特定的、不同的。思着的我完全不同于意识的自我。此外,就如黑格尔偶然所做的关于哲学的评论所说的那样,思是"孤寂的东西"[12],而且这并不只是因为在柏拉图所说的那种"与我自己的无声对话"[13]中我是孤单的,而且也是因为在对话中总是显露出某些"不可言说的东西",这些东西不能通过语言而发出声音,不能原本地被言说,因而它们不仅不把自己传达给他人,甚至也不把自己传达给被牵涉于其中的那个人。也许正是柏拉图在《第七封信》中谈及的这种"不可言说的东西"使得思进入了这样一种孤寂的活动之中,并且造就了总是各不相同的源泉,思从这个源泉中产生并不断地革新自己。人们完全能够想象得到——这肯定完全不适用于海德格尔——思的激情能够突然地侵袭最喜欢合群的人,并且因孤寂而毁掉他。

第一个而且据我所知也是唯一一个把思称作一种"激情"、一种侵袭某个人要被痛苦地忍受的东西的人,是柏拉图,他把惊异(Erstaunen)称作哲学的开端[14],借此他当然绝对不是指当我们遇到陌生的东西的时候在我们之中出现但不像激情那样侵袭我们的那种单纯地感到惊奇(Sichwundern)。因为作为思之开端的惊异——大概就如感到惊奇是科学之开端一样——适用于日常的东西、自明的东西、彻底被思考和认知的东西;这也是它为什么不能通过任何结论而被平息的原因。有一次,海德格尔完全在柏拉图的意义上谈到了"惊异于简单之物的能力",但是与柏拉图不同,他补充说,**"而且要把这惊异作为居住地而接受"**[15]。在思考海德格尔是谁这一方面,这个补充对于我来说显得是关键性的。因为也许并不是所有人,但还是有许多人,就如我们所确实希望的那样,了解思以及与之联系在一起的孤寂;但是,在那里他们无疑并不拥有他们的居住地,而且当他们被对简单之物的惊异袭击并顺从着惊异而进行思考的时候,他们就知道了:他们已经被从承继而来的暂居地——他们的业务和工作在其中持续,人的事务在其中发生——那里撕扯出来了,而且他们不久就会再次回到那里。以比喻的方式来说,海德格尔所说的居住地远离人的住处,而且虽然在这样的地方它也能够逐渐变得有很大的风暴,但是这种风暴的确甚至比我们谈论时间风暴的时候在更大程度上更加是比喻性的;与世界上的其他地方(Ort)、与人的事务的地方相比,思的居住地是一个"静默的地方"[16]。

本来,正是惊异自身产生并传播着静默,而且正是由于这静默的缘故,屏蔽所有的噪声(甚至是自己的声音的噪声)才成了如下一点的必要条件:一种思能够从惊异中展开自身。这其中已经包含着一种独特的转变,而这转变经受了现在进入了思之轨道中的一切。在其与世界的本质性的隔离状态中,思总是只与不在场的东西打交道,总是只与逃避直接的知觉的事情和东西打交道。例如,当一个人与另一个人面对面地相对而立的时候,他的确在其整个的、总是令人愉悦的肉体存在中知觉到了他,但是没有思考他。而且,如果一个人的确这样做了的话,那么在彼此相遇的这两个人之间就会已有一堵墙挤上前来,这个人就隐秘地远离了直接的相遇。为了在思想中走近一件事情甚或一个人,它必须远离直接的知觉。海德格尔说,思是"向着遥远(Ferne)的进入切近之中(In-die-Nähe-kommen)"[17]。人们能够在一个熟悉的经验中轻易地想象到这一点。为了近距离地参观遥远的名胜古迹,我们启程;此时通常发生的情形是:当我们不再受到印象的压迫的时候,我们已经看过的东西才开始在回顾着的记忆中完全切近地走向我们,就好像当它们不再在场的时候,它们才开始展现它们的意义。关系和联系的这种翻转——即思使切近之物远离,或者更确切地说从切近中回撤,并且将遥远之物拉入切近之中——当我们想要弄清思的居住地的时候,起决定性作用。在对作为一种精神能力的思想进行思考的历史中,回忆——它在思中变成纪念——已经扮演了一个如此卓越的角色,因为它为我们确保了如下一点:切近和遥远——就如同它们已感官地被给予的那样——终究是能够进行这种翻转的。

关于他承继的"居住地"、思的居住地,海德格尔只是偶尔地、以暗示的方式和大多是否定的方式谈论过——当他这样说的时

188

候：思的追问"不是立于日常的惯常秩序之中"，不是"在迫切关切的事情的领域之内和占支配地位的需要的满足的领域之内"，甚至"追问自身是在秩序之外的"。[18]但是，切近-遥远的关系和它们在思中的翻转贯穿着全部的著作，就像一切都据之而定调的一个基音。在场和不在场、遮蔽和解蔽、切近和遥远——在它们当中起作用的耦合和关联，与如下的自明之理几乎毫无关系：如果没有不在场被经验到，就不可能会有在场；如果没有遥远被经验到，就不可能会有切近；如果没有遮蔽被经验到，就不可能会有解蔽。从思之居住地的视角看来，实际上在这居住地的周围、在"日常的惯常秩序"中和人的事务中，"存在的隐退"或者"存在的遗忘"、（根据其本质而紧抓不在场之物的）思所必须关涉的东西的隐退，的确起着支配作用。对这种"隐退"的扬弃总是以人的事务世界的隐退为代价，而且即使恰恰是思在它自己孤独的静默中思索这些事务的时候，也是如此。因此，甚至是亚里士多德——柏拉图的伟大例子还活生生地在眼前——就已经急切地劝告哲学家不要想着在政治的世界中扮演国王。

至少偶尔地"惊异于简单之物的能力"也许是所有人都拥有的，而过去和现在被我们所知的那些思想家们由于如下一点而是出众的：从这样的惊异中，他们发展出了思的能力，或者更确切地说，各自适合于他们的思。但"将这惊异作为居住地而接受"的能力不一样，它非常罕见，只有在柏拉图那里我们才能发现一点儿可靠的证明，他在《泰阿泰德篇》中多次并最为明确地阐述了这种居住地的危险。在那里，他也——显然作为第一人——报道了泰勒斯和色雷斯农村女佣的故事，当这位"贤人"为了观看星星而将目光对准上方却掉入井中的时候，这个女佣在一边看着并嘲笑道：想

189

190 要认识天空的人，不再知道他的脚下有什么。[19] 如果我们愿意相信亚里士多德的话，泰勒斯立即就变得非常生气，尤其是因为他的同胞们由于他的贫穷而经常讥讽他，而他想通过一次在油压机方面的大规模投机活动来证明：对于"贤人们"来说，变得富有会是一件容易的事情，如果他们认真对待的话。[20] 而且，众所周知，因为书不是农村女佣写的，所以这个爱笑的色雷斯孩子必须还得让黑格尔告诉她：她就是对更高级的东西没有感觉。众所周知，在《理想国》中，柏拉图不仅抵制诗人，而且也想禁止公民（至少是守卫者阶层）笑，[21] 对于同胞们的大笑他感到比反对真理之绝对性要求的意见的敌意更加可怕；也许恰恰是他知道：从外面来看，思者的居住地有些像亚里士多德的云端布谷之乡（Wolkenkuckucksheim）。无论如何，他都已知道：当它想将它所思的东西带到市场的时候，思想无力抵御他人的笑声；而且，除了其他的之外，这也许进一步促使他在已年迈之时三次动身前往西西里岛，为的是通过数学——作为哲学的入门，对他来说显得不可或缺——课程指点叙拉古的暴君。他没有注意到：从农村女佣的角度看来，这项离奇的事业甚至比泰勒斯的不幸还要更加明显地滑稽可笑。在一定程度上，他没有注意到也是有道理的；因为就我所知，没有人笑，而且我也不知道有对这段插曲的哪怕只是微笑着的描述。人类显然还没有发现笑有什么用，也许是因为他们那些从来对笑就只说坏话的思想家们对这个主题已经撒手不管了，即使有人有时为它的直接动因而伤透了脑筋。

191 　　现在，我们都知道：海德格尔也曾屈从于改变他的居住地并"插手"人类事务的世界——就如当时人们所说的那样——的诱惑。而且，就世界而言，它对于他来说比对柏拉图来说还要令人不愉快好几倍，因为暴君和他的受害者不是在海洋的那边，而是在他自己的国家之内。[22]就他自己而言，我认为，情形是不一样的。他还足够年轻来从碰撞的震惊——这震惊驱使他在35年前那短暂的、狂乱的十个月之后回到他所承继的居住地——中学习，并将他所经验到的东西植根和安顿在他的思之中。对他来说，由此产生的结果是对作为求意志的意志并从而对作为强力意志的意志的发现。在近代，尤其是在现代，关于意志已经有很多东西被写出来了，但是关于它的本质，尽管有康德，尽管有尼采，还没有太多的东西被思考。无论如何，在海德格尔之前，没有人看到这个本质多么地与思相对立，以及对它造成了多么破坏性的影响。"泰然任之"属于思，而且从意志看来思者必须只是表面上看起来悖谬地说："我意愿不意愿"，因为只有"彻底经过这个"之后，只有当我们"戒除了意志"的时候，"我们才能够……让我们自己进入不是一种意愿的思之被寻求的本质"当中。[23]

想敬重思想家的我们，即使我们的居住地位于世界之中，也不禁发现如下的事实惹人注目，而且也许令人不快：当卷入人类事务的时候，柏拉图和海德格尔一样，都乞灵于君主和领袖。这不应该只是被归因于他们各自的时代境况，甚至更不应该被归因于一种预先形成的性格，而是毋宁被归因于法国人所谓的"职业畸变"。因为，从理论上来说，专制的倾向几乎在所有伟大的思想家那里都能够得到证实（康德是一个大的例外），而且如果在他们的所作所为中这种情形不能被证实的话，那么只是因为甚至在他们当中也很少有人准备好了超越"对简单之物感到惊讶的能力"而"去把这惊异作为居住地接受下来"。

而在这少数的人当中，他们的世纪的风暴想要把他们吹向哪

192

里,终究是无所谓的。因为席卷了海德格尔的思想的风暴——就像千年之后依然迎面向我们吹来的出自柏拉图著作的风暴一样——不是出自这些世纪。它来自远古,而且它所遗留下的东西都是完满的,而这完满的东西像所有美满的东西一样回归于远古之乡。

117

汉娜·阿伦特献给马丁·海德格尔

"如果湍流的时间

太过强有力地攫住我的头,而且急迫和错乱

在终有一死者中震动我终有一死的生命,

那就让我纪念**你的**深处的**静默!**"

荷尔德林

与这位大师、教师、对某些人来说可能也是朋友的同时代的人们,纪念他的 80 岁生日。他们停下来并试图说明这个现在已经在其聚合的充盈中作为一个在场的当前而显露的生命——这不是时代之福吗?——对于他们、对于世界和对于时代可能意味着什么。对于这个问题,每个人可能都已抱持着一个不同的答案,并且希望着:这个答案可以在一定程度上公正地对待这个生命之充满激情的充盈状态——这种状态是由工作证明了的。

对我来说,似乎生活和工作已经教会了我们什么是思①,而且那些著述对于冒险进入巨大的未被涉足的领域,将自己全然暴露于尚未被思的东西——这未被思的东西必然是将其全部的事业都铺在思和它阴森可怖的深度之上的人所特有的——以及这样去做的勇气来说,将依然是典范性的。

愿那些后于我们而来的人,当他们回想起我们的世纪及其人

₁₉₃

---

① 在原文中,"思"(Denken)的每一个字母都是大写的。——译者注

民并试图忠于他们的时候，也不要忘记那些毁灭性的沙暴，它们横扫我们——每一个都以其自己的方式——而且在它们当中，这个人和他的著作这样的东西依然还是可能的。

118

马丁·海德格尔致汉娜·阿伦特

布雷斯劳的弗莱堡

1969 年 11 月 27 日

亲爱的汉娜，

我对你献给我 80 岁生日的多层面的纪念和你们的葡萄酒礼物的致谢来得迟了。但是，在此期间，我经常怀念着感谢你：为了你带有手写献词的广播讲话的机打文本，为了帕施克（Paeschke）所送的《水星》上的文本，为了《南德报》上的论文，为了恭贺清单上你的文稿。

在处理完了由电视广播促发并从而增多了的其他生日信件之后，我现在才开始对我所受到的祝贺表示感谢（verdanken）——就如他们在瑞士所说的那样。

你已经先于所有其他的人触及了我的思想和教学工作的内在运动。自智者讲座以来，它保持为同一的。

你的来访，最后是与亨利希一起，胜过了你所写的东西。我依然高兴地回想起与亨利希关于**尼采**的对话。如此多的洞见和远见是罕见的。

麦斯基尔希和阿姆里斯维尔（Amriswil）的庆祝令人高兴。阿姆里斯维尔的那个庆祝也让我的子孙们感到高兴。但是，在我的生日之后四天，我弟弟的妻子死于心脏骤停。在庆祝之后，我们憩息于小木屋中度过了美妙且柔和得不同寻常的十月份。

我的谢意的小小表示将会随分开的包裹到达。由于还在准备之中，所以它们还不包括以下的东西：1. 海德堡科学院专题座谈会的文本。2. 麦斯基尔希讲话的文本。3. 德国电视二台的广播本。4. 阿姆里斯维尔讲话的文本。由克劳斯特曼出版的纪念文集《概观》收录的是四十岁以下的作者的文章；H. 约纳斯的文章是个例外。根据长条校样中的抽样，此处显示出了一个令人高兴的水准。

自从格林·格雷离开之后，我就没有他的任何消息了。但是，根据他的姻亲姊妹的消息，他似乎状况良好。

我们带着我们的良好祝愿衷心地问候你们。

一如既往

马丁

那个被分开的包裹包含着：

1. 由我的家乡出版的一本小书。

2.《面向思的事情》(尼迈耶)，附有 1969 年 9 月 21 日和 10 月 5 日的《新苏黎世报》(NZZ)的两份剪报。

3.《艺术与空间》，圣加伦：艾尔克尔出版社(Erkerpresse St. Gallen)。

4. 演讲"神学与哲学"(1928 年)和出自 1964 年的一个文本。

119

汉娜·阿伦特致马丁·海德格尔

1969 年美妙的、洁白的、宁静的圣诞节

亲爱的马丁，

感谢你的来信！现在，你的感谢（Verdanken）很快就要表达完了，而且所有的感谢肯定都已让你感到如此地有些高兴，即使不是所有的话，至少有些有时是这样的。你弟媳的死紧随其后——生命拥有这样一种置放重音的方式。你的弟弟现在怎么样？这意味着你不能再前往麦斯基尔希了吗？

你所预告的那件可观的专用包裹还没有到达。人们告诉我，在有航空运输之前，船舶邮政从那里过来需要大概十周的时间；现在，大约六天。这就是所谓的进步。新年之初，我必须去芝加哥两周，所以我将不得不等它一直到一月的下半个月。我已多次非常深入地阅读了《面向思的事情》（你给了我修改过的长条校样）。我知道"时间与存在"，以及随它之后的研讨班特别地富有启发性。（总是：老师。）"哲学的终结"：只有当我们在某种程度上完好无损地度过了接下来的几十年——这当然是根本不能确定的事情——的时候，这个终结拥有多少好的东西以及它会把多少好的东西遗留给我们的后来人，才会显示出来。我总是在思考的，不是转折之后的《存在与时间》，而是：存在与思想。现在你说："澄明与在场"。这听起来非常令人信服，而且提供了很多可以被思考的东西。

你想起了如下的往事：当我们在弗莱堡的时候，我提起过品达

的一首遗失了的诗。我是从斯奈尔（Snell）[1]那里得知它的，《精神的发现》，第 125 页：

"一个古代晚期演说家留下了如下的报道（亚里斯提德斯[2] 2，142；参见 Choric. Gaz. 13，1，相应于残篇 31）：'品达讲述说，在宙斯的婚礼上，当宙斯问诸神是否还感到缺什么东西的时候，他们请求他创造一些会用词语和音乐来美化伟大的行为和他所建立的一切的神。'"

而且，斯奈尔添加了如下的解释（第 126 页）："所有的美都是不完美的，如果没有人来赞美它的话。"

我也愿意报告：几个月前，我收到了福尔卡德寄来的一封令人心痒的书信，信中说你"当面"（de vive voix）称赞我了。我现在仍然高兴地满面通红。

当然，写和读是看和说的一个可怜的替代物。我想我们会在春季归来，也许又是去台格纳；但是现在还不完全确定。所以，不久，我们就会彼此相见和交谈了。琼·斯坦博（Joan Stambaugh）曾多次来过这里；亨利希也与她交上了朋友。她非常非常讨人喜欢而且非常有天赋；是一个真正令人愉快的人。周末，格林·格雷要来；他状况良好。他与琼和罗伯特·洛威尔（Robert Lowell）一起在我们这里预定了一份晚餐。洛威尔是一个美国诗人，是我的老朋友，格雷与他也是朋友，因为洛威尔喜欢格雷的书《斗士》，而且从那里吸取了丰富的营养。

---

① 布鲁诺·斯奈尔（Bruno Snell，1896—1986）是德国古典文献学者。——译者注

② 亚里斯提德斯（Aristides）是公元 2 世纪活跃在罗马帝国疆域内的修辞学家。——译者注

我们都好。亨利希每天品味着读报所带来的不快，极好，而我则享受着今年的教学休假。

向你们两个致以新年的所有良好祝愿。亨利希衷心地致以问候。

一如既往
汉娜

119a

汉娜・阿伦特致埃尔弗丽德・海德格尔

于 1969 年 12 月 25 日

亲爱的埃尔弗丽德，

我刚给马丁写了一封长信，但是我不想把附件封入其中。整个事情太愚蠢了，以至于不能以此来打扰他。你可以看到布卢门塔尔(Blumenthal)女士实际上已经发表了马丁的书信——如果我没记错的话，翻译还是准确的，虽然不是非常优美。然后，为了将自己置身事外，她从另一个方面扯起了这件事情。我短暂地想了一阵儿，以对之进行回应。但是，因为她是完全无人知晓的（我调查过），而且那份报纸也完全不知名，所以我的意见是：所有的回应都只会给予她一种她在其他情况下无法获得的知名度。其实最好的做法是放任自流。

你怎么样了？你如何过生日？房子的建造进度如何？

致以衷心的问候——

汉娜

120

汉娜·阿伦特致马丁·海德格尔

纽约

于 1970 年 3 月 12 日

亲爱的马丁,

长期以来,我都在想着为了那非凡的包裹而给你写信并感谢你,事实上我也是经常给你写长信——太长了,以至于不能被准确地写下来,因为这就要求人们必须从进行思考的地方(沙发或者摇椅)走到打字机那里去。而且,人们只是在不情愿的情况下才中断非常长的思考和感谢信。

我一再地阅读《面向思的事情》,尤其是有关"哲学的终结和思的任务"的那一章。当然,这也是实证主义和许多新实证主义的尝试的终结。多年以前,我就持有这样的观点——自从我读了《形而上学导论》以来——通过把形而上学和哲学思到底,你现在的确已经为思制造了空间——没有围栏,也许也没有投机活动,但在自由之中。

关于空间的论文非常漂亮。对我来说,似乎相对于雕塑品而言,它的确在相当大的程度上更加适用于建筑物、希腊的神庙。我觉得你好像是从阿法亚神庙,或者还有巴塞(阿波罗神庙),但甚至是从苏尼翁(波塞冬神庙)那里——从那些巨大的、无所拘束地被矗立在风景中的建筑物(它们总是标示着风景,就好像它们是它的一部分一样)那里,把它读解出来的。

我主要是想写信告诉你关于麦斯基尔希-小书以及你弟弟的书信的事情。凭其高贵的、接地气的纯朴性,那封信真的属于那些伟大的德国书信——比如[瓦尔特]本雅明在30年代所收集的那些书信——之列。你知道康德的弟弟写的书信吗？此处完全不一样，如此地更少生硬、如此地自然并带有深情的嘲讽，但无论如何的确又是相似的。照片也非常漂亮。

199一月我在芝加哥做了几个讲座，然后办了些研讨班——非常令人高兴。不可思议地卓越、聪颖和不固步自封的团体。但是，它只在芝加哥才是如此。二月，我在科罗拉多做了两个演讲（更多地是为了钱），也参与了格林·格雷的演讲，他状况良好，但是他非常担心：他没有听说关于你的任何消息。在我这里，我多次见到琼·斯坦博，而且一起邀请了她和我的几个诗人朋友，对此她非常乐意。这些有天赋的女孩们处境艰难，她们越是从来不想严肃地思考所有的这些妇女问题——这些问题的确也已经被妇女运动完全搞乱了——就越是艰难。在这里，这样的胡闹关联着解放运动也再次开始了，而且女学生们不停地问一个人如何还能被男人所爱。如果人们然后对她们说，菜烧得好、工作不丢人等，她们就会非常震惊。

我们原本已经打算好了三月中旬再次去台格纳。但是，亨利希因放纵自己而得了一次静脉炎，它现在正在渐渐消退。然而，我们还是不知道何时能够去。到时候我会告诉你的。

我希望你对格林·格雷的沉默只是意味着工作甚或是"感谢"的剩余。我希望你们两个都好。小房子怎么样了？它已经在建了吗？衷心地问候埃尔弗丽德。

祝你们一切顺利，亨利希致以衷心的问候。

—如既往——

汉娜

121

弗里茨·海德格尔致汉娜·阿伦特

麦斯基尔希 779 号

1970 年 4 月 27 日

非常受人尊敬的汉娜·阿伦特女士！

　　星期二（4 月 21 日），我必须外出四天；为谨慎起见，我星期一晚上往奥格斯堡①打了电话；那里说我的哥哥"出类拔萃"。自从星期天开始，他又回到家里了。一家小的疗养院现在也许是他最合适的临时居所；这周末我要去探望病人。

　　致以亲切的问候

您的弗里茨·海德格尔

---

　　① 奥格斯堡（Augsburg）是德国施瓦本行政区（Schwaben）的首府。——译者注

122

埃尔弗丽德·海德格尔致汉娜·阿伦特

1970 年 5 月 16 日

亲爱的汉娜，

感谢你的问候。马丁现在实际上好多了；除了右手的运动些微受限之外，没有遗留下什么中风的痕迹。只是考虑到他的年龄，马丁现在必须非常地爱惜自己。我们期望着能够见到你，但是请求你把你的来访推迟到七月左右。如果终究可能的话，我们想在六月的下半个月去黑森林待两周。

愿你们在南瑞士顺利！

我们两个衷心地问候你们两个。

埃尔弗丽德

埃尔弗丽德·海德格尔致汉娜·阿伦特

1970 年 7 月 2 日

亲爱的汉娜,

我想——感谢你的问候——立即建议你

7 月 21 日,星期二,或者

7 月 22 日,星期三

来访。请选择适合于你的日期。

前天,我们就已经康复并回来了。马丁现在当然必须更加谨慎地生活。

我们两个都衷心地问候你们。

埃尔弗丽德

124

汉娜·阿伦特致马丁·海德格尔

台格纳

于 1970 年 7 月 28 日

亲爱的马丁，

我希望这次来访并没有让你过度劳累，衷心地感谢你们两个。附带归还手稿；我已经在这里制作了一份复印件。第二份手写的原稿——你也想提供我一份它的复印件——还没有到达我这里。我肯定是把它落在你房间里的桌子上了，因为它也不在宾馆里头，我立即往那里打了电话。非常伤心。

在我写作之前，我想先读《赫拉克利特》。一本非常独特的书，在其中我读到的最终似乎依然只是你，虽然我是带着极大的注意力来读的。芬克式的风格对我来说的确是相当陌生。与托尔研讨班时相比，你现在更加地是个教师，而且我学得了很多；但是，在法国时的尝试更加地统一，也更加地集中。这取决于事情的本质。

附件非常漂亮［手稿"艺术的起源与思的规定"］。它应该很快就会被出版，尤其是因为关于控制论的、非常独特的那些页。你用沉思着的雅典娜指的是那尊小浮雕吗（它的复制品摆在你的书桌上面）？你确定它在雅典卫城博物馆里吗？亨利希和我两个人都相信自己记得：它在国家博物馆里。

关于控制论还有一句话——第 10－11 页：你说未来会（被控制论）设想为"向人走来的东西"。你确定这是正确的吗？在紧接下来的一页上，你自己说：未来学总是只涉及一种"被延长的现在"——而它毕竟恰恰是向我们走来的东西的对立面。或者？由于他们总是只涉及一种"被延长的现在"，所以那些先生们的确通常是非常非常错误的。对我来说，似乎他们的终极旨归是要取消未来——我担心，这根本就不像听起来的那样是乌托邦式的。

我已经立即给格林·格雷写了信。我在这里发现了一封他的来信，根据这封信他已打算于 29 日（即明天）从纽约起飞，先是去希尔斯马利亚①，然后这个星期六（即 8 月 1 日）抵达这里。我写信告诉他，他以书面的方式准备问题是多么地关键和重要，但是我不确定他确已收到了这封信。无论如何，在这里我会跟他和琼再说一次，这样你就可以按你所愿地来进行安排了。

我也给塞纳（Saner）写了信，请他给我立即——即下周——把雅斯贝尔斯-评论的复印件通过邮政快件寄到这里来。我非常希望事情会顺利，而且我能在 8 月 9 日（还是 4 点左右，如果对你们来说合适的话）向你汇报。

至于我们关于希腊"悲观主义"的对话，后来我真的想起了我 203 当时寻找的东西—— 即色诺芬尼：一切只是意见而已（dokos d'epi pasi tetyktai）。

我们在这里的逗留又快要结束了。8 日我们要前往苏黎世（圣哈达宾馆），并在 10 日飞往纽约——轻声地抱怨着。

希望不久会再见，祝你们两个一切都好。

汉娜

---

① 希尔斯马利亚（Sils Maria）是瑞士格劳宾登州的一个小村庄。——译者注

125

马丁·海德格尔致汉娜·阿伦特

弗莱堡
1970 年 8 月 4 日

亲爱的汉娜，

感谢你的信件和对有关控制论的段落的意见。文本不够清晰。作为"向我们走来的东西"的未来是在引号里面的，今天它是"常人"的一句不知所云的空话。在"被延长的现在"中，未-来（Zukunft）被堵住了，即从根底上已经，如你所正确地指出的那样，"被取消了"。（此外参见 1969 年的托尔研讨班，第 43 页，论"可订造性"。）

"那首诗"的复印件是在这里，而且已经被再复印了。雅典娜的浮雕是待在雅典卫城的博物馆里。由于普遍的心不在焉，我没有继续赫拉克利特研讨班。

我们期待着你 8 月 9 日 4 点的来访。

我们衷心地问候你们两个

马丁

感谢你的色诺芬尼引文。

神的意见［doxa theou］也意指"神的荣耀"。

126

马丁·海德格尔致汉娜·阿伦特（带有附件）

布雷斯劳的弗莱堡

1970 年 11 月 9 日

亲爱的汉娜，

现在这离别也是要求于你的。亨利希的切近已经被转变了。你会乐于承受现在发生的事情和我们对之没有名称的东西，并把痛苦自身交付给向静默的转变。

自从你们两个一起来访时我们得以认识亨利希友善的和清澈的天性以来，我们的同情也是出自于一种切近。

随着今天带来格林·格雷的消息的同一个邮包，来了布尔特曼的一封信，在其中他写道："我也不敢邀请你来访问马堡。你会遇到一位疾病缠身的、疲倦的白发老人，他再也不能进行深入广博的对话了。"

不久以前，我把刚刚出版的马堡演讲《现象学与神学》题献并寄送给了布尔特曼。一旦克劳斯特曼的更多样书到了，你就会收到它。

这封信没有什么其他的要写了；除了：我们两个在这里都好，而且那间毛坯房已经封顶了。

在充满深情的回忆中想着你

马丁和埃尔弗丽德

［附件］

出自"所思"

时间

多久？

只有在钟摆之来回摆动中的

时钟停下的时候，

你才会听到：它在走

走过，不再走。

在白天就已晚了

时钟

只是时间的

模糊的痕迹，

时钟，邻近有限性，

从它之中出-现。

马丁·海德格尔

127

汉娜·阿伦特致马丁·海德格尔

纽约

于 1970 年 11 月 27 日

亲爱的马丁，

　　几天、几周以来我都想要给你写信，至少要告诉你，你的信、你的同情、作为追思之辅助的时间-诗（Zeit-Gedicht）给我带来了多少好处。与许多许多年前其他的一起

　　　　　死亡是世界之游戏中的

　　　　　存有之山脉。

　　　　　死亡在重力中避开你的和我的

　　　　　这重力下降。

　　　　　进宁静之山丘中

　　　　　直向大地之星。

（希望我没有引错，我不想校验。）

　　但是，我不能写了；也许我能说，但我不能写了。在两个人之间有时是多么罕见地生长出一个世界呀。那么，这个世界就是家，在任何情况下它都是我们愿意承认的唯一的家。这是非常小的迷你世界，在其中人们总是能够逃避世界。当某个人离开的时候，这个世界就会瓦解。现在我走了，非常安宁，并思考：离开（weg）。

　　我感谢你和埃尔弗丽德。你们何时搬入那所房子？在我的近旁摆放着最后一次的托尔研讨班——"la finitude est peut-être la condition de l'existence authentique."

206

我现在不能做计划了。但是，要是能够知道你们春天在哪里还是好的。

一如既往——

汉娜

128

汉娜·阿伦特致马丁·海德格尔

纽约
于 1971 年 3 月 20 日

亲爱的马丁——

我对神学-文章的致谢来得迟了。我无心写东西。这样地一起阅读这两个被分开 35 年多的文本，是富有教益的，而且以一种奇特的方式是令人兴奋的。如果很快就让人们也拥有它的译本，那将是一件好事。虽然学生们对神学问题的兴趣在过去的几年中已经减少了许多，但是从你那里来的一切依然都能够引起最大的兴趣。我认识许多学生，他们学习德语，为的是"能够阅读海德格尔"。总的说来，这里的学生目前还是非常令人高兴的，但在这里眼下能够让人感到高兴的也几乎就只有他们了。

我有几个与第二个文本——"非对象化的思和言"——相关的问题。你说（第 43 页）：说（Sprechen）是"听（Hören）让被说的东西的……道说（Sagen）"。但是，当一个人在人们的彼此对话之中听一种说（Sprechen）并且听一种让别的东西"被说"的说的时候，情形是怎么样的呢？道说和说如何相关？对我来说，似乎从思而来的是道说，但不是，至少不直接是，说。说是出自道说吗？说与道说如何彼此相关？

至于非对象化的思：人们不能说这真的不是思吗？当然，经验既是思也是着眼于对象的想知道（Wissen-wollen）的来源，但是思追索的是在每次经验中都特别地被一同给予的不可见的东西——

"玫瑰花的红[它]既不[在]花园之中,也不……在风中来回"摇曳——,而想知道则直接关注玫瑰花。但是,没有经验的话,思也不够用;它需要花园和玫瑰花,但是在它们之中发觉到了其他的东西。这是多么奇怪呀:为了发觉我们不能看到的东西,我们必须看。什么是本己的经验及其雅努斯①的脸?

还有一件小事情。你说:在说中,我们或明确或不明确地到处都说到"是"(ist)。现在,你当然知道:在希伯来语中,情形不是这样的。语言缺少系词。这究竟有何后果?

忽略掉所有的这一切吧,如果它们对你来说是个麻烦的话。因为,我今天写信的真正目的在于问一下你们:我4月的下半个月甚或5月来访,对你们来说是否合适。4月4日,我会与朋友们一起从这里途径巴黎飞往西西里(Sizilien),而且也许从18日起,我会在苏黎世,并一直待到月底。我可以从那里随时顺便来访。此后,我也许会接着前往慕尼黑和科隆,然后途径英格兰飞回来。我必须最迟于5月25日回到这里。

末了,我有一个我也许不能以口头的方式提出来的问题。毕竟如下的事情是可能的:我正在写作的一本书——近似于《行动的生活》(Vita activa)的第二卷——依然会达到预定目标。关乎非-行动的人的行为:思想、意志、判断。我不知道它是否会成功,尤其是不知道我何时会完成它。也许永远不会。但是,如果它的确成功了的话——我可以把它题献给你吗?

对你们两个致以衷心的问候——

汉娜②

---

① 雅努斯(Janus)是古罗马的两面神。——译者注
② 原文为斜体。——译者注

又及：直到 4 月 3 日，我都在此候访。然后，从 5 日到 8 日，在巴黎，在韦斯特（West）那里，巴黎第 6 区雷恩大街 141 号。18 日之后在苏黎世，最好是美国运通。

汉（H）

我用一个分开的包裹寄了科耶尼科夫（Kojevnikoff）的一篇旧文，它至少是在黑格尔解释之后的 16 年被写就的。我发现它令人感兴趣，因为在这里它让猫走出了口袋。

129

马丁·海德格尔致汉娜·阿伦特

布雷斯劳的弗莱堡

1971 年 3 月 26 日

亲爱的汉娜,

　　我早就该给你写信了;但是,我把最好的时间用来工作了。当我在你的上封信中读到"我非常安宁,并思考:**离开**(weg)"这行文字的时候,我把最后这个词理解为"路"(Weg)。这是更加确切的。感谢你今天的来信和科耶夫的文章的复印件,对于我与辩证法的争执来说,他对我非常地重要。在提及《现象学与神学》的第二部分的时候,你触及了一个老问题,这个问题最好是在你来看望我们的时候我们再谈。这可能是在 4 月 20 日之后;虽然这个月最后的三分之一已经安排了比梅尔的一次来访和一次家庭访问,但是我们能够取得一致,如果你 19 点之后从苏黎世往这里打来电话的话。

　　在舒适的园中小屋的建造和布置方面,埃尔弗丽德已经取得了很大的进展。我们将在夏季搬迁。

　　你待在巴黎的时候,也许听说了一部为勒内·夏尔出版的、由他的朋友们汇编的著作;这本书也包含着来自我的一些东西。你会收到但愿到那时会到达这里的抽印本以及《对荷尔德林的解释》。

　　你的《行动的生活》的第二卷将会既重要又艰难。这时,我想起了《关于人本主义的书信》的开头和《泰然任之》当中的对话。但

209

是,所有这一切还是不够充分。我们必须费心尽力,至少要符合这不够充分的东西。你知道:我会对你的题献感到高兴的。

埃尔弗丽德和我整个冬天过得都很好。我们过着非常隐遁的生活,而且几乎再也没有进过城。最近,来了一位令人高兴的访客:弗里德里希。

但愿你在西西里度过美好的时光。

在回忆中,我们衷心地问候你

马丁

130

马丁·海德格尔致汉娜·阿伦特

布雷斯劳的弗莱堡

1971 年 5 月 17 日

亲爱的汉娜，

我们感谢你漂亮的礼仪花和关于本雅明-布莱希特的小书。这种结合本身就已是富有教益的。两篇文章都讨论了本质问题；读者是否会注意到这个？

在你的献词中，你肯定故意地略掉了——种种的——引号。

愿你在欧洲的继续逗留令人满意。

也许你可以通过进一步的提问不时地继续我们关于语言的对话。

房子的完成工作持续地进展顺利。我会把"少许的东西"携带入我的工作间中去。

在纪念亨利希的日子里，我们会作为参与纪念的人员出席。

祝一切都好，并致以衷心的问候

马丁

埃尔弗丽德致以问候。

问候格林·格雷和 J.斯坦博以及其他合作者。

131

汉娜·阿伦特致马丁·海德格尔

纽约

于 1971 年 7 月 13 日

亲爱的马丁,

当我回来的时候,我在这里发现了你的书信,这是一件美妙的事情。自那以后,我经常想给你写信,但是我从未能够真正地下定决心。你知道这是怎么个情况。你的东西陪伴着我,它们成了一种永久的环境。我刚刚再次整个地阅读了关于荷尔德林的那本书,特别地关注了你在其中关于思和令人惊叹之物(deinon)所说的东西——第 60、102、113、129 页。我现在正在再次阅读《面向思的事情》,因为我必须在琼的译文出版之前再把它通审一遍。她不久就会来弗莱堡。你们是否已经设法搬家了?

但是,我今天之所以写信,是出于与派珀(Piper)之间闹的如下的不愉快。塞纳刚刚写来了一封信,我最好是把关键的一段给你抄写下来:

"现在,不快在于:在我到达(即到慕尼黑)的前一天,派珀已经寄给了海德格尔一封信。在其中,他已经声称要提供一笔 4000 德国马克的酬金,但他是这样解释这笔酬金的:2000 马克用于在反思卷(这是对雅斯贝尔斯最重要的评论和与雅斯贝尔斯最重要的争论——它们是在他活着的时候出现的——的标题)中的重印,另外的 2000 马克是作为对派珀系列中一篇著述的预先记在账上的支付。就此而进行的谈话非常令人不快。我促使他注意他用来实际对分这笔酬金的伎俩，而且我提议他明确地表达这种事情……我已经对派珀说过：海德格尔也许不会同意。如果出现这种情况，他愿意支付那 4000 马克。就像我在出版社听说的那样，他就是下定了决心要再试探一下，甚至违逆勒斯讷（Rössner）博士的忠告。对我来说，最明智的做法似乎是：您立即给海德格尔写信，并请求他固守早先的约定：4000 马克——付给反思卷中被重印的文章。至于我这一方面，我会给派珀施加压力（塞纳是这卷书的编者）：或者赞同海德格尔，或者完全不。他会退让的。"

我希望你还尚未回复。我与派珀交谈的时候，并未谈及此事。遗憾的是，他吝啬得变态。为什么因为他你就应当变换出版社呢？你的大作是那卷书中唯一的原创文章。塞纳汇编的所有其他文章都是已经出版过一次的了。所以，你必须确保你保留版权，虽然人们也许应当承认派珀的说法：大概两年之后，你就会在另一个出版社出版这篇论文。假如你认同他在派珀系列中出版它的愿望，那么他就得给你一份与此相应的合同。雅斯贝尔斯与他之间也总是由于酬金而闹不愉快。[……]

向你和埃尔弗丽德致以最衷心的问候——

汉娜

又及。附上的照片：希腊剧院是靠近叙拉古省的帕拉佐洛-阿克雷德（Palozzolo Acreide）的小型剧院，它是一年前才被挖掘出来的，由灰色的、带黑斑点的石头建造。你的那两张照片摄自 1970 年。

132

马丁·海德格尔致汉娜·阿伦特

弗莱堡

1971 年 7 月 15 日

亲爱的汉娜，

自从你上次对我们的拜访和你接下来与派珀的交谈之后，我等他的回复等了很久。月初的时候它到了："按下面的建议结算 4000 德国马克的酬金款项：

2000 马克用于在雅斯贝尔斯-卷集中的重印，

2000 马克预付那篇文章在派珀系列中可能的出版而产生的版税。"

后者毫无考虑的余地。在一次性出版的前提下，我才给予"原则性的允诺"。现在据说要作为"**反思卷**"出版；其中还有"哈贝马斯"的一篇文章，而他**又**在祖尔坎普(Suhrkamp)出版了他多年前发表在法兰克福汇报上的不成熟的论战文章。这让我对最终的允诺感到迟疑；这连同酬金问题当然只是次要的顾虑。

在我们上次的交谈中，你谈及了我的文本的独特性；当可能的出版第一次被讨论的时候，我已经对你说过：在评论中，我故意没有讨论希腊人，尤其是**亚里士多德**。

现在，在我整理手稿的时候，我又找到了我自 1919 年以来的关于亚里士多德的尝试，我的评论与这些尝试相关。为此，为了晚些时候的一次出版，我想把它们都予以扣留，并且不把关于雅斯贝尔斯的评论交付给一个它在其中感到不适应并让读者不知所措的文人环境。在五十年之后的今天,在思想的荒芜状态中,谁还依然能够对这篇孤立的评论进行追-思(nach-denken)?

214　　但是,在我撤回我的允诺之前,我会预先通知你的。

9 月初,我们将搬家。

但愿你过得相当好。

一如既往

马丁

埃尔弗丽德致以问候。

133

汉娜·阿伦特致马丁·海德格尔

> 缅因州卡斯汀
>
> 主街
>
> 韦斯特转交
>
> 邮编:04421
>
> 于 1971 年 7 月 28 日

亲爱的马丁,

我们的书信交叉而过,而且我今天写信有点儿晚,因为在此期间我已经到了缅因州的朋友们这里来逃避夏天剩余时间里纽约的炎热了;8 月底 9 月初我都能够在这里被联系上。这里非常漂亮,是一个非常小、非常古老的地方(17 世纪初就已经有人定居了),它有漂亮的老房子、一个迷人的小渔港、直达海边的森林(类似于在萨姆兰①的情况),但是海岸深深地插入陆地之中,就像挪威的弗焦顿(fjorden)一样,只是没有山,而且当然更加靠南,有充足的阳光和早上雪白的雾。还好,这个地区还没有人口膨胀,只有几个游人,地方公路空空荡荡,根本就没有娱乐的喧闹,离最近的拥有机场的较大城市 40 公里,没有公共汽车,没有铁路线的连接。待在自己房间里避暑的少量客人多半是教授和几个作家。我决定尝试一点法语并一起读蒙田。

---

① 萨姆兰(Samland)是俄罗斯加里宁格勒州的一个半岛,位于波罗的海的东南方。——译者注

你从我第一封信里得知：在我与派珀在慕尼黑交谈之后，他的心思全在他的系列上，而且我也不知道他没有像约定的那样**立即**给你写信。我是通过塞纳的书信才得知这一切的。的确，你显然不能赞同这样一个从未被讨论过的提议；塞纳的确立即就跟他说了。也许他自己对此并不相信，就是想试探一下，而且出于纯粹的愚蠢——即没有能力设想一件事情从别人的角度看来是什么样子的——没有想到：这样会有严重的后果。而且我确实必须说，我发现事情的这一方面相当可笑。此外，我认为，这整个的事件属于与出版商之间或多或少常见的不愉快事件，这种不愉快事件的确是相当多的。

你的来信没有清楚地表明你是否已经明确地拒绝了派珀。（你在一个段落中写道："这让我对最终的允诺感到迟疑"，然后在信的末尾写道：你会"在我撤回我的允诺之前通知"我。）如果这种情形还没有出现，那么我还愿意说一些关于你的其他顾虑的事情。

首先，"文人环境"的确相当重要。那时，我把联合著作者们的名字带给了你，而且你没有顾虑；我想我回忆起哈贝马斯已经位于名单之上了，但是我不确定。我不知晓他针对你的论辩，但是无论如何他都不能代表一个环境——就好像你要出现在清一色地来自法兰克福学派的文章之中似的。如果你现在想着只愿意出现在像你这样的人之中，那么你自然就只能分开地和独自地出版著作；你自己当然知道：像你这样的人是不存在的。也不存在你在其中感到舒适的圈子，即使它是你的学生的圈子。联合著作者是客观地被选择的——参照点是雅斯贝尔斯。对我来说，这似乎是完全无可指摘的。你为什么如此地抵触"反思卷"（一个暂定的题目）这个题目，我不是非常清楚。

你写道这是次等重要的，并提到我对你的文本之另类性和独一无二性的评论。我以此来意指各种各样的东西——唯一的原创文章、文章特别的重要性；但是，我以此也意指，这里的参照点自然是双重的：作为一篇你写的文章，参照点不能只是雅斯贝尔斯，尤其是因为这里涉及的是一份据我看来对于理解你的发展来说具有决定性意义的手稿。你在你的书信里着重指出了这一点，虽然是以另外的一种形式。这也许就是你为什么最初迟疑于给出你的许可的原因。

客观地讲，对此唯一可说的就是你自己也许已经斟酌过的东西，即另一方面来说如下的事实也不是偶然的：恰恰是《世界观的心理学》促使你带着东西走出来的（即使不是走向公共领域），否则在当时的学术公共领域中你无法为这些东西找到一个场合。最后，正是这份手稿在某种意义上为你与雅斯贝尔斯多年的友谊奠立了基础。而且，除了所有私人的东西之外，除了这份友谊接下来的进展之外，所有这一切都属于我们的世纪的德国哲学史。在这个意义上，我愿意认为，你的著作所属的参照点必然是雅斯贝尔斯的一卷书。

我希望你不会为此而责怪于我。我故意地迟疑了几天才写这封信，因为我不想造成这样的假象：我试图逼迫你。我绝无此意。你必须决断什么是你要做的恰当的事情。

对迁居致以所有美好的祝愿，衷心地问候你和埃尔弗丽德

一如既往

汉娜

134

马丁·海德格尔致汉娜·阿伦特

布雷斯劳的弗莱堡

1971 年 8 月 4 日

亲爱的汉娜，

衷心地感谢你 7 月 13 日和 28 日的两封来信以及很棒的照片。你已经找到了一个安静、漂亮的地方来修养了，我们对此感到高兴。我还没有回复派珀-出版社。你的第二封信触及了决定性的方面。与你 7 月 28 日的书信同时，派珀-领导人的一封信也到了，提醒我回复不像话的派珀-来信（署名勒斯讷博士）。我现在在以这样的一种方式进行回复：基于在第一封派珀-书信中被给予的保证——即涉及的是我的文章在被规划的文集中一次性出版的问题；在慕尼黑交谈中被告知你的酬金数量；对单行本的形式和数量的说明——我要求一份合同草案。在派珀-系列中的出版不在考虑之列了。

其他的出版社——哈珀和罗（Harper und Row）？1971 年 7 月 29 日，尼迈耶写道：

"就我来说，作为原出版商，我会动用我的特权起草一份最终协议来对翻译进行授权。哈珀的草案包含有大量的条件，它们不是您和哈珀之间达成的协定的标的，也不是我们之间达成的协定的标的。另外，您所特别重视的唯一的条件，即斯坦博小姐和霍夫斯塔特（Hofstadter）先生对您的书的翻译应当在教授阿伦特女士的主持下实施，没有被纳入其中。"尼迈耶附上了与哈珀和罗之间最后的往来书信的副本，月底琼·斯坦博来这里访问的时候我会把它给她看。

埃尔弗丽德在小屋方面还要费很多力气；但是，它将会非常漂亮、宁静和舒适；8月底，或者至迟在9月初，我们就会搬迁。我只会把少量的东西一起带过去。我正忙于手稿的整理和**筛选**。 218

我试图把"所思"中的一些东西思考得更加确切和严格。

我祝愿你很快就会重新发现思的乐趣，并能够重新工作。

我们衷心地问候你。

一如既往
马丁

［信的左边空白上的注释］

关于"反思"参见《演讲和论文集》，第85页

参见《尼采》第二卷，第465页

参见《林中路》，第222页

［附件］

塞尚

"在场者"之

急迫的-被怀疑的二重性

在作品中被拯救转变为纯朴。①

---

① 参见《什么叫思？》，1954年版，第144页；参见《在通向语言的途中》，1959年版，第269页。

小径之几乎尚未被注意到的标记，
这小径把诗和思
指引入相同者之中。

沉思着的泰然任之，
洛弗小路上的
老园丁瓦里尔之形象的
持久的静默。

135

汉娜·阿伦特致马丁·海德格尔

卡斯汀

于 1971 年 8 月 19 日

亲爱的马丁，

你带有附件(塞尚-诗和约纳斯的旧画)的书信是一个巨大的快乐。你已给约纳斯也寄送一张照片了吗？他抱怨说他已经把那幅画弄丢了。塞尚-诗属于"所思"组诗吗？它是最美的一首。遗憾的是，我在这里不能查究你所提供的参考，没有书；但是这让我想起：为你公开出版的所有作品编制一个主题索引，的确是一件非常重要的事情。这的确可能是一个学生借以挣得博士帽的一种仍然非常漂亮的方式。

在收到你的来信之后，我立即给格林·格雷写了信，因为我对于其他出版社——尼迈耶-哈珀和罗——的历史几乎一无所知。昨天，格林的答复来了：他立即给琼和哈珀的主管编辑卡尔森(Carlson)写了信，要求再细看一次合同，或者说得更准确些，通信或草约。我相信这封信依然会及时到达你手里以用于你与琼·斯坦博的谈话。

关于你所设定的条件，我有一些保留意见。我认为，设定涉及特定个人的、受合同约定的条款，是令人疑虑的。(比如，霍夫斯塔特根本就没有参与被涉及的这本书。)人是终有一死的，一旦这样的一个合同生效了，那么某个时候再想撤销那些已经变得没有意义的条款就会变得非常困难。就如现在的情形一样，即作为编辑的格林·格雷和最近作为合作编辑的琼·斯坦博在为重要的事情而操心。我不需要在合同中被提及；反正只要格林和琼在负责（即正式地），我就会在出版之前查看每一份手稿。此外，我认为如下的事情非常不可能：哈珀会永远参与这样的一种协定。至于译者的选择，本来是出版社的事情，后来被出版社分派给一个系列图书的编辑了。如果这位编辑出于某些原因同样退出了，那么这份权力就必定重归出版社所有。换句话说：也许，哈珀也是出于这些原因而缄默地不同意你的条款。这是我的一个推测；我不知道，但是我认为：这种类型的协定也不符合你的利益。

与尼迈耶进行协商似乎不是那么令人愉快，而且格林认为，琼也许应当到图宾根去并稍微取悦一下那些人们。（格林没有以这样的方式来表达。）

现在，您不久就要搬迁了，而且你只带走少量的东西。我经常对此感到疑惑。在那所大房子里你会拥有一个房间可以用来保留那些你也许依然惦记着的书和手稿吗？

致以所有美好的祝愿，问候埃尔弗丽德和你

汉娜

136

汉娜·阿伦特致马丁·海德格尔

［1971 年 9 月 24 日］

祝新房和新的日子一切安好。

汉娜

137

汉娜·阿伦特致马丁·海德格尔

纽约

于 1971 年 10 月 20 日

亲爱的马丁，

我有一个请求。恩斯特·沃尔拉特①几个月之前在科隆对我说：你知道他的几部著作，并"赞扬"了他。我想知道你是怎么想的。当然，这是会完全被保密的，如果你想这样的话。这涉及新学院的聘用问题，维尔纳·马克思（Werner Marx）一直试图在这里再次找到职位。我已经拒绝接受他了。根据我的看法，沃尔拉特可以考虑，但是在这里没有人知道他。我对他也不是很了解。他与比梅尔（Biemel）之间以某种方式有激烈的争吵，但是考虑到德国大学的状况，我根本就不看重这件事情。告诉我你的看法，如果它是正面的，也让我知道如果必要的话我是否可以援引你的话。

除此之外，我今天收到了帕特里克·雷维（Patrick Lévy）从巴黎寄来的一封信，他想在法国出版你的一系列论文。他翻译并在《批评》上发表了我关于你的文章。他现在写道：博弗雷建议他把我的那篇文章作为文集的前言一同发表。对你来说这合适吗？

最后：你寄给了我一张约纳斯在马堡画的一幅画的照片，但是你忘记了约纳斯自己。他愿意以借用的方式收回原件，因为他认

---

① 恩斯特·沃尔拉特（Ernst Vollrath, 1932—2003）是德国政治哲学家。从 1970 年代开始，他主要致力于与汉娜·阿伦特的著作进行争论，并在此基础之上发展出了一种政治神学。——译者注

为他在这里能够给它制作一张更好的照片。这会可能吗？

愿你和埃尔弗丽德得到所有想得到的美好的东西

你的

汉娜

138

马丁·海德格尔致汉娜·阿伦特

弗莱堡

1971 年 10 月 24 日

亲爱的汉娜,

你在春天看到我们的养老地的时候它还没有被布置好,而在此期间我们已经舒适地住习惯了。这个月初,为了急切需要的修养,我们在绍因斯兰①的"山丘"上待了 14 天。宾馆的位置和小木屋——明年它就 50 岁了,在我们这个年龄,我们再也不能在里面住更长的时间了——正好一样高。

在此期间,你已经结束你在朋友那里的假期修养,返回来进入你已经变得孤独的工作日环境中去了。

直到今天我都没有收到派珀-出版商对我的请求——寄给我一份合同的草稿——的回复。我愿意借对卡尔·雅斯贝尔斯的纪念所给予的时机来发表这份整整被扣留了几十年的"评论"的手稿。塞纳博士几周前给我写信说:由他编辑的文本已经准备就绪了。

最近,帕特里克·雷维寄给了我《批评》的那期杂志,上面刊登了他在你的帮助下译出的你献给我 80 岁生日的那篇文章的译文。

同时,《尼采》第一卷和第二卷的法文译本也已经由加利马尔

---

① 绍因斯兰(schauinsland)靠近弗莱堡,是黑森林中的一座山,超出海平面 1284 米,是一个适合进行户外冒险活动的地方。——译者注

(Gallimard)出版；但是，我还没对之进行审核。在这里，将德语**转**译成一种拉丁语系语言的古老困难也会让自己感受得到。

关于哈珀和罗与尼迈耶之间的分歧，自从琼·斯坦博简短来访之后，我就没有听说更多的消息。

下一周，W. 比梅尔会到这里来待几天，以便和我一起搞清楚手稿-库存的最终顺序和分类。 223

在此期间，你对理论(theoria)的研究是否已经取得了进展？在哲学文献的领域里正在被生产的东西不同寻常地多而且总是范围广泛，但是我对之没有见解。

我们高兴地回忆起你上一次的来访。

我们带着我们美好的祝愿衷心地问候你并怀念亨利希。

马丁

［在信的第一页的边缘上］

亲爱的汉娜。你的信刚到，只要我再次通读一遍沃尔拉特的文章，我就会立即（**正面地**）进行回复。它们和"关于海德格尔"的其他文献一起在老房子那边。致以衷心的祝愿，你的马丁

139

马丁·海德格尔致汉娜·阿伦特

弗莱堡菲力巴赫 25 号

1971 年 10 月 28 日

亲爱的汉娜，

我已经尝试着在随信附上的两页纸上对恩斯特·沃尔拉特的成果说了一些东西。你可以使用这篇文字并提及我的名字。如果你自己读一下杂志上的那篇文章的话，那就好了；在那边的图书馆里它肯定能被找得到。

J.博弗雷对 P.雷维的建议也是我的建议。

遗憾的是，我们还没有找到约纳斯那幅画的原件。在过去的 50 年中，堆积了太多的东西。

224　　　我们曾在"山坡"（绍因斯兰）上待了 14 天，好好地修养了一下。

我们带着对你的美好祝愿衷心地问候你

马丁和埃尔弗丽德

140

汉娜·阿伦特致马丁·海德格尔

纽约

于 1972 年 2 月 2 日

亲爱的马丁——

　　我对关于沃尔拉特的书信的致谢来得如此之晚！琼·斯坦博昨天打了电话,并给我读了你的信。我从中推断出你们状况良好。在这个地方,我们在系里依然有着不能完全被排除的巨大困难,而且我第一次见识了所谓的大学政治。我总是期望着沃尔拉特事件能有一个了断——但是不行。无疑,在某些决断被做出之前,还得等较长时间。但是,至少我已经能够开始说服亲密的同事们;你的来信造成了重大的影响。我昨天也收到了一封来自塞纳的信,他写道,他对在你那里的访问感到非常幸福。你见到了他,我对此感到高兴;我非常喜欢他,而他极想见到你。

　　在我的身后有一个相当辛苦的学期,而且我有点儿筋疲力尽。我讲授了关于意志史的课程并举办了关于意志史的研讨班——从保罗/罗马人的书信直到海德格尔的《泰然任之》——我为此狠狠地拼命工作。学生们非常满意,相较而言我的满意度则相当小。除此之外,还有接连不断的会议;按照协定,我不需要出席任何会议,但是如果情形火急的话,它就管不了多大用了。

　　然后,我总是想着:谢林-书要出版了,而且我试图在这个所有人都对之一无所知的地方得到它;我在谢林那里总是遇到困难。对我来说,他比黑格尔还要难以理解得多。在过去的几周中,我在

225

休息，并且第一次阅读了你肯定知道的梅洛-庞蒂。对我来说，似乎比萨特要好得多和有趣得多。你怎么想？

现在，我们正好在几本书旁边。你知道尤韦·詹森①这个名字吗？几年前，他写了一本漂亮的书《关于雅各布的猜想》，而且现在他正在写一部三卷本的奇书，其中的头两卷已经出版了：《周年》，我近乎倾向于将之看作一部杰作。我认为，它至少称得上是一流的德国战后小说。我愿意把它送给你们作为乔迁庆宴的礼物，但是我担心：书总是这样的一种强迫接受。如果你愿意要它的话，就给我写信。它涉及的是梅克伦堡州的一个村庄的纳粹时代，出自以纽约为背景的并从后来人的视角出发的回忆。非常有思想，而且在语调方面经常让人想起汉姆生②。

现在，还有这封信的本来目的：什么时候一次访问对你们来说是合适的？从七月底开始直到九月底我肯定在欧洲，但是如果情形更好的话，我也能事先短暂地顺便来访——三月或者四月。五月我会回到芝加哥的大学待上几周。那里有一些对我来说非常重要的人要再相见。

发自内心

汉娜

---

① 尤韦·詹森（Uwe Johnson，1934—1984）：德国作家、编辑和学者。——译者注

② 孔特·汉姆生（Kunt Hamsun，1859—1952）：挪威小说家，曾获 1920 年诺贝尔文学奖。——译者注

141

马丁·海德格尔致汉娜·阿伦特（带有附件）

弗莱堡

1972 年 2 月 15 日

亲爱的汉娜，

感谢你的来信。从 3 月 1 日开始差不多直到月底，我们都在巴登威勒（安娜家）。我们都好，但是埃尔弗丽德应当多少摆脱点儿家务，虽然"养老地"被证明是很棒的。4 月有家庭要到这里访问；所以，你的来访必须是在夏天了，我们必定会及时商定这次访问。

但是，如果你有急迫的问题的话，也可以写信；虽然这样总是费事。理论（Theoria）怎么样了？由于"理论"现在到处都在被瞎扯，所以你的书必须为平息争吵而进行干预。（在霍克海默在瑞士的一个演讲的过程中，卡迪纳尔·德福勒①出现了在那里。）

我的《谢林》现在终于出来了；遗憾的是，单行本的版心被设置得太高了，尽管我及时将之指了出来。你是有道理的：谢林比黑格尔要难得多；他冒险更多，而且有时抛弃了所有安全的河岸。在辩证法的轨道上，什么事情都不能发生在黑格尔身上。

你应当读一下伽达默尔的黑格尔研究和他的《短论集》的第三卷。他目前在锡拉丘兹［美国］。塞纳的来访非常令人愉悦；我可以想象：对于雅斯贝尔斯来说，他曾是一个重要和可靠的帮手。

---

① 应该是朱利斯·奥古斯特·卡迪纳尔·德福勒（Julius August Kardinal Döpfner，1913—1976），他曾任维尔茨堡和柏林的主教以及慕尼黑和弗莱辛的大主教。——译者注

我只知道尤韦·詹森的名字、书的标题和照片。我们两个都不再阅读厚书了，但是感谢你想到我们。

梅洛-庞蒂在从胡塞尔通往海德格尔的途中。他死得太早了，在他所计划的到弗莱堡的旅行之前 8 天。但是，我并不足够了解他的作品；一卷遗作也已出版了。法国人受到他们天生的笛卡尔主义的严酷折磨。

西德的大学正在加速奔向没落。也许连通常的大学政治都不再存在了。

你知道舍尔斯基①发表在 1971 年 12 月 10 日的《法兰克福汇报》上的杰出文章《克服体系的策略》吗？它可以从编辑部那里作为单行本而被获得。

我才刚开始阅读恩斯特·沃尔拉特的文章《政治学与形而上学》；题目难，而且直达思想的根基。

最近，在一次在这里召开的海德堡科学院的会议上，弗里德里希做了一次关于马拉美的散文诗《白睡莲》的出色演讲；我们事先对此进行了磋商。

回以问候

马丁

埃尔弗丽德致以问候。

问候琼·斯坦博并问候格雷。

---

① 赫尔穆特·舍尔斯基（Helmut Schelsky，1912—1984）是二战以后直到 20 世纪 70 年代德国最有影响的社会学家。——译者注

［附件］

感谢
第二稿

泰然任之地归属①于那召唤着的本有事件（Eignis），

在顺从的思的

地方（Ortschaft）面前

对着它自己

召唤着道路——

抑制着的关-联②。

一个微不足道的东西贫乏地保存着

未被言说的遗赠：

道说无蔽，

命名澄明：

从持续的开-端那里

解蔽古老权力的

扣留。

---

① 注意"归属"（gehören）与"听"（hören）之间的字面关联。——译者注
② 注意"抑制着的"（verhalten）与"比-例"（Ver-hältnis）在字面上的联系。——译者注

142

汉娜·阿伦特致马丁·海德格尔

纽约

于 1972 年 2 月 21 日

亲爱的马丁，

我今天写信是为了一桩你也许会感兴趣的出版事宜。几周前，普罗雷恩(propyläen)出版社的负责人沃尔夫·约伯斯特·希德勒(Wolf Jobst Siedler)先生来过我这儿。他是作为他的一个作者约阿希姆·费斯特①的朋友和出版商而来的。我相当了解费斯特，几年前他写了一本好书《第三帝国的脸》，并且也负责施佩尔②-回忆录。夜晚期间，交谈转向了你，而且希德勒讲述了——我认为是在不知道我认识你的情况下——他如何总是对此非常感兴趣：为他的出版社赢得你。但是，对他来说重要的首先是：应当出版一部全集；他已经与耐斯克谈过此事了，后者对他解释说：它实在是太昂贵了。他说他会立即着手此事，把尚未出版的所有东西(然而，对于其规模，他一无所知)都囊括进来，并预付给你十万德国马克——我没有写信告诉你任何与此相关的事情，因为他自己提议

---

① 约阿希姆·费斯特(Joachim Fest，1926—2006)是一位德国历史学家、新闻记者、评论家和编辑，他最著名的是关于德国纳粹的著述和评论，其中包括希特勒的重要传记、关于施佩尔和德国抵抗运动的书。在德国历史学家关于纳粹时期的争论中，他是一位领导性人物。——译者注

② 阿尔伯特·施佩尔(Albert Speer，1905—1981)是一位德国建筑师，曾任第三帝国装备部部长，在纽伦堡审判中和他对纳粹政府罪行的回忆录中，他承认了他的责任。——译者注

要通过书面的形式把他的建议确定下来。他一再地说他已经请求耐斯克通知你了，但是从未收到耐斯克的答复。无论如何，他强调说：他对利润不感兴趣。

由于我不在纽约，所以他2月7日给我写的信，今天才到我手里。他写下了如下的话：

"在此期间，我对海德格尔-事宜做了调查研究。1971年7月1日，我们为《存在与时间》的袖珍版而给尼迈耶先生制作过一份草约，该草约拟定了一份1万德国马克的保障预付——这个提议被尼迈耶先生在1971年7月5日的一封信中给否决了。几个月前，也即5月，我在弗林根拜访了耐斯克先生，并请求他告诉海德格尔自己我不顾商业利润而出版他的作品全集（包括将要出版的手稿［？］①）的决心。关于这项建议，我还从未听说过任何消息。"

由于我不了解希德勒，所以我就给海伦妮·沃尔夫（库尔特·沃尔夫的遗孀，她现在在哈考特-布雷斯-乔万诺维奇［Harcourt Brace Jovanovich］延续着库尔特·沃尔夫出版社，而且她是我的一个好朋友）打电话并向她索要信息——当然没有说牵扯到的是什么事。她非常亲切地描述了他——诚实、非常聪明而且宽宏大量。诚然，与斯普林格出版社有某种牵连。我自己对他有一个非常好的印象——我所结识的第一个可以与之进行正常对话的德国出版商。肯定有更多的这样的人，但是我不认识他们。

当然，我不知道您是否真的感兴趣，也不知道他的怀疑——耐斯克从未通知你——是否合乎实际。假如你感兴趣的话，他肯定会愿意过来与你商谈。如果你想让他自己与你接洽，那就给我写

---

① 原文如此。——译者注

信,我会让他知道的。如果你自己想与他直接联系,他的地址:柏林第1区,菩提树大街76号,邮政编码:61^①,电话:1911(1)。

你或许也注意到:在书面上,他没有重复口头提及的预付。这个人给人留下了一个诚实的印象,而我并不认为这说明了什么。

祝你们俩一切安好

汉娜

---

① 应该是柏林第1区(即米特区)的分区克罗伊茨贝格(Kreuzberg)的邮政编码,前面省略了109三个数字。——译者注

143

马丁·海德格尔致汉娜·阿伦特

巴登威勒

1972 年 3 月 10 日

亲爱的汉娜，

感谢你在出版商事宜方面的努力。我无法想象一部全集；我想要逃脱这种古典主义。我的三个出版商也都知道这一点；这也许也是耐斯克没有进行答复的原因所在。尚未被印刷的东西和作为尚未被思的东西（这是头等-事情）的被思的东西之公开出版不会容易；在这方面，有好些笔记。

《谢林》已经包含了一些我说过的东西所意谓的东西；在我或多或少地完成了"转折"之后，我将之贯彻到底了。你现在肯定已经收到这本书了。如果你找到时间来阅读它并且告诉我你对它的看法，那么对我来说将会是非常重要的。——请向希德勒先生致以我的问候，并对他对我的东西的兴趣表示感谢。

我们已经在这里待了一周了；阴冷的、半冬天的天气和乡村中许多的吵闹声、嘈杂声——新的疗养大楼处在接近完工的阶段，许多的汽车往来——但是埃尔弗丽德暂时摆脱了家务，并终于能够摆脱建房的劳累而获得休养。我在抽空进行思考并且发现：一个巴门尼德的后裔应该——就**范围**（Umfang）而言，不比尚存的残篇说得**更多**；就**内容**而言，必然会**更少**。在书籍和"全集"方面后来的和今天的奢侈是一个灾难性的征兆。

我估计，并不像图书馆和书籍市场所显示的那样有如此多值得思考的东西。

复活节前的星期天之前，我们又会在家里了。

我祝愿你能够获得休息而且聚拢精神，并一如既往地问候你。

马丁

埃尔弗丽德向你致以问候。

144

汉娜·阿伦特致马丁·海德格尔

纽约

于 1972 年 3 月 27 日

亲爱的马丁,

如你大概知道了的那样,你附有诗歌的完美的 2 月来信与我的书信交叉而过了。你的回信是 3 月来的,然后在对《谢林》之到来的期望中,我还在等待着,因为约纳斯已经收到他的了。但是,还没有来——也许是由于纽约的邮递状况。你不想要一部全集,这一点我实际上不难料到。只是当时我对于出版商——首先甚至就是派珀——就是如此地盛怒,以至于我认为对于这个公司,人们必须为一切事情做好准备。于是有了我的询问。

关于那首诗,我想问你几个问题。对于我来说,位于中间的两行

对着它自己——

比对着的比-例

是关键性的,而且恰恰是这两行我不完全理解,或者说我不知道我是否恰当地理解了它们。然后是"思的地方"。最近,我就一直在为此而常常绞尽脑汁——当我们思考的时候,我们实际上在哪里:《智者》中哲学家的处所(topos)。你知道瓦莱里的应景评论"时而我思,时而我在"吗?其中有完完全全为真的东西。

也感谢你的阅读提示;我还没有来得及触及它们,我在新学院曾经有而且总是依然还有许多不必要的琐碎事务,此外还有博士

论文和类似的学术材料。五月，我将会再到芝加哥，六月返回纽约。在纽约，我不得不把时间浪费在荣誉博士学位上，其中的 5 个是我今年获得的——由已经变得完全疯狂了的妇女运动而导致的一种膨胀。我想，明年就会轮到同性恋了。

我发现你关于梅洛-庞蒂的评论非常有趣。我已经订购了舍尔斯基的单行本。是的，大学无疑在没落。这里的情况不同于德国、法国和意大利；但是，长此下去也会走向毁灭。在我的同事和大学校长中间，我只认识唯一的一个这样的人，他知道他想要什么而且对于一所大学具有一种设想——芝加哥大学的校长。在这里，人们也可以看到，用一点勇气和理智，人们可以做多少事情，又能阻止多少事情。

但是，回到我的夏季计划：我想在七月中旬过来，并且再在苏黎世待上两周。我知道，大约在这个时候琼也会在弗莱堡。人们也许还可以对此进行安排。然后，八月我会在科摩湖①，洛克菲勒基金会在那里供养着一所房子用于安静的和适合休养的工作，此后我还想到台格纳（洛迦诺②）待上几周，在那里也能够安静地进行工作。当然，我也可以从那里上来；但是，苏黎世会更方便。

邮件刚好到达这里，带来了你的谢林-书！！多谢！现在，我再也不想继续写作了，而是想阅读。我已经看到，它对于我的意志问题来说会是多么地必要，尤其是现在，在我透彻地阅读了你的尼采-书之后。

---

① 科摩湖(Comer See)是意大利风景休闲度假胜地，位于阿尔卑斯山南麓的一个盆地中，距米兰市东北 50 公里，被几座山包围并分割，总体呈 Y 字型，是一个狭长形湖泊。——译者注
② 洛迦诺(Locarno)是瑞士南部的一个市镇。——译者注

现在,还有一件事情:几天前,海因茨·利希藤斯泰因(Heinz Lichtenstein)给我往这里打了电话;你也许记得他,他曾在马堡待过,属于来自哥尼斯堡的小组,那时他实际上是我们当中最讨人喜欢的一个。他成了一位精神病医师,我已经几十年没有听说过他的消息了,当他突然间打来电话的时候,我感到吃惊。他打电话是为了如下的事情:他拥有马堡时候的课程的抄本,亦即如下:

1924/1925 年冬季学期:智者[《柏拉图:智者》],抄本的第二册

1925 年夏季学期:时间概念[《时间概念史引论》],两册,完整的

1925/26 年冬季学期:逻辑[《逻辑:关于真理的追问》],两册,完整的

1927 年夏季学期:《现象学的基本问题》,相当厚的一册,完整的

1928-1929 年冬季学期:《哲学导论》,两册

他不知道该如何处理它们,他自己现在老了,很快就想退休了,他的继承人不知道如何就此去进行询问。他向我打听建议。我对他说我会询问你对这些册的抄本是否有某种兴趣。给我写信吧,并且也让我知道夏天的情况会怎样。

巴登威勒——我希望它还是像春天那样。这里,风正在吼叫,而几株风信子是房间里唯一拥有春意的东西。无论如何,希望埃尔弗丽德已经恢复良好了——家务和一般而言的生活的负担,男人通常对此知之不多。

致以所有美好的祝愿和衷心的问候——

汉娜

145

马丁·海德格尔致汉娜·阿伦特

弗莱堡

1972 年 4 月 19 日

亲爱的汉娜，

　　你最好是把你的来访安排在你在苏黎世逗留期间，因为我们整个七月都会在这里。

　　对于马堡的那个哥尼斯堡人，我有确切的记忆。现归海因茨·利希藤斯泰因——我向他致以问候——所有的抄本将会得到最富有成效的使用，如果它们先是被移交给琼·斯坦博然后进入马堡的档案馆的话。也许，你自己也拥有这些抄本。

　　1924 年夏季学期关于亚里士多德《修辞学》第二卷的重要讲座，我既找不到我的手稿也找不到任何的抄本。也许，你或者利希藤斯泰因记得：这个讲座得到了很多的讨论。

　　太多的"帽子"使得应得的荣誉贬了值。

　　对于你的问题再说几句。

　　"地方"关乎的是"存在"的地方，但是当其被带回本有之中的时候，存在包含着人对这本有的归属性（参见《存有的拓扑学》，载《出自思的经验》，1947 年版，第 23 页和《路标》，第 240 页）。"抑制着的关-联"——应当依据前面的几行来被理解——"泰然任之地归属"——即自持（ansichhalten）地等待着允诺（Zuspruch）；思的这种方式不知道概-念（Be-griff）和"干涉"（Eingriffe），不知道已经改变了定义（horismos）的含义的共-取（con-**ceptus**①）。希腊人不知道"概念"；但是，"模型"中的当今之"思"极不习惯这种异端邪说。"思对着它自己"——即对着形而上学（根据康德的说法，形而上学属于"人的本质"）的优先地位。

"关-联"在保存和保护的意义上保持；"关-联"不是纯粹的关系（Beziehung），毋宁说是"关联"（Bezug）意义上的（《路标》，第 213 页及以下）。

在"关-联"中，"顺从者"言说。

"解蔽扣留"只在自持的让它被道说给自己（Sichsagenlassen）之中才是可能的。

"感谢"——作为诗和思（不过，是作为思无蔽的思）的基本特征（《路标》，第 272 页）。"另一个开端"不是第二个开端，而是以另外的一种方式作为第一个和唯一的开端。

所有这一切也许都是一种思的结结巴巴的尝试，而这种思必 235 然"悄悄地"到来，因而在当今世界的吵闹中必然保持为未被听闻的。

14 天之后，为了我们安静的养老地，我们离开了巴登威勒。

来自我们的衷心问候
马丁和埃尔弗丽德

---

① 这是拉丁语用来表示"概念"的词。——译者注

146

汉娜·阿伦特致马丁·海德格尔

纽约

于 1972 年 6 月 18 日

亲爱的马丁,

　　谢林-书,连同自由-论文一起我现在已经通读过两遍了。而且,在我这样做的时候,我的感觉就如差不多 50 年前我跟着你学习阅读的时候一样。谢林思想罕见的和意义深刻的晦暗在这本书中变得明亮了起来并最终变得完全清晰了,做到这一点的方式是无以伦比的。从来没有人像你那样在阅读或者曾经那样阅读过。我的心情真轻松:琼·斯坦博现在被确定为译者了;相对而言,这本书在哪个出版社出版就真的无所谓了。此外,她会相对容易地得到它,因为这个文本有一个相当好的译本。去年,在意志上,我做了很多的工作;在讲座和研讨班中,我是以你的《泰然任之》结尾的。我没有提到谢林,因为我从未能够独自地讨论他。现在,对我来说,他似乎——也许不知道它们(?)①——把奥古斯丁和邓斯·司各脱对意志的思索已经思到了最高的高度上。

　　许多事情还依然是成问题的。对我来说,尤其是对恶的思索。以极为不敬的方式,这时我总是想起斯特芬·格奥尔格的两行诗——"有谁绝不会在弟兄身上为暗杀的匕首进行标测/他的生命是多么地贫乏,而且他所思的又是多么地稀少"——而且我认为这

236

―――――――――――

　　① 原文如此。——译者注

是一个基督教的(魔鬼、傲慢,等等)先入之见,而且是一个坏的先入之见。

对于你的四月来信和对我的问题的回答,我还欠着感谢。书中对段落的指示特别地有用。人们应当为一个好学的学生提供的是一份公开发表的著述的合适索引,而不是"关于"海德格尔的许多论文。我从谢林书中看出你现在有助手。也许有人能够被说服以这种体面的-节制的方式来获得博士帽。

琼已经从利希藤斯泰因那里得到了那些抄本。后者最衷心地回报你的问候——对此感到非常高兴:你还记得。我没有那些抄本,因为我与它们的创作者(我认为是波尔迪·魏茨曼[Poldi Weizmann])没有良好的关系。我会向琼借用智者讲座,而且我当然也可以在任何时候从她那里得到我想要的任何其他的东西。对于亚里士多德(修辞学)讲座,利希藤斯泰因一无所知。多么令人气恼呀!

我的出行计划现在差不多确定了。我将在苏黎世度过七月的下半个月,而且如果对你们来说合适的话,我愿意在7月20日左右前去看望。我们要定在20日——一如既往地在下午吗? 我将再次住在将军意志大街的阿斯科特(Ascott)宾馆,在那里我当然也可以通过电话被联系上——051-36.18.00。直到7月4日之前,我在这里肯定可以被联系得上。

向你和埃尔弗丽德致以所有衷心的祝愿

汉娜

147

马丁·海德格尔致汉娜·阿伦特

弗莱堡

1972 年 6 月 22 日

亲爱的汉娜，

感谢你的来信。关于谢林，我们 7 月 20 日下午 3 点面谈。

我本以为你拥有马堡抄本，否则的话我当然就会给你寄去了。

在苏黎世入住"阿斯科特宾馆"，对吗？

法依克（Feick）博士女士已经撰写了一份《存在与时间》的索引，从《存在与时间》这里来看（因而是受限的），它同时也是所有后期著述的一份词语索引（第二版，1968 年，尼迈耶出版社）。

我也对此感到非常高兴：琼·斯坦博在翻译谢林讲座。

我希望听到关于你自己的工作的一些事情；否则，我就没有更多的机会来学习了。

在信息时代，再去学习如何进行阅读的可能性被消除了。

我们衷心地问候你

马丁

148

汉娜·阿伦特致马丁·海德格尔

于 1972 年 7 月 21 日

亲爱的马丁，

首先是地址：

8 月 1 日直到 23 日：

> 意大利贝拉焦（科莫）
>
> 塞尔贝洛尼别墅
>
> 洛克菲勒基金会转交
>
> 邮编：22021
>
> 电话：031 - 950.105

8 月 24 日直到 9 月 17 日：

> 瑞士提契诺州台格纳
>
> 卡萨巴尔巴特酒店
>
> 邮编：6652
>
> 电话：093 - 65430

昨天是美妙的，而且我期待着九月。我刚刚想起：我必须当心，不要在 26 日妨碍你们。

我翻来覆去地还思考了很多。如果思——像在你那里的情况一样——竟然每个早晨都重新开始，那么除了掩盖结果之外，它根本就做不了别的。这是思的活动之原初的"口头形态"从书写那里索求的奖赏。在这个方面，康德有一个有趣的评论，当我再次拥有我的文件的时候，我会把这个评论寄给你。康德说的大概是：理性

厌恶结果,它总是一再地消解它们。(苏格拉底)

我刚刚收到《水星》六月份的那一期。由于魏茨泽克①的来访:你大概知道了他最近出版的书《自然的统一性》。在《水星》上,某个名叫格尔诺特·伯墨(Gernot Böhme)的人写的一篇长长的评论题为:"把物理学思考到底"。也许它会让你感兴趣。

239　　我已经尽力争取了赫尔曼·梅尔维尔②的《比利·巴德》(*Billy Budd*),也许明天我就会在这里收到它。然后,我会直接从书店把它寄给你。

致以所有美好的祝愿,尤其是为了你的"60页"。

一如既往
汉娜

问候埃尔弗丽德

① 卡尔·弗里德里希·冯·魏茨泽克(Carl Friedrich von Weizsäcker,1912—2007)是德国物理学家、哲学家。——译者注

② 赫尔曼·梅尔维尔(Hermann Melville,1819—1891)是美国小说家、散文家和诗人,被誉为美国的"莎士比亚"。——译者注

149

马丁·海德格尔致汉娜·阿伦特

弗莱堡

1972 年 9 月 12 日

亲爱的汉娜,

由于我们家庭的一次可怕变故,我们的日程安排陷入混乱了。我们期待着你的来访,并请求你确定你想在哪一天来访。除了 16 日之外,这个月我们都有空。

感谢你寄来的梅尔维尔的书,我只是能够开始去阅读它。在过去的几天中,《早期著述集》的第一批样本已经到了。

致以衷心的问候

马丁

埃尔弗丽德致以衷心的问候

150

马丁·海德格尔致汉娜·阿伦特

弗莱堡

1972 年 9 月 17 日

亲爱的汉娜,

感谢你的明信片。我们 9 月 24 日在惯常的时间等你。——

我的侄女,即我早逝的妹妹唯一的女儿,与他的丈夫和两个孩子一起在黑森林做了一次徒步旅行。在黑森林附近,她的丈夫被一辆装着砂砾的车——他们是以计件工资的方式驾车的——压倒,并当即死亡。当你来的时候,我们不想——再谈论此事。

我们衷心地问候你

马丁

151

马丁·海德格尔致汉娜·阿伦特

弗莱堡

1972 年 12 月 8 日

亲爱的汉娜，

感谢你放大的照片，其中规格较小的那些洗得更好。你在你的事情上不得不付出如此多的辛劳，这让我感到悲伤。最近，当我想查阅我个人使用的那本《技术与转折》的时候，我从旁边带出了属于你的那一本。显然，当你上次来访的时候，你把它遗留在这里了，而我未加细看就把它作为我的放回到我的文本中去了。

你现在必定完全投身于你的苏格兰讲座的拟稿工作上，并躲避着一切令人分心的东西。

对瓦尔特·舒尔茨①一本长达九百页的、以辞典形式出版的书 241的提示，也许就是这样一种令人分心的东西。他是几周前把它寄给我的：《变化了的世界中的哲学》（耐斯克出版社），即：一种“变化了的”哲学。

它在“跷跷板系统”的意义上是“辩证地”被处理的。最后一部分——“责任”、一种“变化了的”伦理学，也许能够让你感兴趣。

我不能进行评判，因为这种批评性总结分析的持续工作对我来说是不可能的。

---

① 瓦尔特·舒尔茨（Walter Schulz，1912—2000）是一位德国哲学家。在 1958 年，他曾被提供给了海德格尔在弗莱堡大学曾占据的教席职位，但是他拒绝了。——译者注

只有印象性的东西：一位被斩首了的黑格尔和一次在"现在"（Gegenwart）面前的投降。

相反，我认为：哲学必然是"不合时宜的"；而且，如果它迷恋于"称颂"（来自雅各布·布克哈特①的一个词）的话，那么它就是以一种顽固的误解为依据的。

此外，我们生活在习以为常了的归隐状态中，并衷心地问候你

马丁和埃尔弗丽德

---

① 雅各布·布克哈特（Jacob Burckhardt, 1818—1897）是杰出的历史文化学家，他的研究重点在于欧洲艺术史与人文主义。——译者注

152

马丁·海德格尔致汉娜·阿伦特

弗莱堡

1973 年 2 月 24 日

亲爱的汉娜，

感谢你的来信。你对那本大部头著作的评判是击中要害的。由于我们要照料固定的居所，所以我们五月会待在这里，并期待着你的来访。

冬天虽然迟到了，但现在已经来了，山上有许多的雪。

你现在肯定已经完成了你的演讲稿，从而可以精力充沛地前往苏格兰了。

信息时代不可阻挡地到处施展它的"风格"；也许它甚至连适当的难受的感觉也不能再有了。

来自琼·斯坦博的一封信到了，从中　——就如已经从你的信中那样——我推断出：格林·格雷获得了巨大的成功。这令人高兴。

我们完全过着隐居的生活；每天都与事情（Sache）在一起，我感到快乐。它的不可显示之处当然是难以被说出的，如果这时没有许多的词被允许创造出来的话——这应在字面的意义被理解。

带着对讲座过程的美好祝愿，我们衷心地问候你——

马丁

问候格林·格雷和琼·斯坦博

153

马丁·海德格尔致汉娜·阿伦特

弗莱堡

1973 年 5 月 5 日

亲爱的汉娜，

感谢你的来信，它今天到的。最合适的日子是 5 月 22 日的星期二。我们在下午三点到三点半之间的惯常时间等待你的来访。这里是夏天，十天前黑森林中竟还有 1.5 米厚的雪。

这些天，我们曾想邀请雪莉·格雷（Sherry Gray）。在过去的几个月中，我干了很多活。

我们期待着你的来访，并致以衷心的问候

马丁

也问候一下雪莉，

如果她还在那里的话。

154

马丁·海德格尔致汉娜·阿伦特

弗莱堡

1973 年 7 月 9 日

亲爱的汉娜，

我对你的两本康福德(Cornford)的书、娜德莎·曼德尔施塔姆(N. Mandelstam)①的自传和关于动词存在/是［einai］的文章的致谢，迟到了。但是，六月和七月的开端有些不平静：许多的来访，同时埃尔弗丽德还缺少了已经习惯了的帮手。

在此期间，格林·格雷应当已经给你写信了。我们发现他——尤其是在从意大利回来之后——非常紧张。

上面提到的那些著述我只是刚刚粗略地翻阅过。

希望你在台格纳已经找到了工作所必需的专心致志。你在那里要待多久？我们想知道你什么时候再次来探访我们。

在这个夏天里，沉闷的炎热相当讨厌，而且阻碍了工作。

我在一再地与巴门尼德进行对话，而且哲学文献对我来说似乎是多余的，哪怕算上它们全部的成果。

但是，一个人应当如何把当今的人们引往那个单纯的问题、那个无用的问题？

甚至只是为了在"因为思想与存在是同一的"面前的**返回**步伐

---

① 娜德莎·曼德尔施塔姆(Nadesha Mandelstam)是在斯大林治下被谋杀的俄罗斯白银时代著名诗人、散文家、翻译家和随笔作家奥西普·曼德尔施塔姆(Ossip Mandelstam)的遗孀。——译者注

而做出准备所需要的全部前提条件，都还欠缺着。

在这样的境况之中，我每天都对自己说："做你的事"——其余的东西和更伟大的东西拥有其自己的、对我们遮蔽着的天命。

致以衷心的问候

马丁

埃尔弗丽德也致以问候。

155

汉娜·阿伦特致马丁·海德格尔

提挈诺州台格纳市

卡萨巴尔巴特酒店

邮编:6652

于 1973 年 7 月 18 日

亲爱的马丁,

我想我会在这里一直待到八月底,并在九月初飞往纽约。你们什么时候合适——如果对你来说还不是太过分的话？对我来说,在 8 月 31 日和 9 月 4 日之间正好。

我也想就比梅尔的罗罗罗出版社的书(Ro-ro-ro-Buch)向你表示祝贺;它绝对是我曾经读过的关于你的最好的东西。此外,这本书在风格方面——好像一篇深思熟虑的评论——也是完全原创的。我无论如何都没见过这样的书。另外——如果它可以让你感兴趣的话——科耶夫——对于他非常有影响的黑格尔解释,我们偶尔曾谈及过,而且他生前从未公开出版过一本书——未曾发表的遗作中的两卷现在已经由加利马尔(Gallimard)出版了:《论异教徒哲学的思想史》。或许他们已经把这两卷书发送给你了。我发现它们非常令人失望。

衷心地问候你们两个——

汉娜

156

马丁·海德格尔致汉娜·阿伦特

弗莱堡

1973 年 7 月 29 日

亲爱的汉娜，

感谢你的来信。你是对的：比梅尔的书是出类拔萃和大胆的；完全不同于波格勒（Pöggeler）关于我的"思想道路"的那本书。它获得了许多的赞同。它敞开了我的追问的道路，而且让它保持为敞开的，尤其是在最后。——科耶夫的两卷书并没有被寄送给我。我既没有时间也没有兴趣和多余的精力来阅读加入进来的"文献"。

在休假和旅行的过去几周里，我们被来访的洪流侵袭了；此外，埃尔弗丽德在这个月初过了她的八十岁生日。我们借此机会与两个儿子以及女儿在小木屋里度过了美好的一天。

在你所提及的那个时间，我们已经计划了一次到麦斯基尔希的访问。在不安宁的几周——在这期间，我们还缺少了已经习惯了的帮手——之后，我们两个都需要休息。

因此，我们想让你推迟你的来访直到明年春天——在你的季福德讲座①之后。

---

① 季福德讲座是由杰出的律师、推崇斯宾诺莎的季福德爵士（Lord Adam Gifford，1820—1887）设立的讲座，在苏格兰历史悠久的大学举行（阿伯丁、爱丁堡、格拉斯哥、圣安德鲁等）。自 1888 年起，这个讲座便能请得英语世界内外最杰出的思想家来主讲，由讲座而出版的书籍均在学术界产生了巨大的影响力。——译者注

希望你没有受到来访者的太多干扰。

我们祝愿你依然会有一段时间来好好工作，并衷心地问候你。

马丁

157

马丁·海德格尔致汉娜·阿伦特

弗莱堡

1973 年 11 月 19 日

亲爱的汉娜,

感谢你的生命征象。八月底和九月初,我与法国的朋友们一起如此地忙于为我最后的研讨班及其完成(三天,每天两个小时到两个半小时)而做准备,以至于你的来访对我来说太紧张了。我无需详尽地向你保证:我不愿意取消它。

在最后的研讨班上,一道光经过巴门尼德转移到了我这里,我已常常在讲座和练习课中费心尽力于他的文本。当你春天来的时候,我能够给你展示一些东西。——

每月来一次的家庭医生对于我的状况感到满意。

亚里士多德《论灵魂》的第三卷总是依然为关于"意志"的艰难问题提供着最初的光亮,而所有后来的形而上学都以这光亮为能源。

我的一个学生古斯塔夫·西维尔特①(1929 年到 1932 年,他随我从事研究)的书带来了好的"材料":《托马斯·阿奎那:人的意志自由》,施瓦恩文选出版社,杜塞尔多夫,1954 年。——

琼·斯坦博正着手于《存在与时间》的一个新的译本,这是非

---

① 古斯塔夫·西维尔特(Gustav Siewerth, 1903—1963):德国哲学家和教育家。他是研究托马斯·阿奎那的生平和著作方面的专家,并且把教育学的关联赋予了他的老师马丁·霍耐克(Martin Honecker)和马丁·海德格尔。——译者注

常值得赞扬的,而且具有深远的影响。所有其他的解决方案都将会是权宜之计。

思总还是给予我快乐。为了在这个领域里看到一些东西,人们必须变老。对整条道路的展望和回顾让人们认识到:穿越道路领域的步伐**被看不见的手**引导着,人们自己只能添加少量的东西。

希望你的讲座的准备工作进展顺利。

此外,我们安静地生活在我们的养老地,但为时代的混乱而感到担忧。

247

从心底里问候你

马丁

埃尔弗丽德也问候你。

158

马丁·海德格尔致汉娜·阿伦特

弗莱堡

1974 年 3 月 14 日

亲爱的汉娜，

感谢你的来信，它证实了我所猜测的事情：你全神贯注于你五月的讲座的准备工作。

除了五月的一次短暂外出之外，我们自始至终都会待在这里，并且期待着你在你的讲座**之后**的来访。也许你已经可以从苏格兰告知我们你在（陷于沉沦之中的）欧洲逗留的更确切日期了。

你在研究艾克哈特大师，这令人高兴。他在他的德语文本中所写下的东西就语言的创造性而言是令人吃惊的，但是在我们这个语言学破坏语言的时代里再也不能被看到了。但是，也许他的思想以这种方式最有可能得到拯救；可是为了谁呢？菲佛（Pfeiffer）版的德文著述——1917 年埃尔弗丽德将之作为生日礼物送给了我——现在依然可以使用。我的弟弟部分地拥有科赫（Koch）和昆特（Quint）的拉丁文和德文的大批判版。

与你不一样，我对政治只有些微的兴趣。在主要事项方面，世界形势还是清楚的。技术之本质的力量无疑几乎还没有被经验到。一切都在浅层上运行。个人再也不能做些什么来抵抗不易控制的"大众传媒"和机制了——当涉及思在希腊思想的开端中的起源时，已经根本不可能做任何事情了。

但是，在某些地方、某个时候还依然有着对无用之物的清醒意

248

320

识。为此,我对围绕着你的那个小圈子中孜孜不倦地工作的那些人和他们的译文而感到高兴。

我们顺利地度过了冬天,并在我们宁静的房子中过着隐居的生活。

向你致以问候和最美好的祝愿

马丁

埃尔弗丽德也致以问候。

问候朋友们;这几天我会给琼·斯坦博写信。她的工作能力令人吃惊。

159

马丁·海德格尔致汉娜·阿伦特

弗莱堡

1974 年 6 月 20 日

亲爱的汉娜，

我们期待着再次相见，并等待着你星期三（即 7 月 10 日）在惯常的时间来访。

在你去年关于苏格兰的报告之后，琼·斯坦博带来的关于你今年的讲座中断的消息并不让我感到吃惊。甚至是你今年二月的来信都显示出了我非常理解的疲倦和郁闷。不良的基本情绪甚至比你在处理本来就艰难的题目时所指望的过度的努力更加地难以负荷。但是，现在我希望你在这期间在台格纳已经恢复了，并且没有受到访客的太多打扰。

老了（Altsein）和变老对我们提出了它们特有的要求。世界显示出了另外一张面孔，而且冷静是必需的。

几周以来，我一直忙于对讲座的手稿、复本和抄本的重新整理，而且有幸得到了芬克的一个学生冯·赫尔曼（von Herrmann）讲师可靠的和真正参与性的帮助。在这个过程中，有许多东西要被考虑，而且我们得为以后的出版找到合适的指示。

此外，我们安宁地在我们的养老地过着隐居的生活。

琼·斯坦博已经接受了《存在与时间》的翻译工作，这对我来说是一个大的安慰。

我认为：在你来访的途中，你应当在巴塞尔穿插一次中途休息，以免过度劳累。

衷心地致以问候——也代表埃尔弗丽德——并祝顺利康复

马丁

160

马丁·海德格尔致汉娜·阿伦特

弗莱堡

1974 年 6 月 23 日

亲爱的汉娜，

我们的书信已经交叉而过。依然是 7 月 10 日惯常的时间。因为你现在处在去-腐（Ent-faulen）的阶段，所以情形显然又好转了，对此我们感到非常安心。然而，我想建议你慢慢地、沉着地恢复工作。西维尔特在材料方面是重要的；在其他方面，当然是教条的。

我们衷心地感谢你的邀请；但是，我们也愿意在这里固守传统；因为我们晚上不能再出去了——既不能去演讲也不能去应邀。数月以来，我再也没有进过城，而且埃尔弗丽德也极少去。

来自我们的衷心问候并

期待着一次愉快的再会

马丁

250

161

汉娜·阿伦特致马丁·海德格尔

台格纳

于 1974 年 7 月 26 日

亲爱的马丁，

我为冯·赫尔曼先生已经寄送给我的那两份讲座抄本而感谢你。我立即就开始读它们了，而且我会用分开的包裹把它们寄还给你。

自由-手稿中对康德的详细解释对于我来说至为重要。没有人像你那样在进行读解，而且在你之前也没有人这样做过。在研究意志问题的过程中，我已经暂时差不多把康德放在一边了；与思想和判断不同，对我来说，他在这方面似乎倒不如说收效甚微。现在，我必须重新认真考虑这一切。我从如下一点出发：希腊的古典时期既没有把意志也没有把自由问题认（作问题）。因此，我就从亚里士多德（自由选择[προαίρεσις]）开始真正的讨论，但只是为了表明：当作为独立能力的意志尚未被知晓的时候，特定的现象是如何被描述的，然后从保罗、爱比克泰德、奥古斯丁、托马斯走到邓斯·司各脱。我在这里随信为你附上了所谓的目录，即一份简短的内容提要，它是我必须为季福德讲座准备好的东西，而我找不到机会在弗莱堡给你看了。

此外，我特别感兴趣的东西，而且也是我从未在你那里听说过或者读到过的东西，是"哲学的攻击性特征"，即它"直达我们的根基"。我漏看了吗？

251

我又恢复工作了,而且我对于终于到来了的好天气而感到高兴。

祝你一切安好
汉娜

162

马丁·海德格尔致汉娜·阿伦特

弗莱堡

1974 年 9 月 17 日

亲爱的汉娜,

今天我只是写一份迟到的回复;因为这个月是而且将会是有些不安宁的。感谢你的季福德讲座的"目录";里面的每一个主题都需要付出许多的工作量;听众们是否经受得起这一切?

在 1930 年的讲座[《论人的自由的本质》]中,相对于因果性而言,我讨论得更多的是自由;信息理论使得整个事情已经变得更加成问题了,即更加与集-置-特征(Ge-Stelle-charakter)相一致了;"科学"因此变得越来越肤浅了,而且在**它的**意义上越来越多产了。

从根底上来讲,哲学的"攻击性特征"指的是与"存在的遗忘"的争执,如今这种"存在的遗忘"加剧到了最极端的状态,但是通过思的"攻击"它既不能被打断,也不能哪怕只是被经验到。

在此期间,你也许已经听说了:我决定准备一部全集,更确切地说:为它指定方针。这需要许多的思虑和记录,以便像"胡塞尔全集"那样的一个杂乱无章的版本能够得以避免。

在做记录时,思只是表面上看起来受到了不公正的对待。来访更具有破坏性,即使它们限于不容拒绝的范围之内。

当九月结束的时候,我们会感到高兴的。我希望你在此期间已经进一步复元和强健了。易变的夏天和已经开始了的秋天曾经破坏了而且还在破坏着工作所必需的朝气。

252

我祝愿你新学年有一个良好的开端，并能把大量的精力集中于本质性的东西之上。

致以问候，也代表埃尔弗丽德

马丁

问候琼·斯坦博和格林·格雷。

163

马丁·海德格尔致汉娜·阿伦特

1974 年 9 月 26 日之后

为了他们的回忆

将感谢赠予

在当下的时代中努力进行思考的所有人：

  愿感谢依然

    比作诗更具促创性，

      比为思更具基础性。

        进入感谢之中的人

          被它带回到

            不可通达的东西的在场面前，

              我们——所有终有一死者——

                从一开始就

                  已经居有了它。

                    马丁·海德格尔

［本人的补充］

                                253

献给

汉娜

衷心地致以问候

                          马丁

164

马丁·海德格尔致汉娜·阿伦特

弗莱堡

1975 年 6 月 6 日

电话：52151

最好是在中午的时候

亲爱的汉娜，

我从格林·格雷那里得知：你现在长时间地待在马堡，并在那里开展工作。我还以为你待在苏格兰完成你的讲座系列的第二部分呐。

通信中断的时间已经持续得太长了。但是，对"全集"进行思虑所需要的精力和时间比我所设想的还要更多。——

但是，由于你现在出人意料地近，所以如果你能够从马堡"到这边来"花上一天时间探望我们的话，那将是一件最好的事情——最好是在 6 月 10 日到 15 日之间。

有许多的东西要被讲述，还有更多的东西要被思索。如果你能够在上面提及的时间抽身的话，我们会非常高兴。

由于我们只是少量地而且粗略地阅读报纸——区域性的地方报纸，所以对于你在丹麦获得的那个大奖我们也什么都没听说。我们能够在这里借用一杯好酒来对此进行庆祝，顺便提一下，格林·格雷在他两次来访的时候对这酒特别中意。他——在我看起来是如此——与克雷尔（Krell）博士一起——再次出色地完成了翻译工作。

254

期待着美好的再会，衷心地致以问候，也代表埃尔弗丽德

马丁

也问候策勒教授。

165

汉娜・阿伦特致马丁・海德格尔

于 1975 年 7 月 27 日

邮编：6652

电话：093 - 81.14.30

卡萨巴尔巴特酒店

亲爱的马丁，

现在已近八月了，我想很快地知道到弗莱堡的一次探访是否可能。这里是美好的夏天，不太热，非常清新的空气，还有温暖的夜晚。与马堡——那里每天都是寒冷的，而且还下雨——相比，非常美妙和清新。

我会在十月完成我的苏格兰讲座的第二部分。在这里，我缓慢地展开了工作。我是否会在十月完成——判断力——是可疑的，但这并不使我感到忧虑，因为对于苏格兰的讲座我拥有既合适又是已完成了的稿子。

策勒能够为你的全集谋得帮助吗？法依克女士的索引是出色的，而且大有帮助。克雷尔能帮助你吗？如果他的德语现在很好了的话，他应该可以。格林对他非常满意。

我希望你状况良好，而且你们不会太被访客所累。

衷心地问候你们两个——

166

马丁·海德格尔致汉娜·阿伦特

弗莱堡

1975 年 7 月 30 日

亲爱的汉娜，

感谢你写来的文字。我们期待着你的来访；8 月 12 日的星期二最好，或者是 8 月 15 日的星期五。第一个日期更合适。我们在 15 点和 16 点之间等你。欢迎你像通常一样留下来吃晚饭。

七月期间，我们受到了一场感冒和咳嗽的折磨——由一次正在流行的传染引起的。

所有其他的事情面谈，现在只说：判断力是一件艰难的事情。

欧根·芬克逝世了，现在你应该已经读到这则消息了。

来自我们两个人的衷心问候。

马丁

尾声

167

马丁·海德格尔致汉斯·约纳斯

1975 年 12 月 6 日

与朋友圈一起沉痛哀悼。

马丁·海德格尔

168

马丁·海德格尔致汉斯·约纳斯

弗莱堡

1975 年 12 月 27 日

亲爱的约纳斯先生，

对于您关于汉娜·阿伦特的逝世和葬礼的详细书信，对于您适合于所有事件的悼词，我向您表示衷心的感谢。这是一次神佑的死亡。当然，从人的角度来算，它来得太早了。

您的书信使我第一次明白了汉娜曾经多么坚定和多么经常地是一个大大的、形态多样的圈子的中心。

现在它的半径在空转；除非——这是我们所有人都期盼的——通过离世的人的变样了的在场，它重新被充满。我唯一的愿望是：这能够在各种各样的程度上以一种刻不容缓的方式发生。

但是，除此之外，现在只能说少许的话了。——

在行将结束的这一年的八月，汉娜从马尔巴赫的德国文献档案馆过来探望我们，以便然后在提契诺完成她的苏格兰讲座，并且接下来为全部著述的出版做好准备。我以为这些事情会像被计划的那样发生，并等待着相应的消息。现在，所有被期待的事情显然都偏离了轨道。一个更高的天命起着支配作用，违逆人的计划。被留给我们的只有悲痛和思念。——

预想着您的同意，我想把您的书信和您的悼词寄给胡果·弗里德里希（Hugo Friedrich）去参阅。H. 弗里德里希属于汉娜在海

260

德堡学习期间的朋友圈子。——

我还特别地为如下的事情而感谢您：您把您我的马堡讲座的抄本提供给了全集使用。

致以带着感谢和怀念的问候

您的

马丁·海德格尔

附

录

文献 1 到 168 的注释

1

马丁·海德格尔,1925 年 2 月 10 日;原信,手写的,马尔巴赫德国文献档案馆中阿伦特的部分遗物

您成了我的学生而我成了您的老师:

1924/25 年冬季学期,汉娜·阿伦特开始在马堡大学学习哲学、(新教)神学和古典语文学,而马丁·海德格尔则从 1923/1924 年冬季学期开始一直在那里教授哲学。在 1923 年 6 月,他作为"以个人身份获得的"正教授①被任命为那里的哲学讲席副教授。

2

马丁·海德格尔,1925 年 2 月 21 日;原信,手写的,马尔巴赫德国文献档案馆中阿伦特的部分遗物

3

马丁·海德格尔,1925 年 2 月 27 日;原信,手写的,马尔巴赫德国文献档案馆中阿伦特的部分遗物

这封信很可能附有一张同样可以在马尔巴赫德国文献档案馆里阿伦特的部分遗物之中找到的手写便条(未标注日期,而且没有称呼和署名):请把你的信放在球体房中——球体胡同 2 号,直到 7 点钟。考试办公室女看门人旁边的、通往赤脚者大街的楼梯的入口处。

---

① 这个教席专为海德格尔而设,在他到来之前和在他离去之后,就不再设有这个教席了。——译者注

这本小书：

未知

我如此地期待着见到你的母亲：

马丁·海德格尔与汉娜·阿伦特的母亲玛莎·贝尔瓦尔德（丧偶的阿伦特，娘家姓科恩［1874－1948］）可能私下相识。但是，更确切的细节无法被找到。

4

马丁·海德格尔，1925年3月2日；原风景明信片"布莱斯劳的弗莱堡的君特斯塔尔村（Günterstal）"，所写收件人的姓名地址是：汉娜·阿伦特小姐，哲学大学生，东普鲁士/哥尼斯堡，布佐尔特大街（Busoltstr.）6号；没写寄件人；手写的，马尔巴赫德国档案馆中阿伦特的部分遗物

我们上去的路：

马丁·海德格尔在这张风景明信片上画出的那条路从君特斯塔尔通往绍因斯兰，即黑森林南部的一座山。夏天结束之后，马丁·海德格尔与学生们一起走完了这条路。在诺特施莱（Notschrei）山口过的夜。

264

胡塞尔：

埃德蒙德·胡塞尔（1859－1938），马丁·海德格尔的老师、父亲般的朋友和支持者，从1916年开始任弗莱堡大学哲学讲席教授。从1919年到1923年，海德格尔是他的助手。关于马丁·海德格尔与胡塞尔的关系史的一些细节，参见本书第17页以下、第19页、第59页、第69页、第117页以下。

5

马丁·海德格尔,1925 年 3 月 6 日;原明信片"托特瑙堡的冬季运动场(海拔 1021 米)",所写收件人的姓名地址与文献 4 一样;没写寄件人;手写的,马尔巴赫德国文献档案馆中阿伦特的部分遗物

从诺特施莱(参见前面的明信片)那里——在那里,马丁·海德格尔与他的妻子和大儿子约格(Jörg)相遇——旅程以滑雪或者步行的方式继续着。目的地是海德格尔一家位于托特瑙堡乡村的一个草场山上的小木屋,这小木屋以前(现在也是)只有经过牧场才能到达。埃尔弗丽德·海德格尔(娘家姓佩特里[Petri],1893 - 1992)在 1922 年让人建造了这间小木屋,并把它赠送给她的丈夫,他可以退回到那里去工作。"小木屋"随着马丁·海德格尔也变得出名了,参见佩策特(Petzet)《朝向一颗星》,第 201 页及以下。

6

马丁·海德格尔,1925 年 3 月 21 日;原信,手写的,马尔巴赫德国文献档案馆中阿伦特的部分遗物

利希藤斯泰因:

来自哥尼斯堡的海因茨·利希藤斯泰因已经在弗莱堡随私人讲师海德格尔进行学习。他成了精神病医生,参见下文第 232 页及以下。

胡塞尔之夜:

除了在信中所说的之外,关于海德格尔的马堡岁月里这方面的事情人们毫无所知;关于马丁·海德格尔作为弗莱堡私人讲师

的时期,参见《我进入现象学之路》第 87 页,以及西奥多·克兹尔(Theodore Kisiel)的《海德格尔的〈存在与时间〉的起源》,伯克利-洛杉矶-伦敦:加利福尼亚大学出版社,1993 年版,第 556 页(注释 265 13)。——也见马丁·海德格尔 1923/24 年冬季学期在他的第一次马堡讲座《现象学研究导论》中与胡塞尔思想的争论。

"年轻人":

指的是第一学期的学生,也见《海德格尔-雅斯贝尔斯通信集》第 50 页。

弗莱堡的那些学期:

1915 年,马丁·海德格尔在弗莱堡大学取得了大学授课资格,在那里埃德蒙德·胡塞尔 1916 年被任命为亨利希·李凯尔特(Heinrich Rickert)的继任者。从 1919 年到 1923 年,作为私人讲师和胡塞尔的助手,马丁·海德格尔——就如他自己所写的:"教课-学习"——主要研究胡塞尔和亚里士多德;参见海德格尔,"我进入现象学之路",第 86 页。——早期弗莱堡的讲座(1919 - 1923 年)已经在《海德格尔全集:完成版》中作为第 56/57 卷至第 63 卷出版了,还在准备之中的第 62 卷(《对亚里士多德关于本体论和逻辑学的论文的现象学选释》,1922 年夏季学期)除外①。

你们那里的冬天是否也迟到了? 或者你是否真的去了湖那边?:

1925 年 4 月摄于哥尼斯堡附近的劳申(Rauschen)的一张私人照片表明,汉娜·阿伦特显然是在一个温暖的、阳光明媚的日子里正与她的表兄恩斯特·弗斯特(Ernst Füst)、他未来的妻子凯特

---

① 改卷已于 2005 年出版。——译者注

（娘家姓雷文[Levin]）和两个朋友一起在户外。这张照片已在《汉娜·阿伦特："一个德国犹太女人的生活史……"》中被公开发表了，由老犹太教堂编辑，埃森：明文出版社（老犹太教堂研究系列第5卷），第97页。

拉赫尔与马尔维茨的亚历山大通信集：

1925年，在莱奥波德克劳茨（Leopold Klotz）出版社（哥达/斯图加特）以如下的标题出版：《拉赫尔与马尔维茨的亚历山大在他们的书信中：来自浪漫主义时代的一副图画》，由亨利希·迈斯纳（Heinrich Meisner）根据原文编辑。——后来，汉娜·阿伦特自己深入地研究了拉赫尔·法恩哈根（Rahel Varnhagen），并且她的书《拉赫尔·法恩哈根……》用一章（第151页及以下）讨论了拉赫尔与马尔维茨的亚历山大的友谊。

266

7

马丁·海德格尔，1925年3月24日；原信，手写的，马尔巴赫德国文献档案馆中阿伦特的部分遗物

我们的小心肝：

儿子约格。

8

马丁·海德格尔，[1925年]3月29日；原明信片"布莱斯劳的弗莱堡的明斯特"，所写收件人的姓名地址与文献4一样；没写寄件人；手写的，马尔巴赫德国文献档案馆中阿伦特的部分遗物

与胡塞尔在一起的日子令人失望，因为他非常劳累而且明显

地快速衰老了：

出生于 1859 年 4 月 8 日的胡塞尔很快就要 66 岁了，他终年 79
岁（逝世于 1938 年 4 月 27 日）。

9

马丁·海德格尔，1925 年 4 月 12 日；原信，手写的，马尔巴赫
德国文献档案馆中阿伦特的部分遗物

我已经搬进了隔壁的那间早先的会客室：

那个时候，海德格尔一家住在施瓦纳里（Schwanallee）21 号。

雅克比：

来自哥尼斯堡的保罗·雅克比（法学学生）。

枢密顾问官伯劳博士：

约翰内斯·伯劳（1861－1941），时任"弗里德里希阿努姆"
（Fridericianum）①的馆长，曾把马丁·海德格尔邀请到卡塞尔做讲
演（五个每次两小时的活动），作为由他建立的"黑森州艺术和科学
协会"的讲座计划的一部分。详细情况参见弗瑞特尤夫·罗迪
（Frithjof Rodi）编著的《狄尔泰年鉴》1986－1987 年第 4 卷，第 164
页及以下；此外还见罗迪编著的《狄尔泰年鉴》1992－1993 年第 8
卷，第 178 页及以下。

10

马丁·海德格尔，[1925 年]4 月 17 日；原信，手写的，马尔巴赫
德国文献档案馆中阿伦特的部分遗物——日期是用铅笔写的——

---

① 位于德国中部城市卡塞尔的一家博物馆。——译者注

布略科尔：

瓦尔特·布略科尔（Walter Bröcker,1902－1992），海德格尔的学生，而且在 30 年代是海德格尔的助手，1937 年在弗莱堡成了私人讲师，1940 年被聘任到了罗斯托克，从 1948 年直到 1970 年都在基尔大学教授哲学。他与妻子凯特·布略科尔-奥尔特曼斯（Käte Bröcke-Oltmanns）一起编辑出版了《海德格尔全集》第 61 卷。

11

汉娜·阿伦特，1925 年 4 月；原手稿，手写的和机打的，华盛顿特区国会图书馆中汉娜·阿伦特的文件

汉娜·阿伦特早期的自我反思（我们所知道的她唯一的一份这种类型的文献）被以两种形式保存着：手写的和机打的。作为本书之基础的、手写的那一份是被折叠过一次的纸张上的誊清稿（开本大约是 21×16 厘米），这些纸张配有一张由薄薄的蓝紫色手工纸做成的封面，被扎成了一本小册子。扉页上有手写的标题"阴影"。几乎可以被确定的是（见接下来的海德格尔的书信）：汉娜·阿伦特在 1925 年 4 月把这本小册子从哥尼斯堡带到了卡塞尔，并且在那里呈献给了马丁·海德格尔。至于它是如何又归她所有的，尚不知晓。

机打的文本——在它上面，"Schatten"被修改为"Die Schatten"①，而且在它的最后面还有由汉娜·阿伦特手写的"写给马丁·海德格尔"的提示——与手写的文本没有区别。只是包含在手写文本中的一个从句和两个段落的起头的缩进被删除了。

---

　① 即加了定冠词。——译者注

12

马丁·海德格尔,1925 年 4 月 24 日;原信,手写的,马尔巴赫德国文献档案馆中阿伦特的部分遗物

你把手稿带来了:

在马尔巴赫德国文献档案馆里阿伦特的部分遗物中,有一份十页的、手写的手稿"Ⅲ. 此在与时间性",它带有马丁·海德格尔手写的题词:"纪念 1925 年 4 月 20 日和 21 日"。同时现存的还有一份机打的复本。所以,如下的猜测是合理的:马丁·海德格尔在学期末把这份手稿移交给了汉娜·阿伦特,她在哥尼斯堡复制了它并把它带到了卡塞尔。"Ⅲ. 此在与时间性"被计划着在《海德格尔全集》第 64 卷中出版。[①] 也见第 290 页。

羞怯的、犹疑的喜爱之情(scheuen zurückhaltenden Zuneigung):

268

在《阴影》的手稿中,写有"scheue, zurückhaltenden Zuneigung",见第 21 页。

你的日记:

指的是手稿"阴影",见第 21 页及以下。

在"无稽的实验"中:

引自"阴影",见第 25 页。

你返回马堡:

1925 年夏季学期,汉娜·阿伦特听了马丁·海德格尔的讲座"时间概念史引论"(参见文献 14 的注释部分),并参加了为初学者举办的关于笛卡尔《沉思集》的练习课。

我将再次在 11 号教室做讲座:

---

① 该卷已于 2004 年出版。——译者注

11 号教室可能在老马堡大学。在这里,马丁·海德格尔讲授了 1924/1925 年冬季学期的课程"柏拉图:智者",而且也是在这里他第一次遇见了年轻的女学生汉娜·阿伦特。参见马丁·海德格尔 1950 年 5 月 4 日在信中所说(第 98 页):……当你可爱的照片[汉娜·阿伦特在 1950 年送给马丁·海德格尔的一张照片]径直看透我的内心的时候。你对此毫无所知:它和向讲台上的我投射的目光是**同一个目光**——啊,它过去是、现在是而且将来也是永恒,由远而近。

13

马丁·海德格尔,1925 年 5 月 1 日;原信,手写的,马尔巴赫德国文献档案馆中阿伦特的部分遗物

14

马丁·海德格尔,1925 年 5 月 8 日;原信,手写的,马尔巴赫德国文献档案馆中阿伦特的部分遗物

我所演讲的东西在秋天我还会打印:

在 1925 年夏季学期中,马丁·海德格尔——如他对雅斯贝尔斯所写的那样(《海德格尔-雅斯贝尔斯通信集》,第 50 页)——"每周四个小时,早上从 7 点到 8 点,讲授时间概念的历史",这个讲座在他死后才被公开发表:《时间概念史引论》。——马丁·海德格尔的声明("在秋天我还会打印")——回头来看——指的是《存在与时间》,它的第一批印张打印于 1926 年春。关于马丁·海德格尔 1927 年出版的这部代表作的复杂历史,参见西奥多·克兹尔的

《海德格尔的〈存在与时间〉的起源》（确切的出版信息见第 264 页以下）第 477 页及以下，和弗里德里希-威廉·冯·赫尔曼（Friedrich-Wilhelm von Herrmann）的《海德格尔的〈现象学的基本问题〉：论〈存在与时间〉的"第二部分"》，法兰克福/美茵：克劳斯特曼，1991 年版。

格奥尔格-诗：

斯特芬·格奥尔格的诗集，见下一封信。

15

马丁·海德格尔，1925 年 5 月 13 日；原信，手写的，马尔巴赫德国文献档案馆中阿伦特的部分遗物——没写称呼——

哦，我的日子对我来说是如此地美妙：

斯特芬·格奥尔格的诗"白昼歌"中的两行。参见斯特芬·格奥尔格的《生命之毯和梦与死之歌，带有一首序诗》第三版，柏林：邦迪，1904 年，第 87 页。

"现在我要做天使所吩咐的一切事情"：

出自格奥尔格的《生命之毯》的"序诗"（Ⅲ）中的一行。

韦茨拉尔的魔力：

海德格尔在这里指涉的是什么，不能被确定。

爱叫作我愿故你在：

也见第 27 页和第 59 页；此外，还见马丁·海德格尔 1928 年 1 月 11 日致伊丽莎白·布洛赫曼（Elisabeth Blochmann）的信，《海德格尔-布洛赫曼通信集》，第 23 页；以及马丁·海德格尔以"爱：我愿故你在"为题的"所思"，它被计划着在《海德格尔全集》第 81 卷

《所思》）中发表①。——这句引文伴随了汉娜·阿伦特终生；作为一个早先的证据，参见亨利希·布吕歇尔写给她的信（1946年7月16日，《阿伦特-布吕歇尔书信集》，第150页）；作为后来的一个证据，参见汉娜·阿伦特的《意志》第102页。她经常引用它，罗纳尔德·拜纳（Ronald Beiner）在他对汉娜·阿伦特的《判断》的评论的第195页上如是说。它也许也曾共同决定了博士论文题目（《奥古斯丁的爱的概念》的选择。编年史作者阿尔弗雷德·卡岑（Alfred Kazin）（《纽约犹太人》，伦敦：塞克和沃伯格，1978年版，第199页）声称：只是这一个句子就把阿伦特的兴趣引向了奥古斯丁。——根据奥古斯丁辞典（由科利内乌·迈耶尔［Cornelio Mayer］编辑的《奥古斯丁文集电子版［CAG］》）编辑部的信息，这句引文并没有逐字地在奥古斯丁的著作里出现过。按照意义，一个根源应该可以在奥古斯丁的《拉姆博特布道词》第27篇第3段中被找到："任何人如果爱某个东西，那么他是愿它存在，还是不愿意它存在呢？我的判断是，如果你爱你的儿子，那么你意愿他们存在。然而，如果你并不愿他们存在，那么你就不爱他们。因而，无论你爱的是什么，你都希望它存在。"《教父文献大全。拉丁语系列（米涅②）补充》，第二卷，巴黎：卡尼耶，1960年版，第832-834行、第833行。

"你的"诗：

可能是在本书附录中被刊载的汉娜·阿伦特的诗中的一些。

那舍勒：

可能是马克斯·舍勒（1874-1928）的一部著作。——关于舍

---

① 该卷已于2007年出版。——译者注

② 雅克·保罗·米涅（Jacques Paul Migne，1800—1875）是一位法国神父，他出版过廉价的、发行广泛的神学著作、百科全书和教父的文本，目的是为天主教神职人员提供一个大全图书馆。——译者注

勒对于马丁·海德格尔的哲学发展的意义,参见马丁·海德格尔的"我进入现象学之路",第85页;也参见马丁·海德格尔"纪念马克斯·舍勒",它属于1928年夏季学期的马堡讲座(《逻辑的形而上学基础》……《海德格尔全集》第26卷,第62－64页)的一部分。

16

马丁·海德格尔,1925年5月20日;原信,手写的,马尔巴赫德国文献档案馆中阿伦特的部分遗物**而不久你将徒步旅行到我心爱的群山这里来**:

在圣灵降临节期间,汉娜·阿伦特可能先是去了弗莱堡,然后接着去了因特拉肯①,见下一封信。

我的"逻辑学":

马丁·海德格尔:《逻辑学:关于真理的追问》。

17

马丁·海德格尔,[1925年5月21/22日];原便条,手写的,马尔巴赫德国文献档案馆中阿伦特的部分遗物

带有马丁·海德格尔手写的附注:*便条上面的部分被销毁了*;日期是根据"星期二,即26日"这一指示而被标注的。在1925年中,只有一个月(即5月)的26日是星期二。那一年的圣灵降临节适逢5月31日和6月1日。圣灵降临节期间,汉娜·阿伦特先是在弗莱堡,后来在因特拉肯,而马丁·海德格尔很可能待在马堡。

---

① 因特拉肯(Interlaken)是瑞士中部阿尔卑斯山的游览胜地。——译者注

写给胡塞尔的信：

这信（可能是推荐信）在胡塞尔、海德格尔和阿伦特的遗物中都找不到。

18

马丁·海德格尔，[1925 年]5 月 29 日；原信，手写的，马尔巴赫德国文献档案馆中阿伦特的部分遗物——带有汉娜·阿伦特手写的记录：1925 年 6 月 2 日在因特拉肯收到——

在长椅上再次相见：

也见刊载在附录中（第 364 页）的便条。

19

马丁·海德格尔，1925 年 6 月 14 日；原信，手写的，马尔巴赫德国文献档案馆中阿伦特的部分未遗物

你的日记：

指的是手稿"阴影"，参见上文第 21 页及以下、第 26 页以下。

20

马丁·海德格尔，1925 年 6 月 22 日；原信，手写的，马尔巴赫德国文献档案馆中阿伦特的部分遗物

21

马丁·海德格尔，1925 年 6 月 26 日；原信，手写的，马尔巴赫德国文献档案馆中阿伦特的部分遗物

22

马丁·海德格尔，1925 年 7 月 1 日；原信，手写的，马尔巴赫德
国文献档案馆中阿伦特的部分遗物

克莱辛：

极有可能是克拉拉·贝尔瓦尔德（Clara Beerwald，1900－
1931），汉娜·阿伦特的异父姐妹。她研究数学、化学和语言，而且
是一位出色的钢琴家。参见杨-布吕尔（Young-Bruehl）的《汉娜·
阿伦特》的第 70 页，此外参见本书的第 46 页。

23

马丁·海德格尔，1925 年 7 月 9 日；原信，手写的，马尔巴赫德
国文献档案馆中阿伦特的部分遗物

《魔山》：

托马斯·曼的小说《魔山》1924 年以两卷本的形式出版。

从我青年时代独一无二的朋友的书信中：

可能是来自马克多夫①的早逝的弗里茨·布鲁姆（Fritz Blum，
1891－1916）。像马丁·海德格尔一样，他也曾经是康斯坦茨的大
主教文科中学寄宿学校孔拉特屋（konradihaus）的住校学生。后
来，他学了医。也见比梅尔在其《马丁·海德格尔》的第 18 页上所
印制的两位朋友的照片。

我额头上的"角"：

一个疖。

---

① 马克多夫（Markdorf）是巴登-符腾堡州一个位于博登湖县（Bodenseekreis）
的城市，在博登湖的北面。——译者注

布尔特曼：

鲁道夫·布尔特曼(Rudolf Bultmann，1884－1976)，自1921年开始一直到荣休，他都是马堡大学的(新教)神学教授。在一起从事教学工作期间(马丁·海德格尔从1923年直到1928年都在马堡大学)，他们建立起了终生的友谊——在本书中布尔特曼的名字被提及的许多地方尤其证明了它。

24

马丁·海德格尔，[1925年]7月17日；原信，手写的，马尔巴赫德国文献档案馆中阿伦特的部分遗物

Graeca：

为了一起阅读荷马、希腊悲剧、品达和修昔底德，哲学家海德格尔和尼古拉·哈特曼(Nicolai Hartmann)、古典语文学家保罗·弗里德兰德(Paul Friedländer)、考古学家保罗·雅克布斯塔尔(Paul Jocabsthal)、教会历史学家汉斯·冯·佐登(Hans von Soden)建立了一个"Graeca"(希腊)团体。参见比梅尔：《马丁·海德格尔》，第33页。

25

马丁·海德格尔，1925年7月24日；原信，手写的，马尔巴赫德国文献档案馆中阿伦特的部分遗物

26

马丁·海德格尔，[1925年]7月31日；原信，手写的，马尔巴赫

德国文献档案馆中阿伦特的部分遗物

由于我星期一必须得参加一个该死的会议:

也许是一次有关聘任事宜的会议,这次会议也事关海德格尔

自己,见第 46 页。

27

马丁·海德格尔,1925 年 8 月 2 日;原信,手写的,马尔巴赫德

国文献档案馆中阿伦特的部分遗物

28

马丁·海德格尔,[1925 年]8 月 23 日;原信,手写的,马尔巴赫

德国文献档案馆中阿伦特的部分遗物

在这上面:

在托特瑙堡山中,见第 264 页;也见下一封信。

布尔特曼最近兴奋地给我写信:

此信遗失。

几天前略维特从慕尼黑给我写了信:

卡尔·略维特(Karl Löwith,1897 - 1973)曾是埃德蒙德·胡

塞尔和马丁·海德格尔的一个学生。关于他在慕尼黑获得博士学

位(1923 年)之前和之后的日子里的个人决定,参见他的"个人简

历"(1959 年),载卡尔·略维特:《1933 年前后我在德国的日子:一

份报道》(该书带有莱因哈特·科泽勒克[Reinhart Koselleck]的一

个前言和阿达·略维特[Ada Löwith]的一个评论),斯图加特:梅

茨勒,1986 年版,第 146 - 157 页、第 147 页以下。——在略维特

（1928 年于马堡大学）取得大学授课资格之后，他与马丁·海德格尔之间原本亲密的、直达私密的关系发生了根本性的变化；批评、失望和违逆越来越占上风。略维特在一系列出版物中分析和批判了马丁·海德格尔和他的哲学（后来被收集在他的《全集》第 8 卷中），而马丁·海德格尔，就如在这里被发表的书信中的一封那样（见第 134 页），更愿私下地表达他的批评。1936 年，两个人在罗马见了战前的最后一面（卡尔·略维特：《我在德国的日子》，第 56 页以下；也见下文第 283 页）。——1952 年，略维特结束流亡（日本、美国）回到德国，成了海德堡大学的哲学讲席教授。这位先前的学生和他的老师花了些时间私下里再次相见。在海德堡科学院借马丁·海德格尔八十岁生日之机于 1969 年 6 月举办学术研讨会的时候，如下的事实就成了众所周知的了：一种和解已经到来了。在那里，略维特做了一个演讲，并利用这个机会详细地表述了他与海德格尔之间私人的和精神上的关系，而且还借助了出自他们的通信的引文（卡尔·略维特：“人的自然和自然的世界”，载《马丁·海德格尔的问题》[参见海德格尔的作品索引，第 422 页]，第 36－49 页；被重印于卡尔·略维特的《全集》第 8 卷，斯图加特：梅茨勒，1984年版，第 276－289 页；也参见 1998 年 1 月 30 日的《法兰克福汇报》上约瑟夫·梅勒（Josef Meller）的读者来信[“儿子论父亲”]）。

274　**布尔特曼的研讨班：**

布尔特曼 1925/26 年冬季学期的研讨班预告的题目是“新约全书研讨班（保罗的人类学）”。——海德格尔所指出的那些著作的完整书目信息是：赫尔曼·吕德曼，《使徒保罗的人类学及其在他的救世说中的位置，依据四封重要的书信所展示的东西》，基尔：大学书店，1872 年版；理查德·卡比施，《与保罗主义的全部概念相关的保罗末世论》,哥廷根:范登赫克和如普莱西特,1893 年版;威廉·布塞特,《新经时代中的犹太教》,第二版,柏林:卢瑟和赖夏德,1906 年。——显然,马丁·海德格尔自己间或参加布尔特曼的这个研讨班。见第 52 页。

我在其上位列第一的名单:

马堡大学为了尼古拉·哈特曼(前任是保罗·那托普)的继任者而开列的聘任名单,是 1925 年 8 月 5 日被准备好的;也见第 43 页。——但是,海德格尔是基于一份后来的名单而被聘任的,并且最终在 1927 年 10 月 19 日被任命为马堡大学首席哲学讲席教授。关于聘任过程的细节,参见《海德格尔-雅斯贝尔斯通信集》,第 56 页及以下;此外,参见奥特(Ott):《马丁·海德格尔》,第 124 页及以下。

我会让她为我间或演奏一曲:

克拉拉·贝尔瓦尔德是一位出色的钢琴家。

我的家乡:

前往麦斯基尔希,母亲(约翰娜·海德格尔[Johanna Heidegger],娘家姓凯姆夫[Kempf])和小弟弟弗里茨(1894－1980)——他在 1925 年 10 月 15 日成婚(参见《海德格尔-雅斯贝尔斯通信集》,第 54 页)——生活在那里。

29

马丁·海德格尔,1925 年 9 月 14 日;原信,手写的,马尔巴赫德国文献档案馆中阿伦特的部分遗物

我已经以大量的精力找到了进入我的工作的路径:

在托特瑙堡山中,马丁·海德格尔致力于 1927 年 4 月底以《存

在与时间》为题发表的手稿。根据冯·海尔曼·海德格尔（生于1920年）打听到的情况，他的父亲为了不受打扰地进行工作，在小木屋下面的一位农夫那里租用了一间设施简单的房子。也见马

丁·海德格尔1925年9月23日写给卡尔·雅斯贝尔斯的书信（《海德格尔-雅斯贝尔斯通信集》，第26页），以及萨弗兰斯基（Safranski）的《来自德国的大师》，第173页。

我收到了胡塞尔寄来的一封长信：

此信遗失。

接下来的十天去海德堡探访雅斯贝尔斯：

这次对卡尔·雅斯贝尔斯（1883 1969）——自从1920年以来，任海德堡大学哲学教授（自1922年起，任讲席教授）——的探访，被马丁·海德格尔推迟和缩短了，见第50页；关于其他的探访，见本书第59页、第64页以下。1933年之后，两人没有再见过面。——马丁·海德格尔与卡尔·雅斯贝尔斯之间精神性的和私人性的复杂关系，被记录在现在公开发表的通信集（确切的出版信息在略语表中，第406页）以及雅斯贝尔斯死后出版的两本文献里面：卡尔·雅斯贝尔斯，《哲学自传》，扩展版，慕尼黑：派珀（派珀系列，第150卷），1977年版，章节："海德格尔"（第92－111页）；卡尔·雅斯贝尔斯，《关于马丁·海德格尔的札记》，汉斯·塞纳编辑，慕尼黑-苏黎世：派珀，1978年版。也见本书中许多与雅斯贝尔斯相关的地方，它们同时也证明了汉娜·阿伦特在这场失败的友谊中所扮演的"第三者"的角色，第110页。

古力特：

音乐学家维利巴尔德·古力特（Willibald Gurlitt，1889－1963）自从1919年起就在弗莱堡大学任教，1920年他建立了一个音乐学

研讨班,在古老音乐于历史性乐器上复兴的过程中,他起到了开创性的作用。关于他在弗莱堡大学的命运,参见埃克哈德·约翰(Eckhard John)的《德国音乐中的德国人神话:音乐学与国家社会主义》,载《国家社会主义时期的弗莱堡大学》,由埃克哈德·约翰等人编辑,弗莱堡-沃尔茨堡:普勒茨,1991 年版,第 163 - 190 页,尤其是第 168 页以下。

黑格尔研讨班:

见第 276 页。

30

马丁·海德格尔,1925 年 10 月 7 日;原明信片"布莱斯劳的弗莱堡的明斯特",所写的收件人的姓名地址是:汉娜·阿伦特小姐,哲学大学生,哥尼斯堡(东普鲁士),布佐尔特大街 6 号,盖有布雷斯劳的弗莱堡 1925 年 10 月 8 日的邮戳;没写寄件人;手写的,马尔巴赫德国文献档案馆中阿伦特的部分遗物

31

276

马丁·海德格尔,1925 年 10 月 18 日;原信,手写的,马尔巴赫德国文献档案馆中阿伦特的部分遗物

我将于 11 月 2 日开始讲座——初级研讨班同一天进行,而星期二,即 3 日,是高级研讨班的预先讨论:

讲座的题目是:《逻辑学:关于真理的追问》。研讨班被预告的题目是"高级现象学练习课";它应当会讨论黑格尔的《逻辑学》的第一卷。在"初级研讨班"中,康德的《纯粹理性批判》被列入了计

划之中。汉娜·阿伦特参加了所有的活动。——也见上文第48页。

可惜，在雅斯贝尔斯这里我也只能短暂停留：

马丁·海德格尔在 10 月 17 日去了海德堡（《海德格尔-雅斯贝尔斯通信集》，第 55 页以下），也见下一封信。

G.施特恩论周围世界—情境—阻抗：

找不到君特·施特恩发表的相应的文献；但是参见他的论文集《论有：知识存在论七章》，波恩：科恩，1928 年版；此外，可回顾他与马蒂亚斯·格雷弗拉特（Mathias Greffrath）（1979 年）就马丁·海德格尔那个时候对他的影响和他们在 20 年代的私下相遇而进行的访谈，载《君特·安德斯的回应：访谈和说明》，由埃尔克·舒伯特（Elke Schubert）编辑，柏林：迪亚马特，1987 年版，第 22 页及以下。——君特·施特恩（1902－1992）在胡塞尔那里获得博士学位，此后继续从事科学研究（其中还包括在海德格尔那里听课）以便获得大学授课资格。在美茵河畔的法兰克福大学获取大学授课资格的申请被拒之后，他成了《柏林交易所信使报》的副刊的编辑。从那以后，他大多数情况下以君特·安德斯为名发表东西。1933年，施特恩-安德斯移居法国（巴黎），然后（1936 年）移居美国。1950 年，他返回欧洲，在维也纳作为自由作家生活和工作，直到逝世。——1929 年，君特·施特恩和汉娜·阿伦特结婚（见第 66页），对双方来讲这都是第一段婚姻——显然，从汉娜·阿伦特这边看来，这不是一次恋爱婚姻（见第 77 页）。几年之后，他们便分道扬镳了。1937 年（当时汉娜·阿伦特还在巴黎，君特·施特恩已经在美国）他们离婚了，但是终生都保持着联系。——1948 年，施特恩-安德斯发表了一篇文章，原则性地批判了马丁·海德格尔的思想:"论海德格尔哲学的虚假具体性"(载《哲学与现象学研究》第八卷,1947 - 1948 年,第 3 期,第 337 - 370 页)。

约纳斯:

像汉娜·阿伦特一样,汉斯·约纳斯(1903 - 1993)当时也在马堡学习。他 1928 年在海德格尔和布尔特曼的指导下获得博士学位。他早就开始赞成犹太复国主义,最初是在学生社团 KJV(犹太社团卡特尔)中。1933 年,他流亡到巴勒斯坦,在 1940 年作为志愿者报名参加了犹太旅集群(Jewish Brigade Group),在第二次世界大战中参加了战斗,然后"穿着获胜者的军装"回到了德国。在 1948/1949 年的第一次以色列-阿拉伯战争中,他曾任炮兵军官。在服役期之后,他重新开始了他的教学活动,首先是在加拿大。后来,从 1955 年直到荣休,他都在社会研究新学院(1967 年,汉娜·阿伦特被聘任到那里)教授哲学。约纳斯和汉娜·阿伦特保持了一份终生的友谊,但这友谊曾经历过一次断裂,即约纳斯由于《耶路撒冷的艾希曼》这本书而与她之间的嫌隙。——约纳斯与海德格尔的关系始终充满张力——虽然有一次和解性的相见(见第 178 页)和多次的书信联系(见第 259 页以下)。

我的夏季讲座:

时间概念史引论。

我简短地回复他说:

被提及的这些书信在马尔巴赫德国文献档案馆里海德格尔的遗物和施特恩-安德斯的遗物(根据遗产保管人格哈德·欧博施里克[Gerhard Oberschlick]的信息)中都找不到。

最近,我收到了布尔特曼的一封长信:

此信可能已经遗失。

32

马丁·海德格尔,1925 年 11 月 5 日;原信,手写的,马尔巴赫德国文献档案馆中阿伦特的部分遗物

33

马丁·海德格尔,1925 年 12 月 10 日;原信,手写的,马尔巴赫德国文献档案馆中阿伦特的部分遗物

34

马丁·海德格尔,1926 年 1 月 9 日;原信,手写的,马尔巴赫德国文献档案馆中阿伦特的部分遗物

35

马丁·海德格尔,1926 年 1 月 10 日;原信,手写的,马尔巴赫德国文献档案馆中阿伦特的部分遗物

你的决定:

当 1926 年 1 月 10 日汉娜·阿伦特和马丁·海德格尔再次私下相遇的时候,汉娜·阿伦特显然已经在一封现已遗失的信中并且可能然后也口头告知了他:她想中断她在马堡的学习。从 1926 年夏季学期开始,她在海德堡随雅斯贝尔斯继续学习。为了听胡塞尔的课(关于此事,也见下一封信),她曾在弗莱堡度过了一个学期,即 1926/1927 年的冬季学期。

36

马丁·海德格尔,1926 年 7 月 29 日;原信,手写的,马尔巴赫德国文献档案馆中阿伦特的部分遗物

J.：

也许指涉的是汉斯·约纳斯,见下一封信,在其中马丁·海德格尔使用了缩写"Jo."。但是,它指的也可能是哥尼斯堡人保罗·雅克比,因为文本中的缩略语还没有被猜解出来。

你的地址：

在海德堡,汉娜·阿伦特自 1926 年夏季学期开始在那里进行学习。

我的书正在付印中：

海德格尔的《存在与时间(第一部)》在 1927 年 4 月底作为由胡塞尔和舍勒编辑的《哲学和现象学研究年鉴》的第 8 卷出版;在 1927 年也作为单行本出版。

我会从恩加丁给你往哥尼斯堡写信：

由于相应的信件并不存在,所以如下的假设是有道理的:马丁·海德格尔和汉娜·阿伦特 1926 年 8 月在威恩海姆、曼海姆或者海德堡见了面。

37

马丁·海德格尔,1927 年 12 月 7 日;原信,手写的,马尔巴赫德国文献档案馆中阿伦特的部分遗物

我愿故你在！：

见第 31 页和注释部分第 269 页以下。

读一下我……写给你的关于"阴影"的书信：

如果一封相应的信件没有被遗失的话，这句话所指涉的或者是 1925 年 4 月 24 日的书信，或者是 1925 年 5 月 1 日的书信，见第 26 页及以下。

与胡塞尔一起进行的一项重要工作：

1927 年夏天和秋天，胡塞尔都在为《大不列颠百科全书》的"现象学"词条而进行工作，海德格尔一同帮忙。关于他们的合作，参见《胡塞尔全集》第 9 卷，第 600 - 603 页；也见瓦尔特·比梅尔的"胡塞尔的大不列颠百科全书词条和海德格尔对它的评论"，载《哲学杂志》1950 年第 12 期，第 246 - 280 页。

我才[前往海德堡]去雅斯贝尔斯那里待了几天：

见《海德格尔-雅斯贝尔斯通信集》，第 82 页以下。

你订婚了：

本诺·冯·维泽（Benno von Wiese，1903 - 1987），当时是海德堡的日耳曼学和哲学专业学生，在他的回忆录中报道了他与汉娜·阿伦特的"关系"，而且也提到：雅斯贝尔斯期盼着一件婚姻的到来，参见本诺·冯·维泽：《我讲述我的生平：回忆》，美茵河畔的法兰克福：因泽尔，1982 年版，第 89 页以下。——可能汉娜·阿伦特在马丁·海德格尔在此予以回复的那封信中讲述了她与冯·维泽的关系。

38

马丁·海德格尔，1928 年 2 月 8 日；原信，手写的，马尔巴赫德国文献档案馆中阿伦特的部分遗物

39

马丁·海德格尔，1928 年 2 月 19 日；原信，手写的，马尔巴赫德国文献档案馆中阿伦特的部分遗物

在其中的一张[照片]上，你把你的头平放在手上：

它可能是由伊丽莎白·杨-布吕尔首次公开发表的 20 年代的照片（见杨-布吕尔：《汉娜·阿伦特》，第 368 页以后的照片部分[在那个地方的第 4 页上]，这张照片在本书中作为插图 2 被刊登了。

雅斯贝尔斯已经邀请我四月去拜访他：

1928 年 4 月，马丁·海德格尔在雅斯贝尔斯那里待了几天，见第 65 页和《海德格尔-雅斯贝尔斯通信集》第 93 页。在这次海德堡拜访的过程中，马丁·海德格尔和汉娜·阿伦特又见了面，见第 281 页。

我已经被弗莱堡的系里一致推荐担任唯一的职位：

280

马丁·海德格尔在 1928 年 2 月 25 日获得了哲学教席的任命（埃德蒙德·胡塞尔的继任者）（参见《海德格尔-雅斯贝尔斯通信集》，第 90 页），并在同年的 4 月 1 日接受了任命（见下一封信）。1928/1929 年冬季学期，他开始授课。也见第 297 页以下。

就九月来说，我已经被邀请到里加的赫尔德大学做演讲了……也许在归途中我可以拜访你和你可爱的母亲：

这些演讲与他的书《康德与形而上学疑难》有关。1929 年，马丁·海德格尔在第一版前言（《海德格尔全集》第 3 卷，第 16 页）中写道："接下来的阐释的主要部分曾在 1927/28 年冬季学期的一个四小时的讲座中被宣讲过，而且后来多次在演讲和系列演讲中（1928 年 9 月在里加的赫尔德学院和同年 3 月份在达沃斯高等学校）被宣讲过。"——关于这次（他与他的妻子一起）前往里加和哥

尼斯堡的旅行,马丁·海德格尔在 1928 年 10 月 17 日的信中给他的女性朋友伊丽莎白·布洛赫曼做了报道。他在哥尼斯堡是否见过汉娜·阿伦特,不得而知。——伊丽莎白·布洛赫曼(1892 - 1972)是埃尔弗丽德·海德格尔青年时代的一位朋友,而且自从她的大学时代开始也与马丁·海德格尔结为了朋友。现存的书信已经被出版了:《海德格尔-布洛赫曼通信集》(确切的出版信息在略语表中,第 406 页);上面提及的旅行描述在那里的第 27 页上。

40

马丁·海德格尔,1928 年 4 月 2 日;原信,手写的,马尔巴赫德国文献档案馆中阿伦特的部分遗物

但是,10 月 1 日我才会迁居:

埃尔弗丽德·海德格尔操办了这次向弗莱堡-查林根罗特布克(Rötebuck)47 号的新建房子的迁居,见《海德格尔-布洛赫曼通信集》第 27 页。海德格尔一家生活在罗特布克,一直到他们 1971 年迁居到菲力巴赫(Fillibach)25 号的养老地,见第 220 页、第 222 页以下。

在从柏林——在那里,3 月 28 日我就进行了协商——回来的途中:

指的是在获得了弗莱堡的任命之后的协商。当时,柏林的普鲁士文化部是主管部门。

281　　**最近,我曾在这种情绪中穿过海德堡:**

显然,在他在柏林就任命而进行协商之前,马丁·海德格尔同雅斯贝尔斯进行了商量,见《海德格尔-雅斯贝尔斯通信集》第 92 页以下。

41

马丁·海德格尔,[1928 年]4 月 18 日;原信,手写的,马尔巴赫德国文献档案馆中阿伦特的部分遗物

因为要在弗莱堡购买一块地产:

与奥特所说相反(《马丁·海德格尔》,第 127 页),这块地产不是在接受任命之前,而是在此之后被购买的。也见海尔曼·海德格尔,载《海德格尔研究》1997 年第 13 卷,第 184 页。

会议(继任者!):

在海德堡大学随雅斯贝尔斯获得大学授课资格的埃里希·弗兰克(Erich Frank,1883－1949)被提名为海德格尔在马堡的教席的继任者。1935 年,弗兰克失去了他的教席,并在 1939 年流亡到美国,在那里他最后在宾夕法尼亚大学任教。他在返回欧洲的途中逝世于阿姆斯特丹,见《海德格尔-雅斯贝尔斯通信集》第 172 页及以下和第 233 页。

42

汉娜·阿伦特,1928 年 4 月 22 日;书信草稿,手写的,马尔巴赫德国文献档案馆中阿伦特的部分遗物——没写称呼,但是有署名"H."——

你现在不来了:

这句话关乎第二次或者第三次相逢。在 4 月 18 日和 22 日之间,汉娜·阿伦特和马丁·海德格尔至少见过一次面,见上一封和下一封信,此外见第 293 页以下。

"而且,如果有上帝/那么,死后我会更好地爱你":

"……而且，假使是上帝的意旨／那么，我死了我还要更加爱你"出自伊丽莎白·巴蕾特·布朗宁①的《西班牙人十四行诗集》的第43首之诗句。见伊丽莎白·巴蕾特·布朗宁由赖讷·玛利亚·里尔克（Rainer Maria Rilke）从英文翻译成德文的、带有伊丽莎白·基德伦（Elisabeth Kiderlen）的一个后记的《西班牙人十四行诗集》，莱比锡：因泽尔，1991年版，第90页以下。里尔克的译文如下："……我愿（！）更好地爱你……"——后来，在其《思想日记》的一个长长的条目（1953年5月）中，汉娜·阿伦特在其爱的"无世界性"观念的意义上解释了这个引文。

43

汉娜·阿伦特，没写日期[1929年]；书信草稿，手写的，马尔巴赫德国文献档案馆中阿伦特的部分遗物

关于日期标注：1929年9月26日，汉娜·阿伦特同君特·施特恩在柏林附近的诺瓦维斯（新巴贝尔斯贝格）结婚。她1925年在海德格尔的马堡研讨班上与他结识，并在1929年初在柏林再次相遇。如果"今天"指的是字面义的话，那么汉娜·阿伦特是在结婚的那天写下这份草稿的。

在一个人那里……从这个人那里你也许最不能理解它：

此处参见马丁·海德格尔1925年10月18日的书信，上文第50页以下。

---

① 伊丽莎白·巴蕾特·布朗宁（Elisabeth Barrett Browning，1806－1861）又称勃朗宁夫人或白朗宁夫人，是英国维多利亚时代最受人尊敬的诗人之一。她的作品涉及广泛的议题和思想，对艾米莉·狄金森，爱伦·坡等人都有影响。——译者注

44

汉娜·阿伦特,没写日期[1930 年 9 月];书信草稿,手写的,马尔巴赫德国文献档案馆中阿伦特的部分遗物

"9 月 30 日"这个日期被写在书信草稿的末尾,可能是汉娜·阿伦特在后来的某个时候添加上去的。站台场景发生于何处和出于什么样的原因,使得马丁·海德格尔与君特·施特恩一起出行,不得而知。[①] 施特恩-安德斯夫妇那时生活在美茵河畔的法兰克福。9 月底,马丁·海德格尔计划了一次以科隆、马堡、哥廷根、不莱梅为目的地的旅行(见《海德格尔-布洛赫曼通信集》,第 88 页)。

45

马丁·海德格尔,没写日期[1932/33 年冬];原信,手写的,马尔巴赫德国文献档案馆中阿伦特的部分遗物

这个冬季学期我已经被准许休假了:

说的是 1932/1933 年冬季学期,起初马丁·海德格尔在小木屋过假期,期望着"直到接下来的夏天能够完全集中精力进行工作",见马丁·海德格尔 1932 年 9 月 18 日致伊丽莎白·布洛赫曼的信(《海德格尔-布洛赫曼通信集》,第 54 页)。从 1933 年 1 月开始,他显然主要逗留在弗莱堡,同样参见致布洛赫曼的一封信(写于 1933 年 1 月 19 日;同上,第 57 页)。关于这个"休假学期"——大学校长的时期(1933 年到 1934 年)紧接着它——也见《海德格尔-雅斯贝尔斯通信集》,第 149 页及以下。

---

① 可参见卡特琳·克莱芒的小说《马丁与汉娜》(何劲译,北京:东方出版社,2002 年版,第 128–129 页)的描写。——译者注

应急联合会的两个领取奖学金的人：

指的是德国科学应急联合会，它是德国研究联合会的前身。谁是那两个领取奖学金的人，不得而知。——1930 年，汉娜·阿伦特获得应急联合会的奖学金以从事对拉赫尔·法恩哈根的研究。主管人是雅斯贝尔斯，马丁·海德格尔写了一份鉴定，参见《海德格尔-雅斯贝尔斯通信集》第 122 页以下，以及《阿伦特-雅斯贝尔斯通信集》第 41 页及以下、第 48 页。

赴罗马的奖学金：

指的是卡尔·略维特从洛克菲勒基金会获得的那份奖学金。1934 年春天，他离开德国，并一直生活在罗马直到 1936 年，见他的自传性记录《我在德国的日子》（确切的出版信息，见第 273 页），第 78 页。

在大学问题方面……反犹太主义者：

关于海德格尔的反犹太主义，参见卡尔·雅斯贝尔斯 1945 年 12 月 22 日对马丁·海德格尔的鉴定，载于《海德格尔-雅斯贝尔斯通信集》第 270－273 页，以及 270 页以下；此外，参见贝尔恩德·马丁（Bernd Martin）的一篇概述性的文章"变革中的大学：海德格尔 1933/1934 年的大学校长职位"，载《国家社会主义时代的弗莱堡大学》（确切的标题见第 275 页），第 9－24 页、第 16 页以下；奥特的《马丁·海德格尔》第 351 页以下和萨弗兰斯基的《来自德国的大师》第 297 页及以下。——最近关于德国大学的反犹太主义的概况性文献是：诺特克尔·哈默施泰因（Notker Hammerstein），《反犹太主义和德国的大学 1871－1933》，美茵河畔的法兰克福：卡姆普斯，1995 年版。

在马堡时，由于这种反犹太主义，我甚至获得了雅各布斯塔尔

和弗里德兰德尔的支持：

雅各布斯塔尔和弗里德兰德尔，是两个 Graeca 同事，是犹太人。考古学家保罗·雅各布斯塔尔（Paul Jacobsthal，1880－1957）自 1912 年起任教于马堡，1935 年被迫退休，并流亡到英国，在那里他被提供了牛津基督教会学院的一个职位。——保罗·弗里德兰德尔（Paul Friedländer，1882－1968），自 1920 年起，是马堡的古典语言学家，同样在 1935 年被迫退休。最初，他留在了德国，1938 年被逮捕（萨克森豪森集中营），1939 年流亡到美国。在洛杉矶的加利福尼亚大学，他找到了一个新的工作场所。

米施、卡西尔：

格奥尔格·米施（Georg Misch，1878－1965）当时是马丁·海德格尔在哥廷根大学的同仁，恩斯特·卡西尔（1874－1945）是海德格尔在汉堡大学的同仁。卡西尔在 1933 年离开德国，自 1941 年起生活在美国，米施在 1939 年去了大不列颠。

284

46

马丁·海德格尔，1950 年 2 月 7 日；原信，手写的，马尔巴赫德国文献档案馆中阿伦特的部分遗物

你的信今天中午才到：

显然，汉娜·阿伦特已经自发地决定要把她在弗莱堡的消息告诉马丁·海德格尔了，见第 76 页。她可能在 2 月 6 日星期一，从巴塞尔抵达了弗莱堡。她的来访与她作为犹太文化重建的"执行主任"的工作有关，这项工作在 1949 年 11 月把她在战后第一次引领到了欧洲。她的任务——它要求在德国和其他欧洲国家做漫长的旅行——在于重新找到被国家社会主义者偷窃和抢走的犹太文

化财产(尤其是图书馆的库存),并为它们开列清单。在德国,她乘坐公共交通工具和美国军政府的车辆纵横交叉地在新建立的联邦共和国(包括柏林)中穿行,主要的驻地是美国占领区的威斯巴登。

47

马丁·海德格尔,1950年2月8日;原信,手写的,马尔巴赫德国文献档案馆中阿伦特的部分遗物

48

汉娜·阿伦特,1950年2月9日;书信草稿,机打的,马尔巴赫德国文献档案馆中阿伦特的部分遗物——有手写署名,但没有称呼——

弗里德里希:

胡果·弗里德里希(Hugo Friedrich,1904－1978),自1937年起,任弗莱堡大学罗曼语语言学教授。汉娜·阿伦特在他们一起在海德堡学习的时候认识了他。

我已经在[前往查林根的途中]车里读了那封信:

可能是马丁·海德格尔2月7日(文献46)的书信,这封信在8日的上午才被当面递交给汉娜·阿伦特。

赫拉克利特:

在马尔巴赫德国文献档案馆里阿伦特的部分遗物中,有马丁·海德格尔1943年夏季学期题为"西方思想的开端(赫拉克利特)"的讲座的一份复写手稿,还有同样也是复写的"西方思想的开端的重演:赫拉克利特",见《赫拉克利特》(《海德格尔全集》第55

285

374

卷）。

我对于 polla ta deina 感到极为高兴——它是完全成功的：

πολλά τά δεινà 是索福克里斯的《安提戈涅》的第二幕中著名合唱的开场白。马丁·海德格尔可能把他自己的德文译文给予了汉娜·阿伦特。根据海德格尔的说法，第一份译文是在 1935 年夏季学期借讲座《形而上学导论》之机而产生的（《海德格尔-雅斯贝尔斯通信集》第 158 页及以下），以"索福克里斯的安提戈涅的合唱曲"为题发表的第二份译文标注的日期是 1943 年。它们的起始诗句分别是："各种各样的阴森可怖者统治着/而无阴森可怖如人者"（《海德格尔-雅斯贝尔斯通信集》，第 158 页）；"阴森可怖者各种各样，但是没有什么/超出人的界限之外比人更加阴森可怖"（《海德格尔全集》第 40 卷，第 155 页和《海德格尔全集》第 13 卷，第 35 页）。汉娜·阿伦特读了最后被提及的这个版本。

撕下来了的几页：

可能是汉娜·阿伦特的文章"组织化的罪恶"，见第 81、286 页。

49

汉娜·阿伦特致埃尔弗丽德·海德格尔，1950 年 2 月 10 日；书信副本，机打的（手写的署名），马尔巴赫德国文献档案馆中阿伦特的部遗物

当我认识我现在的丈夫的时候：

1936 年春天，汉娜·阿伦特在巴黎流亡期间结识了他的第二任丈夫亨利希·布吕歇尔（1899－1970），并在 1940 年 1 月结婚，这段婚姻一直持续到布吕歇尔 1970 年 10 月逝世（参见劳特·克勒

[Lotte Köhler]为《阿伦特-布吕歇尔通信集》写的"导论")。汉娜·阿伦特1929年与君特·施特恩(安德斯)的不公开的婚姻在1937年瓦解了。

50

马丁·海德格尔,[1950年2月];五首诗,手写的,马尔巴赫德国文献档案馆中阿伦特的部分遗物

在马尔巴赫德国文献档案馆里阿伦特的部分遗物中,本书中刊载的五首诗在手写的单张纸片(德国工业标准-A5)上可以找得到。此外,还有(可能是汉娜·阿伦特制作的)复本,每个上面都标注着"1950年2月"的日期。马丁·海德格尔把这五首诗(大概是作为单件,而不是作为一捆)或是附在了他的书信中,或是在汉娜·阿伦特1950年3月第二次四天的(或者也许是短暂的第三次[路过-])探访过程中,亲自递交给她的。

与2月书信的关系是可以看得出来的(马丁·海德格尔论"陡然",汉娜·阿伦特论"来自异乡的女孩")。"陡然地,罕有地,存有(Seyn)向我们闪闪发光……"这句双行诗,后来被汉娜·阿伦特在她的《思想日记》(记在日期"1951年9月"之下)中相关于出自《快乐的科学》的一个尼采引文加以了援引和评论。她写道,"真理能够是'罕有的'、'陡然的',就如'闪电'一样。这里有尼采与海德格尔之间真正的关联。"

"死亡"这首诗是马丁·海德格尔为阿伦特1950年6月死于癌症的朋友希尔德·弗兰克尔(Hilde Fränkel)写的。希尔德·弗兰克尔在1950年4月2日的信中道了谢:"亲爱的海德格尔教授:您的诗给我留下了不同寻常的深刻印象。汉娜又在这里了,这很美

好,虽然我知道这要付出什么样的代价。她是这个世界上存在着的少数人中的一个。人们在最后的日子里思念的只有他们。对我来说,她简直就是一切。女友的女友。"(来源:华盛顿特区国会图书馆中汉娜·阿伦特的文件,第 9 盒,文件夹:"希尔德·弗兰克尔,1949－1950 年而且未被标注日期"。也见第 96 页。——二十年后,汉娜·阿伦特会使马丁·海德格尔回想起这首诗,见第 205 页以下。

51

马丁·海德格尔,1950 年 2 月 15 日;原信,手写的,马尔巴赫德国文献档案馆中阿伦特的部分遗物

heoraken hora:

德文:他已经看到——他在看。

1944 年的文章:

指的可能是汉娜·阿伦特的文章"组织化的罪恶"。虽然它在 1946 年才被发表,但是根据《变换》(*Die Wandlung*)的编辑的报告,它在 1944 年 11 月就被撰写了。

在 3 月 4 日之前,或者在 5 日之后就更好了,你不能增加一两天吗?:

汉娜·阿伦特从 3 月 2 日到 6 日第二次现身马堡——显然只是为了再次见到海德格尔,见她致希尔德·弗兰克尔的信(写于 3 月 2 日［从威斯巴登］和 3 月 7 日［从纽伦堡］,来源:华盛顿特区国会图书馆中汉娜·阿伦特的文件,同上),此外见马丁·海德格尔 1950 年 5 月 4 日的信,第 98 页。——在从威斯巴登前往巴塞尔——在那里,他于 3 月 11－12 日再次拜访了雅斯贝尔斯——的

287

途中,她也许在弗莱堡做了第三次停留。3月13日,她动身前往巴黎,以便15日在瑟堡①乘船前往纽约,并结束她在欧洲将近四个月的暂时居留。马丁·海德格尔发往海外的第一批信件标注的日期是3月10－11日。——第二次弗莱堡探访尤其重要,因为马丁·海德格尔在此之后立即给卡尔·雅斯贝尔斯写了(归因于汉娜·阿伦特的斡旋)"认罪书";此事参见《海德格尔－雅斯贝尔斯通信集》第196页以下,《阿伦特－布吕歇尔通信集》第225页,《阿伦特－雅斯贝尔斯通信集》第198和204页。

52

马丁·海德格尔,1950年2月27日;原信,手写的,马尔巴赫德国文献档案馆中阿伦特的部分遗物

在你返回回时:

前往威斯巴登,见第284页。

最亲爱的女朋友:

身患癌症的希尔德·弗兰克尔,见第80、286以及96页。

53

马丁·海德格尔,1950年3月10日;四页(德国工业标准-A5,航空邮件纸张),手写的,马尔巴赫德国文献档案馆中阿伦特的部分遗物

引自小说《石灰石》,阿达尔伯特·斯蒂夫特(Adalbert Stifter)在1847年以《贫穷的施主》为题首次公开出版了这部小说,后来又

---

① 瑟堡(Cherbourg)是法国西北部一港市。——译者注

把它收入了他的文集《五彩石》当中。引文中的方括号出自马丁·海德格尔。——关于斯蒂夫特对马丁·海德格尔的精神发展的意义,参见他在被海德堡科学院接纳时的讲话,"海德堡科学院的会议报告"1957/1958年刊,第20－21页、第20页;此外参见佩策特的《朝向一颗星》第218页。

54

马丁·海德格尔,1950年3月11日;组诗"若从被收回的恩典中奔向……",手写的,马尔巴赫德国文献档案馆中阿伦特的部分遗物

这些诗被写在折叠的德国工业标准－A4航空邮件用纸的纸张上。它们被装订在了一起,而且有一张手工纸做成的封面。题目是被手写在封面上的,题词"汉娜·阿伦特"(H. A.)和日期"1950年3月11日"在第二页上。在马尔巴赫德国文献档案馆里阿伦特的部分遗物中,此外还有这些诗的复本(可能是汉娜·阿伦特制作的)。

55

288

马丁·海德格尔,1950年3月19日;原信,手写的,马尔巴赫德国文献档案馆中阿伦特的部分遗物

在2月6日:

肯定是指2月7日,见马丁·海德格尔同一天的信以及(马丁·海德格)2月8日和(汉娜·阿伦特)2月9日的信,第73页及以下。

56

马丁·海德格尔,[1950 年 3 月];四首诗,手写的,马尔巴赫德国文献档案馆中阿伦特的部分遗物

在马尔巴赫德国文献档案馆里阿伦特的部分遗物中,本书中刊载的诗在手写的单张纸片(德国工业标准－A5,航空邮件用纸)上可以找得到,此外还有(可能是由汉娜·阿伦特制作的)上面标有日期"1950 年 3 月"的复本。

57

马丁·海德格尔,1950 年 4 月 12 日;原信,手写的,马尔巴赫德国文献档案馆中阿伦特的部分遗物

Nulla est enim maior ad amoreminvitatio, quam praevenire amando:

德文:没有比通过爱先行[于对方]更好的对爱的邀请了。奥古斯丁:《启蒙问答》,第 1 卷第 4 章,载《教父文献大全。拉丁语系列》(米涅),汤姆华电子版第 40 卷,第 314 行。

omnia et sublata et conservata et elevata:

德文:一切都被忍受、保存、提高(扬弃)到高处。

关于权力的笔记:

指的是手稿《论权力的本质》,它是在马尔巴赫德国文献档案馆里阿伦特的部分遗物中被找到的,并且不久就会在《海德格尔全集》第 69 卷《存有之历史》的第四章中被发表。

你用"根本的恶?"意指什么:

汉娜·阿伦特的"意思"可以根据其在《集权统治的要素和起

源》的"集中营"一章（1986 年版，尤其是［但是 1955 年左右就开始被撰写了］第 701 页）中的思想、其《思想日记》中 1950 年 7 月的标题为"根本的恶"的条目，以及 1951 年 3 月 4 日致雅斯贝尔斯的信中的一个较长段落（《阿伦特-雅斯贝尔斯通信集》第 202 页）被重构出来。最后被提及的这份原始资料特别地显示了在汉娜·阿伦特那里关于尼采的争执（"对我来说，尼采似乎与此毫无关系"）也起着多么重要的作用。

289

58

马丁·海德格尔，［1950 年 4 月］；两首诗，手写的，马尔巴赫德国文献档案馆中阿伦特的部分遗物

在马尔巴赫德国文献档案馆里阿伦特的部分遗物中，本书中刊载的诗在手写的单张纸片（德国工业标准-A5，航空邮件用纸）上可以找得到，此外还有（可能是由汉娜·阿伦特制作的）上面标有日期"1950 年 4 月"的复本。

女友的女友：

希尔德·弗兰克尔，见第 286 页。

59

马丁·海德格尔，1950 年 5 月 3 日；原信，手写的，马尔巴赫德国文献档案馆中阿伦特的部分遗物

重演、赫拉克利特：

马丁·海德格尔习惯于每次都以一次"重演"，即对已经讲过的思想的概述，开始下一次的讲座。在后来的日子里，他写出了这

个"重演"。此外,见第 284 页以下。

手稿:

未得到最后的确认,但是参见第 290 页。

60

马丁·海德格尔,1950 年 5 月 4 日;原信,手写的,马尔巴赫德国文献档案馆中阿伦特的部分遗物

在奏鸣曲鸣响的日子里:

见下面的组诗"出自奏鸣曲鸣响"。

"省思地并温柔地":

"省思地并温柔地"是诗歌"出自奏鸣曲鸣响"中一首诗的标题（见第 101 页以下）。

61

马丁·海德格尔,[1950 年 5 月];组诗"出自奏鸣曲鸣响",马尔巴赫德国文献档案馆中阿伦特的部分遗物

这些诗被写在折叠的德国工业标准-A4 航空邮件用纸的纸张上。在一张扉页（同样是航空邮件用纸）的上面写有"出自奏鸣曲鸣响",右下方则是附录"在一场暴风之中"。这些诗也有复本（可能是汉娜·阿伦特制作的）。在总共七首诗中的五首诗上,马丁·海德格尔在纸张的左上角上写了"只献给你","音调"和"美丽的"这两首诗没有这样的说明。——也见诗歌"出自奏鸣曲鸣响",第 106 页。

290

62

马丁·海德格尔,1950 年 5 月 6 日;原信,手写的,马尔巴赫德国文献档案馆中阿伦特的部分遗物

手稿的影印件:

汉娜·阿伦特首先在 1948 年寄出并且现在再次寄出的是哪份手稿(也见第 97 页),得不到最终的确证。——不过,如下的猜测接近事实:它关乎马丁·海德格尔 1924 年的手稿"此在与时间性",他把这份手稿写上题词寄送给了汉娜·阿伦特(见第 27 页和第 267 页)。此外,也见这封信的下文。

我 1924 年 11 月在科隆举办的演讲:此在与真在:

根据西奥多·克兹尔的调查研究,这次演讲是 1925 年 12 月 4 日在科隆的康德协会中举办的。马丁·海德格尔显然在莱茵河-鲁尔河地区许多当地的康德协会中举办过这同一个演讲(参见克兹尔:《海德格尔的〈存在与时间〉的起源》[确切的出版信息见第 264 页以下],第 559 页,注释 21)。

在 1937/38 年,又发生了一次猛然的回抽,当时德国的灾难对我变得清楚了:

这一自我陈述的更具体的版本出现在 1950 年 4 月 8 日致卡尔·雅斯贝尔斯的书信中(《海德格尔-雅斯贝尔斯通信集》,第 201 页),也见马丁·海德格尔的"大学校长职位:1933/34 年",第 41 页。——在 1936 年,海德格尔就已经开始《哲学论稿(从本有而来)》的工作了,该书 1938 年完成,但是死后才(作为《海德格尔全集》第 65 卷)发表。

"密码"意指雅斯贝尔斯,但"逻辑学"不是这样:

汉娜·阿伦特的问题涉及到的可能是在文献 48 的注释中被

提及的(第 285 页)那份手稿:"西方思想的开端……"(见《海德格尔全集》第 55 卷,第 179 页以下)。——在其著作的许多地方,雅斯贝尔斯都对"密码"概念发表了看法,见(汉斯·塞纳的)概述文章,载《哲学历史辞典》,由约阿希姆·里特尔(Joachim Ritter)和卡尔弗里德·格伦德尔(Karlfried Gründer)编辑,巴塞尔-斯图加特:施瓦布,第 1 卷(1971 年),第 1001 行;也见本书第 110 页。

《哲学的逻辑》——拉斯克:

埃米尔·拉斯克(1875 - 1915)的这本代表作的确切题目是:《哲学的逻辑和范畴理论:对逻辑形式之管辖领域的一个研究》。它 1911 年由 J. C. B. 莫尔(Mohr)(图宾根)出版。

雅斯贝尔斯在他的《哲学》中与"存在论"论战的时候:

卡尔·雅斯贝尔斯:《哲学》,第 3 卷,柏林:施普林格,1932 年版;见该著作的第 3 卷,尤其是《秘密与存在论》那一章(第 157 - 164 页)。在这里,海德格尔实际上没有被提到。在后来的版本中,雅斯贝尔斯也没有做出相应的改变。

他的[雅斯贝尔斯的]《精神病理学》的新版:

卡尔·雅斯贝尔斯:《普通精神病理学:学者、医生和心理学家的教科书》,柏林:施普林格,1913 年版。在这部著作被全部重新修订的第四版(1946 年)中,雅斯贝尔斯在"生存哲学和精神病理学"那一节中提及了海德格尔的"基础存在论"的企图。他写道:"原则上"他认为这一企图"是一条**哲学的**歧路",并为他的观点做了辩护。

凯勒的诗:

指的可能是诗歌"公开的诽谤者",在华盛顿特区国会图书馆里汉娜·阿伦特的文件中保存着这首诗的许多复本。后来,汉娜·阿伦特还把它寄送给了其他人,比如,随 1974 年 9 月 17 日的书信寄送给了尤韦·詹森(华盛顿特区国会图书馆中汉娜·阿伦特的文件第 10 盒,文件夹"尤韦·詹森,1968－1975 年")。她给詹森写道:"……您是否知道戈特弗里德·凯勒(Gottfried Keller)的这首有一段时间在抵抗的人们中间辗转流传的奇特诗歌吗?……对于我来说,这首诗的最后一段对整个事件[指的是第三帝国中的犹太人大屠杀]来说总是最高的智慧。"最后一段是这样写的:

> "当有一天这困境,
>
> 像一块冰一样被长久地打破了,
>
> 那么它就会就此而被谈论
>
> 就如同谈论黑死病一样。
>
> 孩子们将会在原野之上
>
> 树立一个稻草人,
>
> 去点燃源于悲痛的喜悦
>
> 和源于远古惊恐的光线。"

"蕃熟了,在火中浸淬":

这是荷尔德林一首诗的第一句,在那里有这样的诗行:

> "……如同
>
> 在肩上一个
>
> 薪樵的重担,要
>
> 承受很多……"

荷尔德林:《作品集》,历史批判版,由诺贝特·v. 黑林格拉特(Norbert v. Hellingrath)开始,弗里德里希·泽巴斯(Friedrich Seebaß)和路德维希·v. 皮格诺特(Ludwig v. Pigenot)继续,慕尼黑:格奥尔格-米勒,1913－1916 年;柏林:普罗雷恩,

1922－1923 年,第 4 卷(1916 年),第 71 页。——也见汉娜·阿伦特 1971 年 5 月 28－31 日致玛丽·麦卡锡(Mary McCarthy)的书信,在那里阿伦特引用了荷尔德林的这些诗行(《阿伦特-麦卡锡通信集》第 426 页)。

誊清稿：

马丁·海德格尔:《对存在者的洞察》。

6 月 6 日……关于物：

在慕尼黑的演讲,由巴伐利亚美术学院举办,作为"物"被发表;也见 1950 年 6 月 27 日的书信,第 111 页。关于这个讲座的境况和影响,参见萨弗兰斯基的描述,《来自德国的大师》第 453 页。

你是否喜欢那张照片？：

见第 109 页以下和注释部分第 293 页。

63

马丁·海德格尔,[1950 年 5 月];五首诗,马尔巴赫德国文献档案馆中阿伦特的部分遗物

头四首诗是按照同样的顺序写在被折叠在一起的德国工业标准- A4 页面(航空邮件用纸)上的。此外,现存的机打复本在第一首诗上有汉娜·阿伦特手写的日期"1950 年 5 月"。第五首诗"语言"的复本上同样也有汉娜·阿伦特标注的日期"1950 年 5 月",它是被写在一张分开的纸(也是航空邮件用纸)上面的。——诗歌"奏鸣曲鸣响"与"省思地并温柔地"的最后一段是一样的,见第 101 页以下。——ahd＝古高地德语。——1950 年 6 月,马丁·海德格尔把"悬崖"这首诗(没有在这里最后被给出的阐释)也寄送给了朋友佩策特(佩策特:《朝向一颗星》,在那里作为手迹)。

马丁·海德格尔,1950 年 5 月 16 日;原信,手写的,马尔巴赫德国文献档案馆中阿伦特的部分遗物

就和解与复仇而言,你说得对:

在汉娜·阿伦特标有日期"1950 年 6 月"的《思想日记》中,有一个更长的条目对"和解"与"复仇"这个主题进行了思考。虽然在那个地方她没有直接提到马丁·海德格尔,但是人们可以假定这则笔记来自与他进行的那些对话或者是后来对它们的反思。

我想知道你更中意照片中的哪一些:

在马尔巴赫德国文献档案馆的图片档案中,有两张出自马尔巴赫德国文献档案馆中阿伦特的部分遗物的马丁·海德格尔之肖像照(由 L. M. 恩格勒[Engler]摄于弗莱堡)。这两张照片都带有马丁·海德格尔喜欢使用的那种风格的题词"H/M",而且标有日期"1950 年复活节"。

蒂里希:

新教神学家保罗·J. 蒂里希(1886－1965)和马丁·海德格尔曾经在马堡大学短暂(1924 年)共事。汉娜·阿伦特可能是通过她的丈夫君特·施特恩结识了蒂里希,当时她的丈夫想在美茵河畔的法兰克福获得博士学位(见《阿伦特-雅斯贝尔斯通信集》,第 49 页以下)。属于"宗教社会主义联盟"的蒂里希 1933 年失去了他在法兰克福的教授职位,并流亡到了美国。在那里,他与汉娜·阿伦特再次相逢。从 1937 年一直到 1955 年他都在纽约协和神学院任教,后来在哈佛和芝加哥任教。

布洛赫的"维吉尔"。你还拥有你的评论吗?:

赫尔曼·布洛赫的小说《梦游者》和《维吉尔之死》的英文版出

版的时候，汉娜·阿伦特写过一篇评论。这篇评论 1949 年 6 月在《月份》杂志上公开发表了："赫尔曼·布洛赫与现代小说"。

雅斯贝尔斯的《导论》：

卡尔·雅斯贝尔斯：《哲学导论：十二个广播讲座》，苏黎世：阿特米斯，1950 年版。——关于"密码"见第 290 页。

在我在海德堡访问期间，你在小屋中对我讲述了"那则故事"：

指的是哪则"故事"不得而知，海德堡的"小屋"指的是什么也不得而知。马丁·海德格尔和汉娜·阿伦特什么时候在海德堡相遇过，同样也得不到最终的证实。根据现在可以获得的书信，1928 年 4 月 18 日到 22 日之间的一个日期最为可能，见第 65 页以下。

65

马丁·海德格尔，1950 年 6 月 27 日；原信，手写的，马尔巴赫德国文献档案馆中阿伦特的部分遗物

关于物的演讲是 6 日在慕尼黑举行的：

见第 106 页，以及注释部分第 292 页。

古阿蒂尼：

罗马诺·古阿蒂尼（Romano Guardini，1885 - 1968）是天主教神学家和宗教哲学家，自 1948 年起执教于慕尼黑。他和马丁·海德格尔在战前时期就彼此相识。1945 年之后，曾有过把古阿蒂尼聘任到弗莱堡大学的意图，见奥特的《马丁·海德格尔》第 20 页以下、第 328 页及以下。

奥尔弗：

卡尔·奥尔弗（1895 - 1982）当时是慕尼黑音乐学院的作曲学教授。马丁·海德格尔赏识他的布兰诗歌（Carmina Burana），并对

他的安提戈涅配乐表现出了满腔的热情，见第 123 页。

马克斯·普尔维尔：

瑞士作家和笔相学家（1889 - 1952）。

瓦莱里的话：

未知。

此外，我的"康德"工作进展得不好：

指的是他自己的著作《康德与形而上学疑难》，它即将要出版，也见下一封信。

ipsacogitation……spirat ignem amoris：

德文："思想自身……呼吸着爱的火焰。"艾克哈特大师：《圣约翰福音阐释》，由卡尔·西里斯特（Karl Christ）和约瑟夫·科赫（Joseph Koch）编辑并翻译（＝艾克哈特大师：《德语和拉丁语著作》，由德国研究联盟授权发行。《拉丁著作》第 3 卷），斯图加特-柏林：科尔哈默，1936 年版，第 440 页。

在此期间，卡夫卡-卷集已经到了：

1948/49 年，纽约邵肯（Schocken）出版社——那时汉娜·阿伦特在那里做编辑——以德文和英文出版了由马克斯·布罗德（Max Brod）编辑的弗兰茨·卡夫卡的两卷日记。汉娜·阿伦特负责这个版本，并且参与了第一卷的翻译工作。邵肯也是从 1935 年开始出版的弗兰茨·卡夫卡的《全集》的出版商。——马丁·海德格尔收到是哪一卷的"卡夫卡-卷集"，不得而知。

哈德尔：

理查德·哈德尔（1896 - 1957）是古典语文学家，他由于参加了党卫队（SS）而失去了慕尼黑大学的教席。汉娜·阿伦特年轻的时候就认识他，他曾经是她在哥尼斯堡时候的希腊语老师（参见本

295

诺·冯·维泽[Benno von Wiese]:《我讲述我的生活》[确切的题目
见第 279 页],第 227 页以下）。

沙德瓦尔特：

古典语文学家沃尔夫冈·沙德瓦尔特（1900－1974）是马丁·
海德格尔的朋友。汉娜·阿伦特可能私下里认识了他，因为他曾
经（1928 年）在哥尼斯堡任教过。

我已经回绝了海德堡的演讲：

这涉及的是"海德堡全体大学生"即海德堡大学学生总会的一
次邀请。马丁·海德格尔向卡尔·雅斯贝尔斯报告了这件事情，
并打算着再次相见的可能性（这并没有实现），见《海德格尔-雅斯
贝尔斯通信集》第 204 页和第 289 页，以及本书的第 117 页。

66

马丁·海德格尔，1950 年 7 月 27 日；原信，手写的，马尔巴赫
德国文献档案馆中阿伦特的部分遗物

为你母亲的照片而感谢你：

指的可能是汉娜·阿伦特显然曾经许诺了要送的、玛莎·贝
尔瓦尔德（Martha Beerwald）的一张照片，见上一封信。马丁·海
德格尔也许与汉娜·阿伦特逝世于 1948 年的母亲也有私交，见第
15、20、44、61、64 页。

在那张麦斯基尔希的小照片上：

这张私人照片——在它的背面，马丁·海德格尔注上了"麦斯
基尔希，1950 年春天"——在马尔巴赫德国文献档案馆的图片档案
中可以找到；见本书的插图 8——这封信可能附有一张同样被保存
于马尔巴赫的风景明信片。上面描画的是托特瑙堡的位置，而且

马丁·海德格尔用一个箭头标出了他的"小木屋"。在背面上，他写了签名的首字母"H/M"以及"1950 年 7 月"的日期。

布雷克的诗句：

未知。

我的退休现在是正式的了，而且外部的困境已经被消除了：

也见第 116 页以下。——退休并不就是荣休①。后者只有在满 62 岁（1951 年 9 月 26 日）之后才会具有法律效力。见第 130 页；此外，关于弗莱堡大学漫长的决策过程，参见奥特的《马丁·海德格尔》第 335 页及以下。——随着这次退休，教学禁令实际上是被取消了。在被迫停止教学之后，马丁·海德格尔 1950 年 7 月 8 日在托特瑙堡面向学生举办了他的第一次演讲（作为通识课程的一部分）。他谈及的是"大学的现实性、幻想和可能性"，而且在最后朗诵了戈特弗里德·本（Gottfried Benn）的四首诗，参见本 1950 年 8 月 22 日致 F. W. 厄尔策（Oelze）的书信，载戈特弗里德·本：《致 F. W. 厄尔策的书信集 1950－1956 年》，由哈拉尔德·斯泰因哈根（Harald Steinhagen）作后记，威斯巴登：里梅斯，1980 年版，第 59、307 页；也见本书的第 131 页；此外，参见马克斯·米勒（Max Müller）：《作为和解的争执：战争与和平——就生命而与哲学的一次对话》，威廉·富森库尔（Wilhelm Vossenkuhl）编，柏林：科学院出版社，1994 年版，第 258 页及以下。——在大学的房间中举办的第一次活动——每周一小时的讲座"什么叫思？"——发生在 1951/52 年的冬季学期，而且在 1952 年夏季学期继续进行（见第 135 页）。

---

① "荣休"就是不再担任教学任务，但是还保留教授称号，享有较高的退休金并具有相应的学术权利。——译者注

我们非常牵挂我们的儿媳，并为她感到非常不安：

多罗特娅·海德格尔是儿子约格的妻子。持续了很长时间之后，她的病才被诊断为精神分裂症。也可以参见下文的第116、124、126、128页。

N.K.W.D.：

俄国内务人民委员会（＝［苏联的］内务人民委员会）；在这里与苏联"秘密政治警察"同义。

67

马丁·海德格尔；1950年9月14日；原信（附有诗歌"波浪"），手写的，马尔巴赫德国文献档案馆中阿伦特的部分遗物

马丁·海德格尔为之而道谢的那些照片在马尔巴赫德国文献档案馆里的海德格尔遗物中找不到。照片"在吊床中"可能是沃尔夫冈·霍耶尔（Wolfgang Heuer）所描绘的那张图片（《自白和图片文献中的汉娜·阿伦特》，第3版，汉堡河畔的莱茵贝克：罗沃尔特［罗沃尔特专著系列］，1995年，第115页）。

297 **"我每天都出去"：**

以此马丁·海德格尔影射的可能是弗里德里希·荷尔德林的哀歌，这首哀歌的起始行是"每天我都出去，并总是寻找另一个人"。见荷尔德林：《全集》（黑林格拉特版，确切的出版信息见第292页），第四卷（1916年版），第77页（"哀歌"）和第82页（"梅农对狄奥提玛的哀叹"［Menos Klagen um Diotima］）。

68

马丁·海德格尔；1950年9月15日；原信，手写的，马尔巴赫

德国文献档案馆中阿伦特的部分遗物——没有署名——

大学的报道：

1950 年 7 月 29/30 日的《巴登州报》，带来了如下的报道："巴登州政府已经给予了全额退休金而让马丁·海德格尔教授博士退休了，1950 年 4 月 1 日生效。此外，由于大学向文化和教育部的申请，他被给予了在高等学校教授哲学的委任。"

你完全有理由说：事情会朝着内战的方向走下去：

这一个和接下来的评论可能是由朝鲜战争（1950 年 6 月到 1953 年 7 月）引发的。

四月份的两封［致卡尔·雅斯贝尔斯的］信：

在《海德格尔-雅斯贝尔斯通信集》中（第 200 页及以下），包含有海德格尔 1950 年 4 月 8 日和 1950 年 5 月 12 日的书信，以及来自雅斯贝尔斯的详细的、没被寄出的答复（标注的日期是 1950 年 5 月 25 日）和 1950 年 5 月 16 日的简短答复。

关于《林中路》的评论（在《月份》中）：

库尔特·罗斯曼（Kurt Roßmann）："马丁·海德格尔的林中路"，载《月份》1949－50 年第 2 卷，1950 年 6 月第 21 期。罗斯曼被《月份》的编辑描述为雅斯贝尔斯的学生，说他 1948 年在海德堡获得了大学授课资格，而且是由兰贝特·施耐德（Lambert Schneider）出版的书《科学、伦理与政治》（1948 年）的作者。

1950 年 8 月 1 日的《巴塞尔人新闻报》报道说我无情地迫使我的犹太人前任离开了他的职位，并且我自己占据了他的位子：

见带有"ok"标记的报道"海德格尔又获得了他的教席"，载《巴塞尔人新闻报》1950 年 8 月 11 日［真确］第 339 期以"艺术、文学和科学"为题的第一副刊。在 1950 年 10 月 6 日的书信中，弗莱堡大

298

学的校长要求一个订正,而《巴塞尔人新闻报》在 10 月 17 日(第442 期的第一副刊)以"海德格尔教授荣誉的恢复"为题全文刊发了这个订正。由弗·厄尔克斯(Fr. Oehlkers)校长教授签名的那封信的复本现存于马尔巴赫德国文献档案馆里阿伦特的部分遗物之中。——根据校长给编辑的信,真相是这样的:在胡塞尔"由于已经达到了 68 岁的法定年龄界限而申请荣休"之后,马丁·海德格尔 1928 年获得了弗莱堡大学胡塞尔教席的任聘,也见第 64 页。

69

马丁·海德格尔;1950 年 10 月 6 日;原信,手写的,马尔巴赫德国文献档案馆中阿伦特的部分遗物

你对斯蒂夫特的纪念:

见第 83 页及以下。

70

马丁·海德格尔;1950 年 11 月 2 日;原信,手写的,马尔巴赫德国文献档案馆中阿伦特的部分遗物

为马克斯·科莫雷尔举办的纪念会:

1950 年 10 月 7 日,马丁·海德格尔做了一个题为"语言"的演讲。——马克斯·科莫雷尔(1902 - 1944)属于 20 年代的斯特芬·格奥尔格圈子,1941 年起在马堡任教授。在他生命的最后几年中,他与马丁·海德格尔一起就荷尔德林进行过对话,见约阿希姆·W. 斯多尔克(Joachim W. Storck)的"'诗与思之间的对话':马丁·海德格尔和马克斯·科莫雷尔论荷尔德林》一章,载《1933 - 1945

年黑暗时代的经典作家:内卡河畔的马尔巴赫的席勒国家博物馆中德语文献档案的一次展览》,第 2 卷组,内卡河畔的马尔巴赫,1983 年,第 1 卷,第 345 - 365 页。参见约阿希姆·W. 斯多尔克:"解释学的争论:马克斯·科莫雷尔与马丁·海德格尔的荷尔德林阐释的争执",载《作为行业的文学史》,哈特穆特·劳夫胡特(Hartmut Laufhütte)等编,图宾根:纳尔,1933 年(曼海姆语言学和文学文库,第 24 卷),第 319 - 343 页。

1938/1939 年的关于"语言"的准备性作品:

见作品索引(第 420 页):《论语言的本质》。

一次练习课:

也叫"阅读练习课",见下一封信。

71

马丁·海德格尔;1950 年 12 月 18 日;原信,手写的,马尔巴赫德国文献档案馆中阿伦特的部分遗物

此时你应该又在家里了:

汉娜·阿伦特 11 月在圣玛利亚(在美国的印第安纳州)的圣母大学做了讲座;见《阿伦特-雅斯贝尔斯通信集》第 196 页和《阿伦特-布吕歇尔通信集》第 230 页。

我像你一样……已经到达了希腊人那里:

汉娜·阿伦特这段时间的《思想日记》证实了一次用希腊文原著进行的对柏拉图的密集阅读(《理想国》和《法篇》)。

赫拉克克里特残篇 16:

指的是为康斯坦茨文科中心纪念文集而作的文章,参见作品索引中的"去蔽(赫拉克利特,残篇 16)"。

"阅读练习课"：

这些"练习课"（也见马丁·海德格尔1950年12月19日致E.布洛赫曼的信，《海德格尔-布洛赫曼通信集》第100页）的备忘录，可以在马尔巴赫德国文献档案馆里海德格尔的遗物中找到。它们没有被考虑在《海德格尔全集》中公开发表。

关于荷尔德林的论文集：

指的可能是1951年的《荷尔德林诗的阐释》的第二版。

最近拍摄的照片：

找不到。

72

马丁·海德格尔；1951年2月6日；原信，手写的，马尔巴赫德国文献档案馆中阿伦特的部分遗物

在6日：

据悉，汉娜·阿伦特在1950年2月6日抵达了弗莱堡，7日她和马丁·海德格尔见了20年之后的第一面，见上面的书信，第73页及以下。因此，"在6日"——如果不存在记忆错误的话（见第288页和诗歌"再-见"，第108页）——就意味着：在对汉娜·阿伦特向他通告她已到来的那天的回忆之中。——这封信可能附有一张肖像照，而这张肖像照的背面上有手写的题词："H.于1950年2月6日——M."。这幅照片可以在马尔巴赫德国文献档案馆的图片档案中找到，而且被席勒国家博物馆作为明信片大量销售。

那时我们许多年以后又拥有了儿子们：

约格和海尔曼·海德格尔都曾在俄国身陷囹圄，约格于1949年12月才回来，也见马丁·海德格尔1950年12月19日致E.布

300

洛赫曼的信（《海德格尔-布洛赫曼通信集》，第 100 页）。

来自法国的问候：

这"热情的问候"是一瓶勃艮第葡萄酒，它是汉娜·阿伦特青年时代的朋友、生活在巴黎的安妮·韦尔-门德尔松（Anne Weil-Mendelssohn）送的（见她［1950 年］12 月 28 日致汉娜·阿伦特的书信，华盛顿特区国会图书馆中汉娜·阿伦特的文件，第 13 盒）。

一月初，我们被邀请到慕尼黑去看奥尔夫的《安提戈涅》表演：

关于海德格尔对奥尔夫的《安提戈涅》的慕尼黑演出的参观，也见佩策特：《朝向一颗星》第 168 页及以下。——作为奥尔夫音乐的一个崇拜者，汉娜·阿伦特在她 1955 年访问欧洲期间在埃森看了一场演出（《阿伦特-布吕歇尔通信集》第 437 页；也见《阿伦特-布鲁门菲尔德①通信集》第 241 页以下。

在两场表演之间的一天，莱茵哈特讲了荷尔德林对索福克里斯的《安提戈涅》的翻译：

1951 年 1 月 11 日，此外参见下一封信中与卡尔·莱茵哈特有关的注释。

就默里克的诗"在一盏灯上"中的一行，我与苏黎世的文学史家施泰格进行了令人愉悦的书信交流：

见第 412 页作品索引中的《致埃米尔·施泰格的信》。——埃米尔·施泰格（Emil Staiger，1908－1987）自 1934 年起在苏黎世大学教授现代德国文学（自 1943 年起任讲席教授）。

---

① 库尔特·布鲁门菲尔德（Kurt Blumenfeld，1884－1963）是犹太复国主义领导人。在海德堡的一次讲座上，阿伦特与他结识，从此成为好友。——译者注

73

马丁·海德格尔；1951 年 4 月 1/2 日；原信，手写的，马尔巴赫德国文献档案馆中阿伦特的部分遗物

来自 M.克劳迪乌斯的美妙段落：

涉及的可能是如下的一段："就像某个人坐在车里并想前往哥尼斯堡；他不会一下子就达到目的地，而是车的轮子必须绕行如此之久，直到他到达他想要到的地方，而且每一次来往都有它的时间，在第一次被完成之前，第二次不能被实现，等等，而且在这个过程中经常会遇到树桩和石头，而坐在车里的人肯定会注意到它；然而，他必须忍耐和镇静，因为他不能被给予其他的建议。"马蒂亚斯·克劳迪乌斯（Matthias Claudius）："论传教士所罗门的几句格言"［论第二句格言：一切都有它的时间］，载这同一位作者的《著作集》，乌尔班·罗德尔（Urban Roedel）编，斯图加特，1965 年版，第 294 - 302 页、第 298 页以下。汉娜·阿伦特在 1951 年 2 月把这个引文记入了她的《思想日记》中。

莱因哈特被期望着在一份慕尼黑的年鉴上发表他的演讲：

卡尔·莱茵哈特："荷尔德林与索福克里斯"，载《形式与思想：一份年鉴》，巴伐利亚美术学院编，慕尼黑，1951 年版，第 78 - 102 页。也见前面的书信。——那个时候，古典语文学家卡尔·莱茵哈特（1886 - 1958）是美茵河畔的法兰克福大学的教授。

我也特地催促他［莱茵哈特］出版他的赫拉克利特研究：

卡尔·莱茵哈特在 1942 年出版了关于赫拉克利特的两部研究成果。在其死后出版的著作《古代的遗产：关于哲学和历史编纂学的论文集》（卡尔·贝克尔［Carl Becker］编，审校和扩展第二版，哥廷根：范登赫克和如普莱西特，1966 年版）中，它们被重印了。关

左侧页码：301

于莱茵哈特更多的论赫拉克利特的著述人们一无所知。

［赫尔曼·弗兰克尔］关于早期希腊思想和诗歌的德文大作：

指的是《早期希腊的诗歌与哲学：一部从荷马到品达的希腊文学史》，纽约：美国语言学协会（语言学专著第 13 卷），1951 年版；修订第二版（带有被修改了的副标题），慕尼黑：贝克，1962 年。

博弗雷：

让·博弗雷（Jean Beaufret，1907－1982）是法国哲学家和海德格尔哲学专家，他在抵抗运动中参加过战斗，并且在 1946 年安排了与尽管如此依然被崇敬的海德格尔的私人会面。马丁·海德格尔 1947 年出版的著述《关于人本主义的书信》是一封致博弗雷的公开信——对博弗雷所提问题的一个"答复"：以何种方式人本主义这个词能够找回一个意义？——博弗雷向海德格尔的朋友的内部圈子靠拢。在战后的法国，他成了马丁·海德格尔的"使徒"（见萨弗兰斯基：《来自德国的大师》，第 410 页），独自地或与志同道合者一起，相当有规律地拜访马丁·海德格尔，并在 60 年代组织了托尔研讨班。 302

瓦莱里的"年轻的命运女神"和"蛇的轮廓"：

"年轻的命运女神"是保罗·瓦莱里的一部组诗，"蛇的轮廓"是载于诗集"诱惑力"中的一首诗；德文版"年轻的命运女神"（保罗·策兰译）和"蛇的轮廓"（赖讷·玛利亚·里尔克译），载保罗·瓦莱里：《诗歌与散文》，卡尔·阿尔弗雷德·布略尔（Karl Alfred Blüher）和于尔根·施密特-拉德菲尔特（Jürgen Schmidt-Radefeldt）编，载同一作者的《著作集：7 卷本的法兰克福版》，美茵河畔的法兰克福：因泽尔，第 1 卷（1992 年），第 55－87 页和第 150－168 页。

里尔克的……两首[诗]：

被附在手写复本中的是诗歌"魔法"和"夜晚的天空和星星的坠落"。

魔法

从不可描述的变换中生出了

这些图画：感受吧！相信吧！

我们经常遭受痛苦：火焰成为灰烬；

然而，在艺术中：尘埃成为火焰。

这里有魔法。普通的词语

在魔力的领域之中好像提高了级别……

而且确如向不可见的同伴呼唤着的

雄鸽的呼唤。

（穆佐①，1924 年秋）

夜晚的天空和星星的坠落

天空，巨大的、完全令人惊异的储备，

一块库存空间，世界的一个剩余。

而我们，对于定制来说被放置得太远，

对于抛弃来说被放置得太近。

一颗星落下来了！而我们对它的愿望，

惊愕的仰望，急切地被接上：

什么已经开始了，什么又已经流逝了？

---

① 穆佐（Muzot）是瑞士瓦莱州谢尔区的一座城堡，里尔克在此度过了生命的最后七年，写完长诗《杜伊诺哀歌》在此谢世。——译者注

400

什么被亏欠了？什么又被宽恕了？

（穆佐,1924 年秋）

赖讷·玛利亚·里尔克(R. M. R.)

赖讷·玛利亚·里尔克:《作品集》,里尔克档案馆编,美茵河 303
畔的法兰福:因泽尔,第 2 卷(1956 年),第 174 页以下;在这里,
诗歌"魔法"的创作日期被标注的是 1924 年 8 月初,"夜晚的天空和
星星的坠落"被标注的是 1924 年 8 月 11 日或 12 日。

H.布洛赫有新东西出来了吗?:

马丁·海德格尔的这次询问促使汉娜·阿伦特在 1951 年 4 月
8 日的书信中询问布洛赫:小说《无罪的人》的样本是否已经寄送给
海德格尔了。根据 P. M. 吕策勒(Lützeler)的信息,布洛赫接着就
请慕尼黑的出版商维利·魏斯曼(Willi Weismann)给马丁·海德
格尔寄了一份样本,见《阿伦特-布洛赫通信集》,第 156 页。

你的书的广告:

汉娜·阿伦特:《极权主义的起源》。

**二者[著作]都在圣诞节前离开了这里,大约相距十天,恰好就
在它们从出版商那里来的时候;"荷尔德林"先到:**

"荷尔德林"指的是《荷尔德林诗的阐释》的第二版(1951 年);
第二本著作可能是《康德与形而上学疑难》(同样是 1951 年的第二
版)。

74

马丁·海德格尔;1951 年 7 月 14 日;原信,手写的,马尔巴赫
德国文献档案馆中阿伦特的部分遗物

8 月 5 日为达姆城的对话而做的演讲:

401

马丁·海德格尔:"筑-居-思"。——一份标有"达姆城演讲,1951年8月5日(瓦尔辛宫,1951年8月20日),第2稿"的机打样本,现存于马尔巴赫德国文献档案馆里阿伦特的部分遗物之中。样本包含有出自汉娜·阿伦特之手的一系列评注。也见第130页和注释部分第306页。在标有日期"1951年11月"的《思想日记》中,这份手稿同样受到了评论。

你会通过普通邮件收到它[赫拉克利特的逻各斯]:

《逻各斯:赫拉克利特的引导词》——1951年5月4日在不莱梅俱乐部的演讲——的机打手稿的一份复写本,现存于马尔巴赫德国文献档案馆里阿伦特的部分遗物之中,而且带有"H/M"的题词和汉娜·阿伦特手写的旁注。也见第130页。

304 **写了一篇出色悼词的维埃塔:**

埃贡·维埃塔(Egon Vietta):"赫尔曼·布洛赫,1951年5月30日逝世",载《月份》第3卷(1950-1951年),第36期,1951年9月,第615-629页。——作者埃贡·维埃塔(1902-1959)是一位受过训练的法学家,自三十年代起,就与布洛赫有联系。在二十年代,他听了海德格尔的课,而且在战后也曾试图与他建立私人联系。1950年,他的书《马丁·海德格尔的存在问题》(斯图加特:施瓦本)出版。维埃塔的儿子西尔维奥(Silvio)在其文章《与事态的对话》中报道了他的父亲和他的母亲朵莉(Dory)与马丁·海德格尔的关系,载《回忆马丁·海德格尔》,君特·耐斯克编,弗林根:耐斯克,1977年版第233-237页。

但是,这很好:你们至少表面上已经经受住了一切:

就如现在也能够在《阿伦特-布吕歇尔通信集》中被查阅到的那样,汉娜·阿伦特和她的丈夫在40和50年代与赫尔曼·布洛赫是好朋友。他的死深深地触动了汉娜·阿伦特（见她的《思想日记》中1951年6月的条目）。后来，她编辑了他的作为《全集》之一部分的论文集（苏黎世：莱茵河出版社），并且在一篇长长的导论中对他表示了赞赏。这篇导论在《黑暗时代中的人》（第131-171页）中再次被刊印；此外，参见《阿伦特-布洛赫通信集》（第185-223页，在那里也有［第165页以下］这个《思想日记》-条目）。

你的书：

汉娜·阿伦特：《极权主义的起源》。

离婚：

儿子约格同他的妻子多萝西娅（Dorothea）女士，也见第132页以下。

8月8日前后，我要去萨尔斯堡一带待上两周：

前往弗克拉马克特①。那个地方有一个瓦尔辛宫，马丁·海德格尔应绍姆堡-利珀（Schaumburg-Lippe）的阿尔布雷希特（Albrecht）王子之邀，在那里于8月20日举办了他的演讲"筑-居-思"。王子的客人和马丁·海德格尔的听众包括抒情诗人和广播剧作家君特·艾希（Günter Eich, 1907-1972），此人向一个朋友报道了与马丁·海德格尔的相遇。他们郊游并玩儿室外地滚球游戏，参见君特·艾希1951年8月30日致赖讷·布兰巴赫（Rainer Brambach）的书信和1951年8月22日的风景明信片。在《马尔巴赫杂志》1988年第45期（=《君特·艾希》，由约阿希姆·W. 斯多尔克编辑）的第65页上，这封信扼要地得到了援引；来自沃尔夫冈

---

① 弗克拉马克特（Vöcklamarkt）是奥地利上奥地利州的一个集镇。——译者注

湖畔的圣沃尔夫冈①的风景明信片——带有弗里德里希·格奥尔格·荣格②、克莱门斯·格拉夫·波德威尔斯③、索菲·桃乐茜·格雷芬·波德威尔斯④、马丁·海德格尔、莱奥·加百利⑤和绍姆堡-利珀的阿尔布雷希特王子的签名——属于马尔巴赫展览会的展品(名列在第8陈列柜第10号之下)。

"球的家之重量":

可能与里尔克最后的诗歌(拉加茨,1926年8月24日)中的一首相关,汉娜·阿伦特在其1951年5月的《思想日记》中记下了它的最后几行。诗歌"第十三个答案。赞美节致艾丽卡[米特雷尔]"的内容如下:

"待在外面的鸽子　在鸽棚之外,

又转着圈子回到家里　使昼夜得以和谐,

它知道秘密的事情　当最陌生的惊惶

之吸入偎依于　被感觉的飞翔。

---

① 圣沃尔夫冈(St. Wolfgang)是奥地利的一个美丽小镇。——译者注

② 弗里德里希·格奥尔格·荣格(Friedrich Georg Jünger,1898－1977)是一位德国抒情诗人、作家、文学批评杂文家,是恩斯特·荣格的弟弟。——译者注

③ 克莱门斯·格拉夫·波德威尔斯(Clemens Graf Podewils,1905－1978)是一位德国新闻记者和作家。海德格尔的《在通向语言的途中 》一书中的文章《在走向语言之途》,最初就发表在由他编辑的《形式与思想》1959年的第6期上。——译者注

④ 索菲·桃乐茜·格雷芬·波德威尔斯(Sophie Dorothee Gräfin Podewils,1909－1979)是克莱门斯·格拉夫·波德威尔斯的妻子,是一位德国说书人、抒情诗人、翻译家。——译者注

⑤ 莱奥·加百利(Leo Gabriel,1902－1987)是奥地利哲学家,他因其融合性的-整体性的思想和对基督徒与马克思主义者之间的对话的要求而著名。——译者注

在鸽群之间,那　备受照顾,

从无危险的一个,实不知温柔为何;

复元的心　最宜于居住:

因召回而更自由　才智乃自得其乐。

无处藏身之上　横跨四海为家!

呜呼被投出的球　呜呼千钧一发,

它虽不盈一握　回来却有所不同:

纯粹由于家的重量　它才变得更重。"[1]

赖讷·玛利亚·里尔克:《全集》(确切的出版信息见第 303
页),第 2 卷(1956 年),第 318 页以下。

与一个小小的惊喜同时:

也见文献 76 和 77;这惊喜指的是什么,不得而知。

75

马丁·海德格尔;[1951 年 7 月];诗歌"致亨利·马蒂斯[2]的一
幅素描画",手写的,马尔巴赫德国文献档案馆中阿伦特的部分
遗物

这首诗是被写在航空邮件用纸(德国工业标准 - A5)上面的。
此外,同样也是被描印在航空邮件用纸上面的马蒂斯的素描画,也

①　此诗的中译文见《里尔克诗选》,绿原译,北京:人民文学出版社,1996 年版,
第 612 页。——译者注

②　亨利·马蒂斯(Henri Matisse, 1869 - 1954):法国画家、图像设计师、雕刻
家,他与毕加索一同被看作现代最重要的艺术家。他的作品克服了印象派,主要(但
不是全部)属于"野兽派"。——译者注

可以在马尔巴赫德国文献档案馆里阿伦特的部分遗物之中被找到。汉娜·阿伦特给在本书中作为手迹而被复制的那首诗的复本标上了日期"1951 年 7 月"。

76

马丁·海德格尔;1951 年 10 月 2 日;原信,手写的,马尔巴赫德国文献档案馆中阿伦特的部分遗物

为了你的生日而来的演讲:

可能是在下面进一步被详细描述的演讲"筑-居-思",见第 127 页和注释部分第 303 页。

你关于逻各斯的问题:

见第 128 页以下和注释部分第 303 页。在现存的书信中,马丁·海德格尔后来也没有对汉娜·阿伦特的问题做出回应。——汉娜·阿伦特在已经遗失了的书信中所提出的问题应该近似于她在其《思想日记》(1951 年 8 月)中以"关于海德格尔,《赫拉克利特,逻各斯》"为题的一个条目所表述的那个问题。

为了我的生日,符合规定的荣休现在已经被授予了:

见上文第 296 页。

道尔夫·施特恩贝格把我的达姆城演讲称作"惬意之哲学":

关于在达姆城对话期间的讨论,参见《达姆城对话 2:人与空间》,奥托·巴特宁①编,达姆城:新达姆城出版公司,1951 年版。在备忘录(第 124 页)中被刊印的表述是这样的:"这个人[指的是

---

① 奥托·巴特宁(Otto Bartning,1883 - 1959)是德国现代主义建筑师、建筑理论家和教师,1951 年被选举为德国建筑师联盟的主席。——译者注

马丁·海德格尔;另一个人是奥特加·伊·加塞特[①]],这些人——
这无疑是一个群体——认为人具有如下的可能性:生活在一个乐
园里,生活在一个合理合序的存在论乐园里,生活在一个带有也属
于它的所有舒适(Gemütlichkeit)、带有乐园之惬意(Ur-
Gemütlichkeit)的存在论乐园里。"——道尔夫·施特恩贝格
(Dolf Sternberger,1907-1989)曾随雅斯贝尔斯在海德堡学习,并
在法兰克福随保罗·蒂里希以关于海德格尔的一篇论文获得了博
士学位。他当时是《当代》杂志的共同编者。——汉娜·阿伦特从
学生时代起就认识施特恩贝格,而且终生都与他保持着友谊。在
战后,他们之间也有职业上的联系,因为汉娜·阿伦特的第一批德
语出版物就发表在施特恩贝格编辑的《变换》杂志上。阿伦特-施
特恩贝格的通信(1946-1975年)——其中包括与"海德格尔"有关
的一次争论——被保存在马尔巴赫的德国文献档案馆和华盛顿特
区国会图书馆里汉娜·阿伦特的文件中。——施特恩贝格经常对
马丁·海德格尔的著述发表意见,参见他早期的著作《被理解的死
亡》(1934年),此外参见他的《著作集》第8卷《走在大师之间》(美
茵河畔的法兰克福:因泽尔,1987年版)第183-231页上刊载的文
章。在最后被提及的这个出版物中,还有一章讨论了汉娜·阿伦
特的政治哲学(第379-410页)。

本开始让我感到失望了:

戈特弗里德·本(1886-1956)——他的政治生涯与马丁·海
德格尔有一定程度上的类似——当时正在成长为年青的联邦共和

---

① 加塞特(Ortega y Gasset,1883-1955)是西班牙著名的自由主义哲学家和
散文作家。——译者注

国的"代表性抒情诗人"（瓦尔特·欣克语①）。1951 年 10 月，他获得了格奥尔格-比希讷奖②。马丁·海德格尔对显然曾受到过赏识的本（见第 296 页）的"失望"的诱因可能是他的演讲《尼采——五十年之后》（载《准绳》，1950 年 10 月，第 7 - 14 页），参见佩策特的《朝向一颗星》第 88 页以下。

一个惊喜——不是我的作品——而是关涉到我们两个：

未得到确认；也见第 129 页。

77

马丁·海德格尔；1951 年 12 月 14 日；原信，手写的，马尔巴赫德国文献档案馆中阿伦特的部分遗物

把荷尔德林的诗翻译成英文：

在这件事情上，汉娜·阿伦特可能受到了她与美国诗人兰达尔·贾雷尔（Randall Jarrell）——德国诗歌的爱好者——的友谊的激励，见杨-布吕尔（《汉娜·阿伦特》，第 284 页）和阿伦特对贾雷尔的评论（载《黑暗时代中的人》，第 335 - 340 页）。贾雷尔最著名的德文译作是《白雪公主和七个小矮人：来自格林兄弟的一则故事》（企鹅出版集团，1976 年第 2 版）；被公开发表的荷尔德林诗的译文，不得而知。

黑林格拉特：

指的是黑林格拉特版的著作和书信：荷尔德林，《作品集》，确

---

① 瓦尔特·欣克（Walter Hinck, 1922 - ）是德国日耳曼文学专家，他的工作的重点是从 18 世纪到 20 世纪的德国戏剧和现代直到当代的抒情诗。——译者注
② 格奥尔格-比希讷奖是德国文学最高奖。——译者注

切的出版信息见第 292 页。

最近，我们在苏黎世；我在两所高校的全体大学生面前讲了话。主题是："……人诗意地栖居……"：

在 11 月 5 日。——这个演讲的机打手稿的一份标有"布勒霍厄，1951 年 10 月 6 日；苏黎世，1951 年 11 月 5 日"的复本，现存于马尔巴赫德国文献档案馆里阿伦特的部分遗物中。在第一页的左上角上，有马丁·海德格尔手写的题词"H/M"。复本中没有汉娜·阿伦特的记录。她可能是在 1952 年 5 月拜访的时候才从马丁·海德格尔那里得到它的，见汉娜·阿伦特 1952 年 5 月 24 日致亨利希·布吕歇尔的信（《阿伦特-布吕歇尔通信集》，第 275 页）。

一份备忘录应当会私下被付印：

见海德格尔作品索引（第 422 页）："苏黎世研讨班"。——关于埃米尔·施泰格见第 300 页；特奥菲尔·施珀里（Theophil Spoerri，1890–1974）从 1922 年一直到 1956 年都是苏黎世大学的罗马语言文学教授。

"物"的一个单行本：

带有海德格尔的题词和汉娜·阿伦特的标划和评注的样本，可以在马尔巴赫的德国文献档案馆中找到，也见第 106 页。

最后到达的惊喜：

未得到确认，也见文献 74 和 76.

一个侄子：

托马斯·海德格尔（出生于 1926 年）是马丁·海德格尔的弟弟弗里茨最大的儿子。在退休（1991 年）之前，他是黑森林地区波恩多夫（Bonndorf）森林管理局的领导。

约格正忙于他的大构想：

指的是通过机械制造专业的国家考试的课业。

纸条[带有题词]……来粘贴两份印刷品:

第一份印刷品是"物",见海德格尔作品索引,第 412 页以下。第二份印刷品涉及的可能是"致埃米尔·施泰格的信",不过在马尔巴赫德国文献档案馆里阿伦特的部分遗物之中找不到它的单行本。

78

马丁·海德格尔;1952 年 2 月 17 日;原信,手写的,马尔巴赫德国文献档案馆中阿伦特的部分遗物

去意大利一趟[在 1952 年 3/4 月]:

与梅达特·鲍斯(Medard Boss)夫妇一起,也见接下来的书信。——梅达特·鲍斯是瑞士精神病学家和精神治疗医师(1903-1990),1946 年他与马丁·海德格尔开始了书信联系。一种私人的和精神的联系快速地得到了发展。从 1959 年起,鲍斯在措利孔(苏黎世湖畔)组织研讨班,马丁·海德格尔定期前往参加(参见马丁·海德格尔作品索引第 421 页上的《措利孔研讨班》)。受到马丁·海德格尔的"此在分析"强烈影响的鲍斯后来与他人一起共同建立了自己的苏黎世此在分析学派"心理疗法和心身医学的此在分析研究所"(从 1970/71 年起,添加了"梅达特·鲍斯基金会")。关于海德格尔对于瑞士精神病学的重要意义,见下文(第 334 页)中被援引的、吉翁·康道(Gion Condrau)为马丁·海德格尔八十岁生日而作的文章。

亲戚的婚礼:

马丁·海德格尔唯一的侄女克洛提尔德·奥施瓦尔特

(Clothilde Oschwald)(生于 1923 年),在多瑙厄申根附近的许芬根
(Hüfingen)结婚了,也见第 240 页。

你可能面临着一次跨越半个世界的旅行:

在 1952 年 3 月 21 日,1951 年起成了美国公民的汉娜·阿伦
特第二次从美国出发来到欧洲(法国、瑞士、英格兰、德国)。她的
行程也把她带到了以色列,八月份她才返回美国。详情参见她在
旅行期间写给身在纽约的丈夫的信(《阿伦特-布吕歇尔通信集》,
第 235 页及以下)。

罗斯英文版的亚里士多德的《物理学》:

指的是:亚里士多德的《物理学》,带有威廉·大卫·罗斯的导
论和评论的修订[希腊语]文本,牛津:克拉伦登,1936 年版。

略维特以他在《新评论》上的文章开了一个坏头:

卡尔·略维特:"马丁·海德格尔:贫困时代的思想家",载《新
评论》1952 年第 63 卷,第 1 期,第 1-27 页。——关于略维特与海
德格尔的关系,见上文第 273 页。——汉娜·阿伦特与 H. 布吕歇
尔通过书信就略维特的文章取得了一致意见,尤其参见她 1952 年
6 月 13 日的书信(《阿伦特-布吕歇尔通信集》,第 288 页以下)。

马丁·布伯的态度不一样:

马丁·海德格尔的这个说法也许关乎马丁·布伯的"宗教与
现代思想",载《水星》第 6 卷,第 2 期,1952 年 2 月,第 101-120
页——一篇文章,在其中布伯与海德格尔进行了辩论。出生在维
也纳的犹太宗教学家马丁·布伯(1878-1965)当时是耶路撒冷希
伯来大学的社会哲学教授。

尼采曾就活得最长久的"末人"说道:他们"眨巴眼":

载《查拉斯图拉如是说》的"前言",它被马丁·海德格尔在《什

么叫思?》(1954 年版,第 28 页及以下)中加以了引用(带着这样的说明:"1883 年,第 5 部分①")和阐释。

79

马丁·海德格尔;1952 年 4 月 21 日;原信,手写的,马尔巴赫德国文献档案馆中阿伦特的部分遗物

如果你 5 月 19 日出发过来的话,对我们来说非常合适;也许你可以听一堂课;我在星期五的 17‐18 点进行讲授:

汉娜·阿伦特在五月(可能事实上是在星期一,即 19 日)去了弗莱堡,在那里待了差不多一周,多次见了马丁·海德格尔(和她的妻子或者没有见她的妻子),并且在 5 月 23 日听了他的讲座。当她参加紧接下来的讲座课的时候,她向他的丈夫详细地报道了这次访问和 5 月 30 日的另一次访问。在第一次和第二次逗留期间,埃尔弗丽德·海德格尔方面显然都极为吃醋。见《阿伦特-布吕歇尔通信集》第 253 页以下和第 274 页及以下。——在汉娜·阿伦特的《思想日记》中,有一条与弗莱堡的访问有关的条目和一个以"海德格尔的课程"为题的长长的段落(被标注的日期是 1952 年 5 月 30 日)。——马丁·海德格尔 1952 年夏季学期的讲座是前面的冬季学期课程的延续,见第 132、135 页。汉娜·阿伦特听了第二部分的第三节和第四节课(《什么叫思?》,1954 年版,第 91‐101 页、第 153‐159 页)。也见马丁·海德格尔在 1952 年 12 月 15 日的书信中的回忆,第 137 页。

第二版是手工印刷的,而且是用劣质纸出版的:

---

① 指《查拉斯图特拉如是说》的"前言"的第五部分。——译者注

指的是《林中路》的第二版。汉娜·阿伦特所拥有的这个版本的样本在遗物中找不到。

也许你在巴黎会结识让·博弗雷：

就目前所知，汉娜·阿伦特和让·博弗雷从未见过面。

附件供你个人使用：

未能得到确认。

80

马丁·海德格尔；1952 年 6 月 5 日；原信，手写的，马尔巴赫德国文献档案馆中阿伦特的部分遗物

这封信是汉娜·阿伦特在上一次到访弗莱堡之后写的，见上一封信的第一个注释。就如可以从 1952 年 6 月 13 日致亨利希·布吕歇尔的书信（《阿伦特-布吕歇尔通信集》，第 288 页以下）中被推断出来的那样，汉娜·阿伦特遵从了马丁·海德格尔的指示，并且没有再次前往弗莱堡。所有的证据都表明十五年之后（即 1967 年）她才再次见到马丁·海德格尔，见第 155 页。

311

81

马丁·海德格尔；1952 年 12 月 15 日；原信，手写的，马尔巴赫德国文献档案馆中阿伦特的部分遗物

本应是你的生日祝福的东西，现在将作为圣诞祝福而到来：

在这封信的第一页上，马丁·海德格尔逆着原来的正文的方向写下了如下的补充文字：**印刷品包括两篇文章："逻各斯"和"什么叫思？"**（后者是《水星》杂志上文章的重印本）。

413

十月初，……我在布勒霍厄为斯特鲁曼 65 岁的生日举办了一次关于格奥尔格·特拉克尔的演讲：

确切的日期是：1951 年 10 月 7 日；主题是："格奥尔格·特拉克尔：对他的诗歌的一个讨论"。——格哈德·斯特鲁曼（Gehard Stroomann, 1886 - 1957）是巴登-巴登市布勒霍厄疗养院的创办人和老板，是"托马斯·曼的《魔山》中宫廷顾问贝伦斯式的一个医生"（萨弗兰斯基，《来自德国的大师》，第 451 页以下）。

雅斯贝尔斯最近给我写信了：

卡尔·雅斯贝尔斯 1952 年 7 月 24 日致马丁·海德格尔（《海德格尔-雅斯贝尔斯通信集》，第 207 - 211 页）。

八月你与雅斯贝尔斯一起待在山里了：

从 1952 年 7 月 31 日到 8 月 8 日，汉娜·阿伦特在圣莫里茨①拜访了雅斯贝尔斯夫妇，见她从那里写给她的丈夫的书信（《阿伦特-布吕歇尔通信集》，第 319 页及以下、第 324 页以下）。

82

马丁·海德格尔；1953 年 10 月 6 日；原信，手写的，马尔巴赫德国文献档案馆中阿伦特的部分遗物

你充满爱意的纪念：

也许是献给 1953 年 9 月 26 日的六十四岁生日的。

你还记得在弗莱堡第一次再相见时你从《合集》中引用了哪首诗吗？：

歌德《东西合集》中的许多诗都曾被汉娜·阿伦特引用过。在

---

① 圣莫里茨（St. Moritz）是瑞士的一个疗养城市。——译者注

后来致马丁·海德格尔的一封信中,她——可能相关于1950年的再次相见——引用了诗歌"无限"中的句子,见第155页。

83

马丁·海德格尔;1953年12月21日;原信,手写的,马尔巴赫德国文献档案馆中阿伦特的部分遗物

以这两张照片⋯⋯你使我感到非常高兴:

这两张照片未能得到确认。

关于技术的慕尼黑演讲,这个演讲也许你已经听说过了:

"关于技术的追问",11月18日举办于巴伐利亚美学学院。萨弗兰斯基(《来自德国的大师》,第453页以下)就这次活动写道:"在这个晚上,慕尼黑五十年代的思想精英汇聚一堂⋯⋯这也许是海德格尔在战后的德国最成功的公开演讲。"

12月11日,我在卡塞尔的一个协会中进行了讲话,这个协会与我二十八年前在其中举办关于狄尔泰和历史性的演讲的那个协会是同一个:

即黑森州艺术与科学协会,见第19页及以下。1953年1月演讲的题目是:"'⋯⋯人诗意地栖居⋯⋯'"。

84

马丁·海德格尔;1954年4月21日;原信,手写的,马尔巴赫德国文献档案馆中阿伦特的部分遗物——带有盖着印章的信头:海德格尔,布莱斯劳的弗莱堡-查林根,罗特布克47号——

你如此心无旁骛地接受了翻译任务:

《存在与时间》由爱德华·罗宾逊（Edward Robinson）（堪萨斯大学）翻译成英文的事情，见紧接下来的书信以及作为补充而被刊印的来自汉娜·阿伦特的书信（文献 85 和 83a）。

耶格尔教授：

可能是日耳曼学学者汉斯·耶格尔（1898－1971）。他在 20 年代移居到美国，并在那里的许多大学任过教。最后（从 1947 年起），它曾是布卢明顿的印第安纳大学的德国文学教授。他出版过两篇关于海德格尔的英文论文；后以德文出版，即汉斯·耶格尔：《海德格尔与语言》，柏林-慕尼黑：弗兰克，1971 年版。

亨利·E. 拜塞尔/约翰·W. 史密斯/埃迪特·克恩/伊丽莎白·威廉姆斯：

在被提及的这些人当中，没有一个在书业中出版过海德格尔作品的译文。

313　　**演讲和论文结集：**

《演讲与论文集》于 1954 年由耐斯克（弗林根）出版。

雅斯贝尔斯的攻击使得他[布尔特曼]非常地意志消沉：

1953 年 4 月 27 日，卡尔·雅斯贝尔斯在巴塞尔的瑞士神学会议上以"布尔特曼之解神话（Entmythologisierung）的真理与危害"为题作了一个演讲，德国杂志《水星》在 1953 年 11 月和 12 月公开发表了这个演讲。布尔特曼在《瑞士神学评论》上进行了答辩，雅斯贝尔斯在一封详细的书信中予以了回复。这次争论原封不动被公开发表了：卡尔·雅思贝尔和鲁道夫·布尔特曼，《解神话的问题》，慕尼黑：派珀（派珀系列，第 207 卷），1954 年版。——也见汉娜·阿伦特致雅斯贝尔斯的一封信（1953 年 7 月 13 日），在其中，她详细地、有时批评性地表述了对布尔特曼的这次攻击。

一部杰出的作品……《荷尔德林与海德格尔》:

贝达·阿勒曼(Beda Allemann):《荷尔德林与海德格尔》,苏黎世-弗莱堡:亚特兰蒂斯,1954 年版。

人本主义书信的一份法文译本:

指的是:"Lettre sur l'humanisme Ⅰ-Ⅱ",载《南方杂志》1953年第 40(37)卷,第 319 期,第 385-406 页;1953-54 年第 40 卷,第 320 期,第 68-88 页。译者是罗杰·穆聂尔(Roger Munier),他也翻译了《什么是形而上学?》(1929 年被重印于《路标》)并且参与了托尔研讨班。

85

汉娜·阿伦特,1954 年 4 月 29 日;书信复件,机打的(有手写的署名),华盛顿特区国会图书馆中汉娜·阿伦特的文件——带有盖着印章的信头:汉娜·阿伦特,纽约晨边大道,美邮政 27——

汉娜·阿伦特把这封信的一份复写本寄送给了罗宾逊。

《存在与时间》的一个英文版:

1962 年,如下的版本在纽约由哈珀和罗出版:马丁·海德格尔,《存在与时间》,由约翰·马克奎利(John Macquarrie)和爱德华·罗宾逊根据德文第七版译出。一直到今天,它依然是《存在与时间》最通用的美式英语译本。最近,琼·斯坦博拿出了一个新的译本(也是根据第七版译出):《存在与时间:〈存在与时间〉的一个译本》,纽约:纽约州立大学出版社,1996 年(也见下文第 336 页)。 314

并详细地回复了他:

1954 年 4 月 16 日致罗宾逊的这封信的一个复本(密密麻麻地机打的五张纸)现存于华盛顿特区国会图书馆里汉娜·阿伦特的

文件中(第 59 盒,文件夹"与马丁·海德格尔有关的通信,1952 -
1974 年)。

去年冬天期间我去几个较大的大学做讲座:

1953/54 年冬天,汉娜·阿伦特在普林斯顿大学、哈弗大学和
圣母大学举办了讲座/演讲。也见下一封信。

86

汉娜·阿伦特,1954 年 5 月 8 日;书信复件,机打的,马尔巴赫
德国文献档案馆中阿伦特的部分遗物

这封书信复件没有署名。在背面上,有一个已经开了头的、在
被寄出的书信中也许没有被写出的关于行为分析的补充段落(接
着第二行):**……我青年时代在你那里学得的东西:这应该最后把
我带向了对当今社会的分析,这个社会作为一个劳动的社会也把
生产与劳动过程联系了起来,结果所谓的消费品不再是为了使用
而是只为了直接的消费而被生产。从政治上来说,这导致……**在
此,文字中断了。——汉娜·阿伦特在这封信中关于她的著作的
通告指示着一本书的构想,这本书在芝加哥大学的讲座(1956 年 4
月)之后才以《人的条件》为题获得了它的最终形态。

"在哲学中游历得还不够":

引自马丁·海德格尔 1954 年 4 月 21 日的书信,第 141 页。

"哦,穿越切近的/每一条道路都是/多么地遥远":

第一行①来自马丁·海德格尔 1950 年 4 月寄送给汉娜·阿伦
特的一首诗,见第 96 页。

---

① 在德文原文中"第一行"指的是"哦,多么地遥远"。——译者注

关于人本主义的书信在这里已经被翻译过一次了：

就目前所知，《关于人本主义的书信》的第一个英文译本出现于 1962 年："Letter on Humanism"，埃德加·洛纳（Edgar Lohner）译，载《二十世纪的哲学：一部文集》，威廉·巴雷特（William Barrett）和亨利·D. 艾肯（Henry D. Aiken）编辑并写了导论，纽约：兰德姆，第 2 卷（1962 年），第 271 - 302 页。也见上文第 141 页。

315

《党派评论》的出版人：

指的是菲利普·拉夫（Philip Rahv, 1908 - 1973），他出生于俄罗斯，从 1934 年一直到 1969 年与威廉·菲利普斯（William Phillips）一起编辑出版《党派评论》。

"在每一个政治共同体中都有统治者和被统治者"：

见亚里士多德的《政治学》1332b 12；被汉娜·阿伦特所引用和阐释，见"什么是权威？"，载《当今政治思想中存在着的可疑的传统》，第 117 - 168 页、第 146 页。

agathon——kalon

善/财产（Das Gute/das Gut）——美

这个冬天期间，我已经试图第一次实验性地把事情端呈出来——在普林斯顿和圣玛利亚的系列讲座中，以及几个单个的演讲中：

指的是汉娜·阿伦特（在 1953 年 10 月 8 日和 11 月 12 日之间）以"卡尔·马克思与西方政治思想传统"为题在普林斯顿大学举办的六个讲座；此外，还有一个 1954 年 3 月 3 日和 4 日在圣母大学举办的由三个部分组成的讲座："哲学与政治学：法国革命之后的行动和思想问题"；最后还有在哈弗大学做的两个演讲，其中的一个讲座也许关乎集权主义的本质和"理解"它的问题（见"论集权主义的本质：一篇关于理解的论文"，载《关于理解的论文集》，第328-360页）。所提到的这些讲座形成了汉娜·阿伦特的德文著作《当今政治思想中存在着的可疑的传统》（1957年）的基础。

马里顿：

法国哲学家雅克·马里顿（Jacques Maritain, 1882-1973）自1948年起任教于普林斯顿大学。

除了在新学院每周一次的讲座和研讨班之外，两年前亨利希还拥有了一个学院教授的职位：

汉娜·阿伦特的第二任丈夫亨利希·布吕歇尔在1952年成了安南代尔哈德逊的巴德学院的哲学教授。从1950年起，他在曼哈顿（纽约市）的社会研究新学院举办关于艺术史和哲学的讲座。

316　　**我的书的德文译本：**

《极权统治的要素和起源》，即《极权主义的起源》（*The Origins of Totalitarianism*）的德文版，出版于1955年秋天（美茵河畔的法兰克福：欧洲出版公司）。

你在你冬天的书信中写下的关于"对话"——人们以这种或那种方式将之误解为"阐释"——的内容，尤其让我感到高兴：

见第139页。

也是由于在一次关于你的阐释的争鸣通信中，我正好在试图使类似的东西对于好人弗里德里希……成为清楚明白的：

在华盛顿特区国会图书馆里汉娜·阿伦特的文件中，有一封1953年7月15日致胡果·弗里德里希的书信复本，在其中除了其他事情之物汉娜·阿伦特还针对马丁·海德格尔的"阐释"写了一个长长的段落。她的出发点是马丁·海德格尔的特拉克尔-阐释（"格奥尔格·特拉克尔：对他的诗歌的一个阐释"）。汉娜·阿伦特写道：

关于海德格尔，我不赞成你的观点，尤其是就阐释而言。"暴力"与毕加索所谓的"扭曲"没有什么不同。后者是以这样的方式发生的（实际上在一切都曾开始了的塞尚那里就已经发生了）：世界不再被临摹了（根据贾图①的名言，摄像术实际上解放了绘画艺术），以至于远景中的一个三维空间必须出现在一副图画上；而是画家如此地作画，就好像他自己置身于图画的中央一样，从那里实际上属人的三维现在"平面地"展开自身：上和下、右和左、前和后。

对我来说，海德格尔似乎不再以报告——在其中，先是出现了对有关作品的一次报道，然后出现了一个解释——的形式进行阐释了——而是置身在了作品的中点上，他自己把它称为（对我来说，似乎还是在一种传统的自我误解之中）未被言说的东西。无论如何它都像一个被略过的、读者或听众能够在其中找到位置的空间。由此出发，作品转离了（人们可以报道的）结果式的-被印刷的东西，回转入了一种活生生的、人们可以反驳的言说之中。对您来说显得是暴力的东西对我来说显得是特殊的活生生性；也就是说，当置身于存在于作品自身中的空间之中的时候，思与所思、诗与所诗之间的区别消失了，恰如在诗产生的时候这区别原本就不存在一样。（你知道叶芝吗？我认为他是 20 世纪最伟大的英国诗人，他说：舞者与舞蹈，孰能分矣。这句话适用于海德格尔，就如它适用于毕加索一样。）海德格尔并没有说未被作者言说的东西（就如他似乎有时所说的那样），而是发现了不可言说之物的空间，这空间在每一个伟大的作品中都是非常不一样的，而且从这个空间出

317

---

① 让·贾图(Jean Cocteau, 1889 - 1963)是法国诗人、小说家、戏曲家、批评家、画家。——译者注

发，整部作品为此而产生并组织自身。——我相信，在这方面，他完全像毕加索一样是一个大师。但是，在这个过程中，自然可能会发生如下的事情："阐释者"比"被阐释者"变得更加地重要；然后，而且只是在这个时候，一切都成了"暴力性的"，这纯粹是因为他不是让作品成为活生生的，而是打碎它。对我来说，这样的事情似乎在阐释特拉克尔的时候发生在了他的身上，但是据我看来其中还是有非常可观的东西；特拉克尔不是伟大的诗人，虽然他有个别的美妙的诗行；此外，当人们处理象征——遗憾的是，象征在特拉克尔那里起着巨大的作用——的时候，这个方法不起作用。

九月份在[美国]政治科学协会[年会]上的报告：

在芝加哥举行的美国政治科学协会（APSA）年会（1954年9月8日至12日）上，汉娜·阿伦特做了关于"新近欧洲哲学思想中对政治学的关注"的报告。在这份报告中，她的"政治"哲学的轮廓第一次（一方面不同于欧洲哲学传统，另一方面不同于美国经验的-政治科学的路数）成了可见的。海德格尔被描述为一种"历史性"哲学的代表，为对传统的突破敞开了道路。"技术演讲"被援引了，但是没有被详加讨论。

87

马丁·海德格尔，1954年10月10日；原信，手写的，马尔巴赫德国文献档案馆中阿伦特的部分遗物

从10月16日到18日是我的康斯坦茨文科中学的350周年庆祝会：

为了文科中学的庆祝会，马丁·海德格尔写了一篇文稿"去蔽（赫拉克利特，残篇16）"。

与语言相关的东西还是被留待以后了：

《在通向语言的途中》一书由耐斯克首次出版于1959年。

88

马丁·海德格尔，1959年12月17日；原信，手写的，马尔巴赫德国文献档案馆中阿伦特的部分遗物

我最近出版的两本作品：

《泰然任之》和《在通向语言的途中》。

感谢你的祝愿和问候。我故意地不往巴塞尔写信：

汉娜·阿伦特1959年9月和10月在欧洲。在汉堡，她被授予了莱辛奖（9月28日），此后她动身前往柏林，最后去了意大利。从10月23日起，她在身在巴塞尔的雅斯贝尔斯那里待了将近一周。从那里，她前往法兰克福、科隆和布鲁塞尔继续她的行程。在马丁·海德格尔9月26日的70岁生日那天，她从汉堡给他寄了一封电报。——在现在已经公开出版了的与卡尔·雅斯贝尔斯、亨利希·布吕歇尔和玛丽·麦卡锡的一些通信中，汉娜·阿伦特的行程被全面地记录了下来。

最近，我在《频谱》上看到过你的一副非常漂亮的照片：

见派珀出版社在《文学日历：精神的频谱》（1960年第九年卷，第111页）上的广告，在那里汉娜·阿伦特还被描述为《拉赫尔·法恩哈根：浪漫主义时代的一个德国犹太女人的生活史》的作者；见本书中的插图12。

又及：小纸条是用来粘贴的：

带有题词的小纸条是用来贴进被分开寄送的出版物中的。——汉娜·阿伦特拥有的《泰然任之》这本著作的样本，现存

于巴德学院的图书馆中（没有题词）；她的《在通向语言的途中》的样本未能被找到。

89

汉娜·阿伦特，1960 年 10 月 28 日；书信复件，机打的，马尔巴赫德国文献档案馆中阿伦特的部分遗物——与这份复件一起的还有一份手写的草稿（有改动），这份草稿同样被保存在马尔巴赫德国文献档案馆里阿伦特的部分遗物之中。在这里刊印的文本与被修改的手写（＝机打）的文稿一致。草稿有"汉娜"的署名。

我已经指示出版社寄给你我的一本书：

指的是《人的条件》的德文版，该书是由汉娜·阿伦特自己翻译的，1960 年由科尔哈默出版社以《行动的生活》（Vita activa oder Vom tätigen Leben）为题出版。

319　　在马尔巴赫德国文献档案馆里阿伦特的部分遗物之中，除了书信的复件和草稿之外，还有一张笔记用纸（美国规格），在其上汉娜·阿伦特用墨水写了如下的献词：

> Re Vita activa：
>
> 这本书的献词被空着。
>
> 我该怎样把它题献给你，
>
> 那个我曾信任的人，
>
> 那个我曾忠诚于
>
> 又没有对之保持忠诚的人，
>
> 而两者都在爱之中。

由此可以证明：她没有把这个献词寄出去。马丁·海德格尔可能是从出版社获得《行动的生活》的样本的，不能得到证实。——在致汉娜·阿伦特的信中,马丁·海德格尔从未更加详细地讨论过这部著作,不过他确实注意到了它,而且它似乎至少是他们两人的一次对话的主题(见第327页上文献第105的注释的最后一行)。

90

马丁·海德格尔,1965年4月13日;手写在一张打印的致谢卡片的背面上

你的通信地址……在德国语言和诗歌协会的年鉴上:

1958年,汉娜·阿伦特作为通信会员被邀请参加协会;从那以后,她的通信地址就在每年公开出版的会员名录中被标列出来。

伽达默尔:

哲学家汉斯-格奥尔格·伽达默尔(生于1900年)是马丁·海德格尔马堡时期的一个学生,见他的《哲学的学徒时期:一个回顾》,美茵河畔的法兰克福:克劳斯特曼,1977年版,尤其是第210-221页。在取得大学授课资格和在马堡的私人讲师时代之后,他1937年成了那里的编外教授,并在一年之后作为正式教授转换到了莱比锡大学。1947年,他离开了莱比锡,先是去了美茵河畔的法兰克福,然后从1949年起任教于海德堡大学(1968年荣休)。在许多的出版物中,他都直接或间接地与海德格尔进行了争论,尤其参见《海德格尔的道路:后期著作研究》,图宾根:莫尔,1983年版。

91

320

马丁·海德格尔,1966年10月6日;带有两个附件的原信,手

写的，马尔巴赫德国文献档案馆中阿伦特的部分遗物

自从有解释柏拉图的《智者》的意图以来，似乎有很长时间了：

暗指 1924/1925 年冬季学期的第一次相遇，见第 11、263 和 268 页。

［欧根］芬克关于赫拉克利特和巴门尼德的一个研讨班：

见下文海德格尔作品索引（第 415 页）中的出版物（克劳斯特曼，1970 年版）：《赫拉克利特》。——欧根·芬克（1905－1975）是胡塞尔的学生和私人助手，自 1948 年起他任弗莱堡大学哲学和教育学教授。汉娜·阿伦特自学生时代起与他就彼此相识。

在希腊的三次逗留：

1962 年，马丁·海德格尔就已经第一次去了希腊；他把以《逗留》为题的笔记题献给了埃尔弗丽德·海德格尔的 70 岁生日。——借助这次（两次被计划并两次被取消）的希腊之旅，马丁·海德格尔实现了一个"夙愿"，此后在比较短的时间之内，他又做了第二次和第三次旅行（1964 年和 1966 年），1967 年 4 月的第四次旅行（没有带他的妻子）是应雅典科学和艺术协会之邀而做的。海德格尔夫妇 1976 年 5 月的最后一次希腊之旅去了爱琴海的岛屿。详情参见马丁·海德格尔和艾哈特·克斯特讷（Erhart Kästner）：《通信集，1953－1974 年》，亨利希 W. 佩策特编，美茵河畔的法兰克福：因泽尔，1986 年版；此外参见佩策特：《朝向一颗星》，第 112 页以下、第 172 页及以下。

荷尔德林，"秋天"：

这首诗 1927 年首次刊发于《园亭》，见弗里德里希·荷尔德林：《作品集》（斯图加特荷尔德林版，弗里德里希·拜斯讷［Friedlich Beissner]编），第 2 卷（1951 年），第 299 页（正文）、第 918

页(说明和解释)。在那里被刊印的文本与马丁·海德格尔所引用的文本有一个地方不一致。第一段的第四行写的是"frohem Glanz"(欣慰之光)而不是"hohem Glanz"(高光)。

从小木屋里的工作室看到的景色：

这张明信片——它的左边显现出一口水井(格奥尔格·沃尔夫[Georg Wolff]："在小木屋附近,水流飞溅的泉水从一个木头包封的管子流入一个木槽之中……")——被比梅尔在其《马丁·海德格尔》的第71页上予以了复制。汉娜·阿伦特收到的卡片被保存在马尔巴赫德国文献档案馆的图片档案中。

321

92

汉娜·阿伦特,1966 年 10 月 19 日;原信,机打的(有手写的署名),带有印章的信头纸:汉娜·阿伦特,纽约市河边大街 370 号,美邮政 25(和马丁·海德格尔手写的补充:10025),马尔巴赫德国文献档案馆中海德格尔的遗物——在马尔巴赫德国文献档案馆里阿伦特的部分遗物中,可以找到这封信的手写草稿,它与被寄出的文本——这个文本在这里被复制了——略有不同——

心被春天诱起和打碎的那些人,将会让他们的心被秋天重新治愈：

草稿中的原文是："Den[后来被修订为:denen]① der Frühling das Herz brach, den macht es der Herbst wieder heil."。在这里第二个"den"也相应地被修改了。

爱琴那岛,那里也是我们一再待过的地方：

---

① 这是阿伦特在书信草稿中所犯的一个语法错误。——译者注

这句话可以为汉娜·阿伦特和亨利希·布吕歇尔前往希腊做了四周旅行的 1963 年作证。汉娜·阿伦特在给雅斯贝尔斯的信（1963 年 4 月 14 日）中写道："……昨天我们在爱琴那岛，其位于山顶的庙宇环视整个岛屿，也许总体而言是最美的。我们刚刚决定在离开之前再到那儿去一次（《阿伦特-雅斯贝尔斯通信集》，第 536 页）。

"开端和终点始终是同一个东西"：

引自诗歌"无限"，载歌德的《东西合集》，见《歌德作品集》，14 卷的汉堡版，汉堡：韦格纳，第 2 卷（1960 年第 5 版），第 23 页。

93

马丁·海德格尔，1967 年 8 月 10 日；原信，手写的，马尔巴赫德国文献档案馆中阿伦特的部分遗物

在我们 7 月 28 日周五的聚会之后的那一天：

在 7 月 26 日，汉娜·阿伦特从巴塞尔来到弗莱堡做一个关于瓦尔特·本雅明的演讲——1968 年她以英文和德文两个版本发表了这个演讲——："瓦尔特·本雅明"。马萨诸塞大学的大西洋研究所（马克·拉特讷[Marc Ratner]教授，海德格尔著作的译者 J. 格林·格雷的一位朋友，见第 323 页）组织了这次在弗莱堡大学大礼堂举办的演讲。马丁·海德格尔被告知了准备的情况，并且亲自出现在了大礼堂，这被圈内人惊异地发现了。这应该是自 1952 年以来汉娜·阿伦特与马丁·海德格尔的第一次再见（见第 310 页以下）——此外，这也是保罗·策兰历史性地拜访了马丁·海德格尔的小木屋（关于这一点，参见格哈特·鲍曼[Gehart Baumann]：《纪念保罗·策兰》，美茵河畔的法兰克福：祖尔坎普，

1986 年版,第 59 页及以下)之后的某一天。在汉娜·阿伦特的演讲之后的那天,他们重新相逢,马丁·海德格尔把他刚刚出版的克雷拉姆袖珍本的《艺术作品的起源》写上题词送给了她。

当你以那样的致辞开始你的演讲的时候:

汉娜·阿伦特受到了热烈掌声的欢迎,并以"尊敬的马丁·海德格尔,女士们和先生们"的致辞开始她的演讲(来自于约阿希姆·W. 斯多尔克的信息)。

带有现代"苏联哲学"概述的单行本:

可能指的是威廉·格特(Wilhelm Goerdt)为由他自己编辑的书《苏联哲学》(巴塞尔-斯图加特:施瓦布,1967 年版)而写的导论。

94

汉娜·阿伦特,1967 年 8 月 11 日;原信,机打的(有手写的署名),马尔巴赫德国文献档案馆中海德格尔的遗物——写在巴塞尔市奥勒(Euler)宾馆的信笺上——

可惜的是,你现在不会来看克利-展览会:

从 1967 年 6 月 3 日到 8 月 13 日,在巴塞尔的艺术大厅里,可以看到先前在纽约古根海姆博物馆被展示的保罗·克利的主要展品。——保罗·克利(Paul Klee,1897 - 1940)属于造型艺术家,马丁·海德格尔仔细地研究过他,并且 1959 年还在大卫·汤普森(David Thompson)的收藏品中见到过他的作品(参见佩策特:《朝向一颗星》,第 154 页及以下)。参见君特·索伊博尔德(Günter Seubold):《海德格尔死后遗留的关于克利的笔记》,载《海德格尔研究》1993 年第 9 卷,第 5 - 12 页。

我为马拉美-引文而感谢你:

汉娜·阿伦特把这个引文嵌入了其演讲的手写文本中，"瓦尔特·本雅明"(1989年版)，第241页以下。

95

马丁·海德格尔，1967年8月12日；原信，手写的，马尔巴赫德国文献档案馆中阿伦特的部分遗物

96

马丁·海德格尔，1967年8月18日；原信，手写的，马尔巴赫德国文献档案馆中阿伦特的部分遗物

这些纸张：

见下一封信。

97

汉娜·阿伦特，1967年9月24日；带有两个附件的原信，机打的(有手写的署名)，马尔巴赫德国文献档案馆中海德格尔的遗物

《康德关于存在的论题》：

可能是《路标》一书中的论文的长条校样("这些纸张")。汉娜·阿伦特所引用的第23页上的那个段落可以在《海德格尔全集》第9卷第466页(没有着重强调)[1]上找到。

关于出版事宜，我不知道任何更确切的事情了：

指的也许是哈珀与罗出版社的"海德格尔计划"(见下面汉

---

[1] 参见海德格尔：《路标》，孙周兴译，北京：商务印书馆，2000年版，第545-546页。——译者注

娜·阿伦特 1967 年 11 月 27 日的书信,第 164 页)。——曾执教于
科罗拉多州斯普林斯市的科罗拉多学院的美国哲学家 J. 格林·格
雷(1913－1977)与他的妻子乌尔苏拉·格雷(Ursula Gray),一起
把海德格尔的一些作品翻译成了英文。从六十年代开始,格雷夫
妇两人就与汉娜·阿伦特和马丁·海德格尔都关系密切。——弗
雷德·威克(Fred Wieck)是哈珀与罗出版社主管海德格尔著作的
编辑,他自己也进行翻译。

埃尔弗丽德:

从这封信开始,汉娜·阿伦特总是准确地书写埃尔弗丽德·
海德格尔的名字,即中间只写"i"。

卡夫卡,"他":

汉娜·阿伦特所给的资料出处指涉的是弗兰茨·卡夫卡:《全
集》,纽约:邵肯,1946 年版。——也见阿伦特在《过去与未来之间》
的前言(首次出版于 1961 年)中(第 11 页及以下),以及在《思想》中
(第 198 页及以下),对卡夫卡寓言的阐释。

98

324

马丁·海德格尔,1967 年 9 月 29 日;原信,手写的,马尔巴赫
德国文献档案馆中阿伦特的部分遗物

卡夫卡-书信:

汉娜·阿伦特把在卡夫卡《全集》(马克斯·布罗德〔Max
Brod〕编)中出版的卡夫卡致其女友米莱娜·杰欣斯卡(Milena
Jesenská)的书信(弗兰茨·卡夫卡:《致米莱娜的信》,由维利·哈
斯〔Willy Haas〕编辑并写了一个后记,纽约:邵肯,1952 年版)的一
个样本送给了海德格尔。这个样本带有这样的题词:"献给马丁以

纪念 1967 年夏天的对话——汉娜”。

科耶夫的黑格尔-书：

亚历山大·科耶夫：《黑格尔导读：从 1933 年到 1939 年在高等研究院关于〈精神现象学〉的课程》，由雷蒙德·格诺（Raymond Queneau）汇编并出版，巴黎：加利马尔，1947 年第一版、1962 年第二版（德文版的部分文本：《黑格尔：他的思想的再现。评〈精神现象学〉》，伊宁·费彻尔（Iring Fetscher）编，斯图加特：.科尔哈默，1958 年）。汉娜·阿伦特送的是哪个版本，不得而知。

你来过，这是美好的事情：

8 月 17 日，汉娜·阿伦特离开巴塞尔来到了弗莱堡，见第 157 页以下。

博登湖和上多瑙河之间故土的早先之路：

见第 163、325 页。

报纸上的一则简讯，根据这则简讯的说法，达姆城科学院奖赏了你的散文：

汉娜·阿伦特由于其科学散文而被授予了西格蒙德-弗洛伊德奖。隆重的授予仪式（缺席）举办于 1967 年 10 月 21 日。

99

马丁·海德格尔，1967 年 10 月 30 日；带有附件的原信，手写的，马尔巴赫德国文献档案馆中阿伦特的部分遗物

感谢你如此棒地拍摄的照片，它们也抓住了我们对话的样子，抓住了可见的东西之中不可见的东西：

在马尔巴赫德国文献档案馆的图片档案中，现存着成系列的十一幅肖像照，这些照片也许是汉娜·阿伦特 8 月 17 日在弗莱堡

拜访的时候用她的美乐时牌照相机拍摄的。这些小规格的标准洗
印照片被汉娜·阿伦特在背面上编了号(此外的四副照片是明信
片规格的)。另见第 240 页。

在黑暗之中:

格奥尔格·特拉克尔的诗,马丁·海德格尔引用了第一段。
格奥尔格·特拉克尔:《诗集》,载《特拉克尔全集》,沃尔夫冈·施
内迪茨(Wolfgang Schneditz)编,第 3 卷,萨尔斯堡:奥托米勒,1948
年版,第 1 册,第 148 页。也见马丁·海德格尔:"诗中的语言",载
《海德格尔全集》第 12 卷,第 75 页。

夜歌:

格奥尔格·特拉克尔的诗(同上书,第 81 页),马丁·海德格
尔引用了第四段。

100

汉娜·阿伦特,1967 年 11 月 27 日;原信,机打的(有手写的署
名),马尔巴赫德国文献档案馆中海德格尔的遗物

感谢上多瑙河:

指的也许是一张风景明信片(现存于马尔巴赫德国文献档案
馆的图片档案中),在它的背面马丁·海德格尔写道:

上多瑙河

荷尔德林的"伊斯特河"

"伊斯特河"("伊斯特河即多瑙河的拉丁-希腊语名称)是弗里
德里希·荷尔德林的一首没有完整地被流传下来的圣诗,1942 年
夏季学期马丁·海德格尔举办了一个关于这首诗的讲座:《荷尔德
林的圣诗"伊斯特河"》。这张明信片可能是被附在马丁·海德格

尔 1967 年 9 月 29 日的书信中的。

向我们走来的将来：

关于这一点，参见第 202 页和第 203 页。

克洛普施托克的这句话：

弗里德里希·戈特利布·克洛普施托克：《"表象论"片段》
(1779 年)，载他的《著作集》，第 10 卷(1855 年)，第 193－201 页、第
199 页以下。

国家处在一种骚乱之中：

指的是大学的骚动、针对越南战争的抗议及其对美国政治-文
化生活的影响。关于汉娜·阿伦特对这一经验的文学加工，首先
参见她的论文《权力与暴力》。

曼彻斯特关于肯尼迪遇刺的书、斯大林的女儿所谓的回忆录：

威廉·曼彻斯特(William Manchester)：《一个总统的死：1963
年 11 月 20 日至 11 月 25 日》，纽约：哈珀与罗，1967 年版；德文版，
《总统之死：1963 年 11 月 20 至 25 日》，由卡尔·贝瑞施(Karl
Berisch)从美式英语译出，美茵河畔的法兰克福：费舍，1967 年
版。——斯韦特拉娜·阿利卢耶娃(Svetlana Alliluyeva)：《只一
天》，由保罗·恰夫恰瓦泽(Paul Chavchavadze)从俄文译出，纽约-
埃文斯顿：哈珀与罗，1969 年版；德文版，斯韦特拉娜·阿利卢耶
娃：《第一年》，由克萨韦尔·沙夫戈奇(Xaver Schaffgotsch)从俄文
译出，维也纳等：莫尔德，1969 年。

101

汉娜·阿伦特，1968 年 3 月 17 日；原信，机打的(有手写的署
名)，马尔巴赫德国文献档案馆中海德格尔的遗物

《什么叫思?》的毛样:

指的是《什么叫思?》(*Was heißt Denken?*)的英文版:马丁·海德格尔,《什么被叫作思?》(*What is called thinking?*),由 J. 格林·格雷翻译并写了一个导论,纽约:哈珀与罗,1968 年版。

102

马丁·海德格尔,1968 年 4 月 12 日;原信,手写的,马尔巴赫德国文献档案馆中阿伦特的部分遗物

也许是六十页的篇幅:

见第 239 页和第 353 页以下。

你已经在《水星》上说出了重要的东西:

汉娜·阿伦特:"瓦尔特·本雅明",也见第 321 页。

103

汉娜·阿伦特,1968 年 8 月 23 日;原信,机打的(有手写的署名),马尔巴赫德国文献档案馆中海德格尔的遗物

104

马丁·海德格尔,1968 年 9 月 6 日;原电报,马尔巴赫德国文献档案馆中阿伦特的部分遗物

在……勒内·夏尔那里:

为了参加第二次托尔研讨班。——勒内·夏尔(René Char,1907－1988,法国抒情诗人和抵抗运动的成员)与马丁·海德格尔于 1955 年在巴黎结识。一种友谊形成了,它导致海德格尔经常去 327

普罗旺斯。从 1966 年起，人们彼此相聚也是为了参加研讨班，见海德格尔的作品索引《托尔研讨班》（第 418 页）。

105

马丁·海德格尔，1968 年 9 月 11 日；原信，手写的，马尔巴赫德国文献档案馆中阿伦特的部分遗物

在她的《思想日记》中，汉娜·阿伦特记下了如下的文字："弗莱堡——海德格尔：1968 年 9 月 12 日。照片——阿芙洛狄忒——行动的生活"。

106

汉娜·阿伦特，[1969 年 2 月 28 日]；原信，机打的，马尔巴赫德国文献档案馆中海德格尔的遗物——写在巴塞尔市奥勒宾馆的信笺上——

卡尔·雅斯贝尔斯逝世于 2 月 26 日。私人葬礼举办于 3 月 3 日，巴塞尔大学公开的纪念会举办于一天之后。在葬礼上，汉娜·阿伦特用德语和希伯来语读了《圣经》中的话（见克劳斯·派珀，载《纪念卡尔·雅斯贝尔斯》，克劳斯·派珀和汉斯·塞纳编，慕尼黑：派珀，1974 年版，第 186 页）。她 3 月 4 日的公开讲话被刊印在《阿伦特-雅斯贝尔斯通信集》的第 719 页以下。

107

马丁·海德格尔，1969 年 3 月 1 日；原信，手写的，马尔巴赫德国文献档案馆中阿伦特的部分遗物

108

埃尔弗丽德·海德格尔,1969 年 4 月 20 日;原信,机打的,马尔巴赫德国文献档案馆中阿伦特的部分遗物——手写的署名(出自马丁·海德格尔之手的"Martin")——

尼采讲座的手稿:

指的是在《海德格尔全集》第 43、44 和第 47 卷中出版的 1936/37 年冬季学期、1937 年夏季学期和 1939 年夏季学期的讲座。

109

汉娜·阿伦特致埃尔弗丽德·海德格尔,1969 年 4 月 25 日;书信复件,机打的,马尔巴赫德国文献档案馆中阿伦特的部分遗物

我可以向一个我所知道的、在专业领域中特别受尊敬的图书馆馆员打听一下:

328

库尔特·沃尔曼(Curt Wormann,1900－1991),此外也见这封信的下文和 1969 年 5 月 17 日的书信(第 174 页及以下)。

我也许还能够求助于国会图书馆手稿部的主任:

当时是大卫 C. 默恩斯(David C. Mearns)。汉娜·阿伦特可能认识他,因为在 1964 年就已经就把她的遗物赠予国会图书馆一事而进行了一些协商。第一次交付实现于 1965 年。

格林·格雷已经写信告诉了我那次令人不快的流感的情况:

格林·格雷 1969 年 4 月 13 日致汉娜·阿伦特。这封信被保存在华盛顿特区国会图书馆里汉娜·阿伦特的文件之中。

110

埃尔弗丽德·海德格尔,1969 年 4 月 28 日;原信,机打的(手

写的署名），马尔巴赫德国文献档案馆中阿伦特的部分遗物——有马丁·海德格尔手写的补充）——

也感谢你来自巴塞尔的照片和胶片：

指的是哪一些照片和哪一张胶片，未能得到确证。根据汉斯·塞纳提供给女编者的一条消息，汉娜·阿伦特请求他给马丁·海德格尔寄送雅斯贝尔斯的亡照。可是，他在六月份才得以满足这一请求，马丁·海德格尔在 1969 年 8 月对他邮寄的东西致以了感谢。

111

汉娜·阿伦特致埃尔弗丽德·海德格尔，1969 年 5 月 17 日；原信，机打的（带有一个被添加上去的手写的句子和手写的署名），马尔巴赫德国文献档案馆中海德格尔的遗物——在马尔巴赫德国文献档案馆里阿伦特的部分遗物之中，没有手写的插入和署名的复本可以找得到；此外，这里也缺少包含在原信中用打字机打在边缘上的最后段落以及问候语——

耶鲁——《形而上学导论》也是在它的出版社出版的：

马丁·海德格尔：《形而上学导论》，拉尔夫·曼海姆（Ralpf Manheim）译，纽黑文：耶鲁大学出版社，1959 年版。

数年前当我搜寻无主的犹太文化财产的时候：

从 1949 年到 1952 年，汉娜·阿伦特曾是"犹太文化重建"的经管人，见第 284 页。

112

马丁和埃尔弗丽德·海德格尔，1969 年 6 月 4 日；原信，机打的(有手写的署名),马尔巴赫德国文献档案馆中阿伦特的部分遗物——写在带有被印刷的如下信头的信纸上:马丁·海德格尔,布雷斯劳-查林根的弗莱堡,罗特布克 47 号——

113

马丁·海德格尔,1969 年 6 月 23 日;原信,手写的,马尔巴赫德国文献档案馆中阿伦特的部分遗物

114

马丁·海德格尔,1969 年 8 月 2 日;原信,手写的,马尔巴赫德国文献档案馆中阿伦特的部分遗物

多米尼克·福尔卡德:

福尔卡德(生于 1938 年;如今是最重要的依然在世的法国诗人之一)1971 年汇编了一本纪念勒内·夏尔的书,在其中马丁·海德格尔的诗以"所思/沉思"为题被发表,见第 209 页,此外参见第 178、336 页。

在此期间,与马尔巴赫的一份合情合理的协议已经达成了:

详见"马丁-海德格尔档案",载伯恩哈德·策勒(Bernhard Zeller)《马尔巴赫回忆录:从席勒国家博物馆到德国文献档案馆,1953-1957 年》,内卡河畔的马尔巴赫:席勒协会,1995 年版,第 479 页及以下。

我们希望你们在那儿逗留的剩余时间里能够继续好好休养:

从五月底起,汉娜·阿伦特和她的丈夫亨利希·布吕歇尔一直待在欧洲。主要是在台格纳——玛吉奥莱湖上方一个属于意大

利语区的瑞士小镇——休假逗留。

又及，与 H. 约纳斯的交谈非常令人高兴：

基于约纳斯的愿望，马丁·海德格尔与汉斯·约纳斯（见第 277 页）在苏黎世相遇。关于约纳斯对这次谈话的印象，见接下来的书信；此外，在对往事的回顾中，约纳斯接受了于尔根·维尔纳（Jürgen Werner）的采访（于尔根·维尔纳："论善的力量：汉斯·约纳斯的哲学"，载《法兰克福汇报》1989 年 9 月 29 日第 500 期，第 13 - 24 页、第 18 页和第 20 页）。——海德格尔的评论（即约纳斯"显然完全脱离了神学"）可能关乎 1964 年被点燃的关于"海德格尔与神学"的争论（见 335 页）。

115

汉娜·阿伦特，1969 年 8 月 8 日；原信，机打的（有手写的问候语和署名），马尔巴赫德国文献档案馆中海德格尔的遗物——

我现在才读了托尔研讨班的记录：

第二次托尔研讨班的记录 1969 年发表于一份内部出版物："马丁·海德格尔教授举办的关于黑格尔的差异文本（Differe-nzschrift）的研讨班"。

逻辑学的最初稿本：

指的是黑格尔的《逻辑学》的第一版，它被称作纽伦堡逻辑学，它的第一卷在 1966 年由范登赫克和如普莱希特以摹真版形式出版。

差异文本：

G. W. F.黑格尔：《费希特与谢林哲学体系的差异》（1801 年）。汉娜·阿伦特从马丁·海德格尔那里作为礼物获得了黑格尔这个文本的研究版(汉堡:迈纳[哲学图书馆,62a],1962 年)的一个样本。带有手写的题词"献给汉娜以纪念 1969 年的夏天——马丁"的这个样本,可以在马尔巴赫的德国文献档案馆中找到。

116

汉娜·阿伦特,1969 年 9 月;机打的,静电复制的手稿(有写在另外的便条上的手写题词),马尔巴赫德国文献档案馆中海德格尔的遗物

这份手稿——它的另外一份样本被保存在华盛顿特区国会图书馆里汉娜·阿伦特的文件之中——是汉娜·阿伦特的一则广播讲话的基础,这次讲话 1969 年 9 月 25 日在纽约被录音,并在巴伐利亚广播电台的"夜晚播音室"被播放。录音带被保存着,被讲的文稿与被刊印的文稿"马丁·海德格尔八十岁了"只有些微的不一致,被刊印的文稿首次出现在《水星》上(1969 年第 10 期;带有被整合到文稿之中的注释),然后出现在《黑暗时代中的人》(带有与原稿相一致的注释)中。——在本书中,除了版式方面的一些调整和注释方面的一些轻微修订之外,被递交给马丁·海德格尔的这个文稿在正文中未加改变地被复制了。

1 《法篇》775。

2 《出自思的经验》(1954 年版),第 9 页。

3 《面向思的事情》(1969 年版)。

4 让·博弗雷在上面被引用的那本书①的第 51 页上就是如此。

5 《路标》,即 1929 到 1962 年的论文、演讲和讲座的汇编的标

331

---

① 即《面向思的事情》。——译者注

题(1967 年版)

6 出自 1935 到 1946 年的论文的汇编《林中路》(1950 年版)的前言。

7 见《哲学的终结和思的任务》,载《面向思的事情》。

8 上面所引用的书①包含有"关于演讲'时间与存在'的一个研讨班的记录",这个演讲构成了该书的第一部分。

9 《泰然任之》(1959 年版),第 15 页。

10 上面所引用的书,第 16 页。

11 《尼采》(1961 年版),第 1 卷,第 618 页,《面向思的事情》第 61、30、78 页和海德格尔给 S. J. 威廉·J. 理查德森的《海德格尔:从现象学到思想》(海牙,1963 年版)写的前言。

12 在黑格尔 1807 年致齐尔曼(Zillmann)的一封书信中。

13 见《智者篇》263e 和《泰阿泰德篇》190a。

14 《泰阿泰德篇》155d。

15 在解释赫拉克利特残篇 16 的时候,载《演讲与论文集》(1967 年版),第三部分,第 55 页。

16 在解释巴门尼德的时候,载《面向思的事情》第 75 页。

17 《泰然任之》,第 45 页。

18 《形而上学导论》(1953 年版),第 10 页。

19 《泰阿泰德篇》173d - 176。

20 《政治学》1259a 6 及以下。

21 《国家篇》388。

22 这一出轨行为(今天人们——在愤怒已经平静下来之后,

---

① 即《面向思的事情》。——译者注

尤其是在数不清的谣言在某种程度上已经被纠正了之后——通常称之为"迷误")具有许多的方面,其中也包括魏玛共和国的时代,这个时代对于那些经历过这个时期还仍然活着的人来说绝不是在玫瑰色的红光中显现的,而在今天这个时代就是借助随之而来的东西的可怕背景在这种光中被看到的。迷误的内涵显然不同于当时曾有的和当时会有的"失误"。不只是海德格尔,谁都已经达及了这样的观念:国家社会主义应被看作"规定全球命运的技术与新时代的人之间的遭遇"[《形而上学导论》,第 152 页,编者注]——除非这个人没有读过希特勒的《我的奋斗》,而是读了意大利未来主义者的几部著作,而法西斯主义(不同于国家社会主义)的确不时地引证这些著作。与非常重大的迷误——这个迷误在于逃避盖世太保的地牢和(在帝国国会纵火案之后立即就被建立起来的)集中营的刑讯地狱中的现实,而遁入所谓的更重要的领域之中去——相比,这个迷误无关紧要。德国的人民诗人和歌曲作家罗伯特·吉尔伯特(Robert Gilbert)在四行诗中令人难忘地说出了在1933 年的那个春天真正发生的事情:

"无人再需带着斧头敲

遍每一扇门——

国家已经迸裂

就如一个瘟疫脓疮。"

[诗歌"国家的迸裂"(1933 年),载吉尔伯特:《抱怨是重要的,每个人都可以是友好的(1950 年)》,柏林版:阿拉尼,1982 年,第 67 页,编者注]

当然,不久之后海德格尔就看清了这次"迷误",然后担着比在当时德国大学中常见的危险要大得多的危险。但是,对无数的知

332

识分子和所谓的科学家们不能说同样的话,这些人们(不只是在德国)不是谈论希特勒、奥斯维辛、种族灭绝和作为不变的人口缩减政策的"根除",而是依然总是更喜欢根据当下突然产生的想法和趣味紧随柏拉图、路德、黑格尔和尼采,或者甚至是海德格尔、[恩斯特]荣格或者斯特芬·格奥尔格,以便用精神科学和观念史来装饰可怕的堕落景象。人们大概可以说:在此期间,在现实面前的逃避已经成了使命,不是逃避在一种精神性中——堕落与这种精神性毫无关系——而是逃避在表象和"观念"的幽灵领域中——这个领域离所有被经验和可经验的现实如此之远而滑入了纯粹的"抽象之物"中,以至于在这个领域中思想家们的伟大思想已经丧失了所有的坚固性,而且就像云的形成一样,一片转变为另一片、彼此交错。

23　《泰然任之》,第 32-34 页。

333

117

汉娜·阿伦特,1969 年 9 月,被呈献给马丁·海德格尔八十岁生日的"恭贺清单"中的一张纸,归海德格尔家族所有的一只小匣子

这份文稿的一份草稿现存于华盛顿特区国会图书馆里汉娜·阿伦特的文件中(第 59 盒,文件夹:"与马丁·海德格尔有关的通信,1952-1974 年")。本书中的文本是根据马丁·海德格尔死后出版的版本(载《纪念马丁·海德格尔:于 1976 年 5 月 26 日》,美茵河畔的法兰克福:克劳斯特曼,1977 年版,第 9 页)而被复制的。被选作格言的荷尔德林诗行出现在诗歌"爱琴海群岛"的最后面,见荷尔德林:《作品集》(黑林格拉特版,确切的出版信息见第 292

页),第4卷,第88-101页、第101页(汉娜·阿伦特加了斜体以示强调)。

118

马丁·海德格尔,1969年11月27日;原信,手写的,马尔巴赫德国文献档案馆中阿伦特的部分遗物

广播讲话:

刊载于本书的第179-192页。

帕施克:

汉斯·帕施克(Hans Paeschke,生于1911年)常年(从1947年直到1978年)任《水星》的编辑。"《水星》上的文本"指的是那个广播讲话。它是以"马丁·海德格尔八十岁了"为题被发表的。

《南德报》上的论文:

1969年9月27/28日的《南德报》刊发了那个广播讲话的一份摘录。

恭贺清单上你的文稿:

刊载于本书的第192页及以下。

麦斯基尔希和阿姆里斯维尔的庆祝:

关于麦斯基尔希的庆祝,见《马丁·海德格尔八十岁生日时来自他的家乡麦斯基尔希的祝贺》(见海德格尔作品索引,第422页)一书。——在图尔高①的阿姆里斯维尔举办的庆祝是(由瑞士的教师迪诺·拉雷泽[Dino Larese]组织的)举办于9月28日的一场公开集会,参见策勒在《马尔巴赫回忆录》(确切的出版信息见第329

---

① 图尔高(Thurgau)是瑞士的一个州。——译者注

334 　　**海德堡科学院专题座谈会的文本：**

1969 年 6 月 20 日和 21 日，在海德堡科学院的场地上举办了一次关于"海德格尔哲学"的专题座谈会，发言的人有让·博弗雷、汉斯-格奥尔格·伽达默尔、卡尔·略维特和卡尔-海因茨·福尔克曼-施鲁克(Karl-Heinz Volkmann-Schluck)(以《马丁·海德格尔的问题》为题公开发表，确切的出版信息见第 422 页)。

麦斯基尔希讲话：

由麦斯基尔希城以《1969 年 9 月 26 日八十岁生日之际在麦斯基尔希的发言》为题出版。

德国电视二台的广播本：

1969 年 9 月 24 日，德国电视二台(ZDF)播放了对马丁·海德格尔的一次电视采访(采访者：理查德·维塞尔[Richard Wisser]，生于 1927 年，当时是美因茨大学的哲学教授)。这份文本和维塞尔对这次事件的文献资料的记录，1970 年由阿尔伯出版社首次出版(《对话中的马丁·海德格尔》，理查德·维塞尔编)；随后再版：《回答：对话中的马丁·海德格尔》，君特·耐斯克和埃米尔·凯特灵(Emil Kettering)编，弗林根：耐斯克，1988 年版，第 17 - 76 页)。

阿姆里斯维尔讲话：

在阿姆里斯维尔，汉斯-格奥尔格·伽达默尔和埃米尔·施泰格做了发言，马丁·海德格尔致了答谢辞。施泰格和海德格尔的讲话刊发在《新苏黎世报》上(也见下文)。伽达默尔呈献了《马丁·海德格尔的问题》的一份新书样本。他在阿姆里斯维尔的讲话("思想家马丁·海德格尔")被收入了由海德堡科学院出版的这本书(那里的第 62 - 68 页)中。

H.约纳斯的文章：

汉斯·约纳斯："变易与持存：论历史性的东西的可理解性"，载《概观》（确切的出版信息见第 422 页），第 1－26 页。

1969 年 9 月 21 日和 10 月 5 日的《新苏黎世报》的两份剪报：

《新苏黎世报》第 579 期（1969 年 9 月 21 日刊，第 51 页）刊发了马丁·海德格尔的短文"标记"，以及吉翁·康道（Gion Condrau）的一篇文章"马丁·海德格尔与瑞士的精神病学：为这位德国哲学家的八十岁生日而作"。——这份报纸的第 606 期（1969 年 10 月 5 日刊，第 51 页以下）除了其他内容之外，还有埃米尔·施泰格在阿姆里斯维尔所做的发言（"马丁·海德格尔"）和马丁·海德格尔的答谢辞（编辑加的题目是"对人之栖留的追问"）。

335

出自 1964 年的一个文本：

图宾根-马堡演讲"现象学与神学"与马丁·海德格尔寄给在德鲁大学（美国新泽西州的麦迪逊）召开的会议"当今神学中非对象化的思和言的问题"的主办者的书信一起出版了："对关于'当今神学中非对象化的思和言的问题'的神学对话的主要着眼点的几点提示"。——在马丁·海德格尔通知取消他参加这次会议（1964 年 4 月 9 日至 11 日）的预定活动之后，汉斯·约纳斯被邀请成了主讲人。他的批判性的演讲"海德格尔与神学"引发了在美国的一场争论。这个演讲的德文版首先以"海德格尔与神学"为题公开发表在了《新教神学》杂志上，后来重印于《海德格尔与神学：讨论的开端和进展》一书中（格哈德·诺勒［Gerhard Noller］编，慕尼黑：凯泽，1967 年版，第 316－340 页）；也见本书的第 178 页。

119

汉娜·阿伦特,1969 年圣诞节;原信,机打的(有手写的署名),
马尔巴赫德国文献档案馆中海德格尔的遗物

新年之初,我必须去芝加哥两周:

虽然自 1967 年起汉娜·阿伦特就在纽约社会研究新学院的
研究生部接受了"大学教授"的固定职位,但是此后她依然感到对
她在芝加哥大学的昔日同事和学生负有责任(社会思想委员会[①]),
并且已经宣告了她乐意在1970 年1 月举办附带有关于"思"的研讨
班的讲座。事先她获得了洛约拉大学的荣誉博士学位,而这是与
做一个演讲的义务和参加一个学术交流会捆绑在一起的。也见汉
娜·阿伦特的下一封信。

我已多次非常深入地阅读了《面向思的事情》:

汉娜·阿伦特的《思想日记》中 1969 年四月份和九月份的条
目包含有关于思想的长长论述,在论述的过程中她也讨论了马
丁·海德格尔的《面向思的事情》。后来的著作《论精神生活》中的
许多想法在这里都大体可辨。——也见本书中的文献 116,在那里
汉娜·阿伦特同样援引了《面向思的事情》(第 181 页及以下),此
外见 1970 年 3 月 12 日的书信(第 198 页)。

斯奈尔,《精神的发现》:

确切的标题是:布鲁诺·斯奈尔,《精神的发现:欧洲思想在希
腊人那里的起源研究》,汉堡:克拉森,重新审定且再次扩充的第三
版,1955 年。汉娜·阿伦特所给出的页码与这个版本的页码一致。

---

① 社会思想委员会(Committee on Social Thought)是芝加哥大学几个授予博
士学位的委员会之一。这个委员会是交叉学科性的,并不以某一个特定的主题为核
心。——译者注

福尔卡德寄来的一封令人心痒的书信：

这封信被保存在华盛顿特区国会图书馆里汉娜·阿伦特的文件中（那里的第9盒）。福尔卡德回复了汉娜·阿伦特的一封信（已佚失，但见上文第178页）并在其中写下了这样的内容："……海德格尔——听到他你不会感到惊讶——这位深刻的天才人物是第一个当面高度评价你并鼓励我们去阅读你的著作的人"。

琼·斯坦博：

自1969年起任纽约亨特学院哲学教授的美国人琼·斯坦博（生于1932年）曾在弗莱堡学习并（随沃尔夫冈·斯特鲁维[Wolfgang Struwe]，以关于尼采的一篇论文）获得了博士学位。她已把马丁·海德格尔的许多著作翻译成了英文，最后翻的是《存在与时间》，见第313页以下。

罗伯特·洛威尔：

美国抒情诗人和剧作家（1917－1977）。罗伯特（卡）·洛威尔也是玛丽·麦卡锡的朋友，因此他经常成为《阿伦特-麦卡锡通信集》的谈论对象。

格雷的书《斗士》：

德文版：J. 格林·格雷，《盛怒的人或者人需要战争？》，带有汉娜·阿伦特写的一个前言，由莫尼卡·克鲁特克（Monika Kruttke）译自美式英语版，汉堡：韦格纳，1970年版。

我也享受着今年的教学休假：

汉娜·阿伦特被免除了在社会研究新学院一年的教学任务。洛克菲勒基金会资助了她的"休假"，以便她能够为其"沉思的生活"（即后来的：《论精神生活》）的计划而进行工作。

119a

汉娜·阿伦特致埃尔弗丽德·海德格尔,1969 年 12 月 25 日;原信,机打的(有手写的署名),马尔巴赫德国文献档案馆中海德格尔的遗物——写在带有如下印章的纸上:来自汉娜·阿伦特的书桌——

这封信中附有一篇 1969 年 8 月 10 日在《西雅图时报》上发表的文章:"马丁·海德格尔澄清他在德国纳粹时代所扮演的角色"。作者索菲·布卢门塔尔(Sophie Blumenthal)6 月 20 日同样也是在《西雅图时报》上已经发表了一条关于一个会议的报道,她把它寄送给马丁·海德格尔以让他了解并发表意见。马丁·海德格尔给这位作者回了一封信,在其中他纠正了她的错误言论。布卢门塔尔在上述的(第二篇)文章中刊发了他的回信,并"详细地"为她的错误道了歉,然而重复了她的基本的指责。——马丁·海德格尔写给索菲·布卢门塔尔的书信将在《海德格尔全集》第 16 卷中原封不动地发表。

120

汉娜·阿伦特,1970 年 3 月 12 日;原信,机打的(有手写的署名),马尔巴赫德国文献档案馆中海德格尔的遗物

没有围栏:

原文写的是"ohne Gelände"(没有场地)——鉴于阿伦特"没有围栏的思"的原则,这十有八九是一个打字错误。见汉娜·阿伦特关于"没有围栏的思"的论述,载"在多伦多与朋友和同事们的讨论"(1972 年),第 110 页。

关于空间的论文:

马丁·海德格尔：《艺术与空间》。

弟弟的书信：

弗里茨·海德格尔："一封生日来信"，载《马丁·海德格尔八十岁生日时来自他的家乡麦斯基尔希的祝贺》，第58-63页。

康德的弟弟写的书信：

约翰·亨利希·康德致伊曼纽尔·康德，1789年8月21日，载I.康德：《书信集》，由奥托·舒恩德尔弗（Otto Schöndörffer）编选并做评注，由鲁道夫·马尔特（Rudolf Malter）修订，扩展第3版，汉堡：迈纳（哲学图书馆，52a/b），1986年，第410-412页。——在瓦尔特·本雅明的论文集《德国人》中，康德的弟弟的这封信得到了刊印和评论，见瓦尔特·本雅明：《全集》，在西奥多·W. 阿多尔诺和格肖姆·肖勒姆（Gershom Scholem）的合作之下，由罗尔夫·蒂德曼（Rolf Tiedemann）和赫尔曼·施韦彭豪泽尔（Hermann Schweppenhäuser）出版，美茵河畔的法兰克福：祖尔坎普，第4卷（1972年），第156页及以下。

338

二月份，我在科罗拉多做了两个演讲：

在科罗拉多州斯普林斯市的科罗拉多学院——J. 格林·格雷在那里授课——，也在科林斯堡的科罗拉多州立大学。一个演讲的题目是"暴力与权力"，还有一个演讲的题目是"思想与道德的考量"。后者关乎汉娜·阿伦特对于对她的书《耶路撒冷的艾希曼》的批判之反思和与"沉思的生活"有关的讲座的最初形式。

121

弗里茨·海德格尔致汉娜·阿伦特，1970年4月27日；原信，手写的，马尔巴赫德国文献档案馆中阿伦特的部分遗物

自从星期天开始,他又回到家里了:

4月9日,马丁·海德格尔在巴伐利亚美术学院做了他的演讲"对艺术之使命的追问"。在从慕尼黑返程的途中,4月10日他在奥格斯堡①患上了一次轻微的中风,并被送进了医院。一周之后,他就被准许离开了,并乘坐着救护车在埃尔弗丽德·海德格尔的陪同下返回了弗莱堡。——汉娜·阿伦特在她的《思想日记》中把这件事记录了下来:"马丁中风了"。

122

埃尔弗丽德·海德格尔,1970年5月16日;原信,机打的(有手写的署名),马尔巴赫德国文献档案馆中阿伦特的部分遗物——写在像文献112那样的信笺上——

在南瑞士:

5月,汉娜·阿伦特和她的丈夫前往了台格纳,他们在欧洲一直待到8月。

123

埃尔弗丽德·海德格尔;1970年7月2日;原信,机打的(有手写的署名),马尔巴赫德国文献档案馆中阿伦特的部分遗物——写在像文献112那样的信笺上——

---

① 奥格斯堡(Augsburg)是德国施瓦本行政区(Schwaben)的首府。——译者注

124

汉娜·阿伦特,1970 年 7 月 28 日;原信,机打的(有手写的署名),马尔巴赫德国文献档案馆中海德格尔的遗物

我希望这次来访并没有让你过度劳累:

7 月 20 日,汉娜·阿伦特为了约定好了的访问从台格纳前往弗莱堡。显然,她是自己来的(没有带亨利希·布吕歇尔)。在其《思想日记》的标有日期 7 月 21 日和 22 日的一个条目之中,汉娜·阿伦特记录道:"嗨:'在我这里,存在是有限的。'作为对我的如下异议的答复:在解释希腊人的时候,他只赋予"显现"[phainesthai;德文:Erscheinen]以有效性,但是不赋予"在我看来"[dokei moi;德文:es scheint mir gut]以有效性。也谈到了希腊人的'悲观主义'……"。

附带归还手稿;我已经在这里制作了一份复印件:

指的是演讲"艺术的起源与思的使命"的手稿,这份手稿——带有汉娜·阿伦特手写的评论,这些评论与这封信下面的论述是相一致的——被保存在马尔巴赫德国文献档案馆里阿伦特的部分遗物之中。

你说未来会被……设想为"向人走来的东西":

所给出的页码指涉演讲的手稿;内容方面也可参见第 163 页。

塞纳:

汉斯·塞纳(生于 1934 年)是卡尔·雅斯贝尔斯多年的私人助手,而且在雅斯贝尔斯死后(1969 年)掌管着他的遗物。当时,他在准备出版《卡尔·雅斯贝尔斯讨论集》(见第 343 页)。

雅斯贝尔斯-评论的复印件:

马丁·海德格尔对雅斯贝尔斯的《世界观的心理学》(1919 年)

的评论,见文献 131 及以下。

色诺芬尼:一切只是意见而已(dokos d'epi pasi tetyktai):

在书信上,有马丁·海德格尔手写的资料出处"残篇 34",德文版(弟尔斯-克兰茨):"假象(猜想)附着于一切",见赫尔曼·弟尔斯(Hermann Diels):《苏格拉底以前的哲学家残篇》,由瓦尔特·克兰茨(Walther Kranz)编辑,修订第 6 版,第 1 卷(再版本,柏林:魏德曼,1951 年),第 137 页。

125

马丁·海德格尔,1970 年 8 月 4 日;原信,手写的,马尔巴赫德国文献档案馆中阿伦特的部分遗物

1969 年的托尔研讨班,第 43 页,论"可订造性":

所给页码依据的是 1970 年的内部出版物,在印刷版《四个研讨班……》(1977 年)中的页码是 106。

126

马丁·海德格尔,1970 年 11 月 9 日;原信(带有被附上的诗歌"时间"),手写的,马尔巴赫德国文献档案馆中阿伦特的部分遗物——署名"埃尔弗丽德"出自埃尔弗丽德·海德格尔之手——

现在这离别也是要求于你的:

1970 年 10 月 31 日,亨利希·布吕歇尔突然死于一次心肌梗塞。马丁·海德格尔通过格林·格雷听说了这个消息。

布尔特曼的信:

这封信已佚失。《现象学与神学》这部著作带有这样的献词:

"献给鲁道夫·布尔特曼,纪念 1923 年到 1928 年马堡岁月的友情"。

被附上的诗歌"时间"与在向勒内·夏尔致敬的活动中被刊发的那首诗逐字(但不是逐行)相应,见第 414 页上海德格尔作品索引中的"所思/沉思"。

127

汉娜·阿伦特,1970 年 11 月 27 日;原信,机打的(有手写的署名),马尔巴赫德国文献档案馆中海德格尔的遗物

时间-诗……与许许多多年前其他的一起:

见诗歌"死亡",第 80 页。

现在我走了,非常安宁:

"现在我走了"可能是在回应巴德学院 11 月 15 日为亨利希·布吕歇尔所举办的追悼会。布吕歇尔的一个同事朗读了出自苏格拉底《辩护词》的著名的话:"我们现在必须走,我去死,而你们去生。哪一个更好,只有神知道。"见《阿伦特-麦卡锡通信集》,第 392 页。

"la finitude est peut-être la condition de l'existence authent-ique.":

德文是:"Die Endlichkeit ist vielleicht Bedingung der echten Existenz"("有限性也许是真实生存的条件"),见马丁·海德格:《四个研讨班……》(1977 年版),第 97 页。

128

汉娜·阿伦特,1971 年 3 月 20 日;原信,机打的(署名和补充

是手写的),马尔巴赫德国文献档案馆中海德格尔的遗物——这封信的副本可以在马尔巴赫德国文献档案馆里阿伦特的部分遗物之中找到,那里缺少被添加上的手写附言;这个被刊载的文本依照原信——

神学-文章:

马丁·海德格尔:《现象学与神学》。除了 1928 年的演讲之外,这篇文章还包含有马丁·海德格尔 1964 年 3 月 11 日寄给德鲁大学的会议的书信,见第 335 页。

"玫瑰花的红[它]既不[在]花园之中,也不……在风中来回"摇曳:

见马丁·海德格尔:"几点提示……",载《现象学与神学》(1970 年),第 42 页;方括号出自汉娜·阿伦特和编者之手。——在原信的左边缘上,有马丁·海德格尔手写的对这个段落的注释:"O.Di[存在论差异],参见"语言",1950 年 10 月 7 日[《海德格尔全集》第 12 卷,第 7 页及以下]。

4 月 4 日,我会与朋友们一起从这里途径巴黎飞往西西里:

指的是玛丽·麦卡锡和她的丈夫詹姆士·韦斯特(James West),他们邀请了汉娜·阿伦特做这次旅行(见《阿伦特-麦卡锡通信集》,第 410 页及以下)。

我用一个分开的包裹寄了可耶尼科夫:

科耶尼科夫(Kojevnikoff)是亚历山大·科耶夫的全文拼写的(俄文)姓氏。指的可能是他的文章"概念与时间",载《丢卡利翁》(*Deucalion*),让·华尔(Jean Wahl)指导下出版的备忘录第 5 卷(《黑格尔研究》)(即《存在与思想》[*Etre et Penser*],第 40 卷),1955 年 10 月,第 11 - 20 页。——"黑格尔解释"指的应该是在第 324 页上被确切地援引的那本书。

129

马丁·海德格尔,1971 年 3 月 26 日;原信,手写的,马尔巴赫
德国文献档案馆中阿伦特的部分遗物

对于我与辩证法的争执来说……重要:

指的大概是马丁·海德格尔在许多讲座和研讨班中所从事的
与黑格尔的争执。被出版的关于黑格尔的著述可以在论文集《林
中路》("黑格尔的经验概念")和《路标》("黑格尔与希腊人")中找
到,此外参见讲座《德国观念论与黑格尔的精神现象学》以及《海德
格尔全集》中的《黑格尔》卷。

342

这可能是在 4 月 20 日之后:

4 月 20 日之后,汉娜·阿伦特离开苏黎世前往弗莱堡。在她
的《思想日记》中,可以找到一个标有日期"弗莱堡,1971 年 4 月 22
日"的关于"去-说"(Ent-sagen)的条目。根据汉娜·阿伦特的有关
附注,马丁·海德格尔自己把这个主题词"去-说"写进了她的笔记
本中。

比梅尔的来访:

瓦尔特·比梅尔(生于 1918 年)当时是亚琛工业学院的哲学
教授。1973 年,他在"罗沃尔特(Rowohlt)专著"系列中出版了一本
书:《马丁·海德格尔,带有自述和图片资料》(确切的出版信息见
第 406 页上的略语表)。也见第 244 页。

**这本书「献给勒内·夏尔的一个出版物」也包含着来自我的一
些东西:**

马丁·海德格尔:"所思/沉思"。

弗里德里希:

胡果·弗里德里希,也见第 227 页。

130

马丁·海德格尔,1971 年 5 月 17 日;原信,手写的,马尔巴赫德国文献档案馆中阿伦特的部分遗物

关于本雅明-布莱希特的小书:

汉娜·阿伦特:《瓦尔特·本雅明——贝托尔特·布莱希特:两篇论文》。被送给马丁·海德格尔且带有在接下来的段落中被评论的献词的样本,现在可以找得到。献词是这样写的:"献给马丁以纪念种种(dies und das)/汉娜于 1971 年 4 月 30 日"。——"种种"(带引号的和不带引号的)确立起了与贝托尔特·布莱希特的关联,当马丁·海德格尔在这封信的下文中大写"少许的东西"并给它加上引号("Wenig")的时候,使人想起布莱希特。十有八九与布莱希特的诗歌"老子在流亡途中著《道德经》一书的传说"的开始几行相关:

> "那时他七十岁并且老弱
>
> 可是先生还得另寻安宁处,
>
> [……]

343

> 他收拾好要用的东西:
>
> 少许的东西。但也还有种种。"

见贝托尔特·布莱希特:《诗歌全集》,第 2 卷,美茵河畔的法兰克福:祖尔坎普(祖尔坎普版系列图书,第 836 卷),1981 年第 3 版,第 660 页。在其布莱希特-论文中,汉娜·阿伦特这样地谈到了这首诗:它"属于我们世纪的……最沉寂和最令人欣慰的诗"(《黑

暗时代中的人》,第283页)。

愿你在欧洲的继续逗留令人满意:

汉娜·阿伦特在四月离开苏黎世前往弗莱堡(见上封信的注释,第342页)之后,继续她的欧洲之旅的各站:慕尼黑、科隆、伦敦和剑桥。5月24日,她返回了纽约。

纪念亨利希:

1971年5月28日,在巴德学院举行了一次由校友们发起的向逝世的亨利希·布吕歇尔表达敬意的纪念活动,见汉娜·阿伦特1971年2月13日致玛丽·麦卡锡的信(《阿伦特-麦卡锡通信集》,第410页)。

131

汉娜·阿伦特,1971年7月13日;原信,机打的(有手写的署名),马尔巴赫德国文献档案馆中海德格尔的遗物——这封信的副本也可以在马尔巴赫德国文献档案馆里阿伦特的部分遗物之中找到,二者是一致的——

关于荷尔德林的那本书:

马丁·海德格尔:《荷尔德林诗的阐释》。

琼的译文:

马丁·海德格尔:《论时间与存在》,由琼·斯坦博翻译并写了一个导论,纽约:哈珀与罗,1972年版。

派珀:

克劳斯·派珀(Klaus Piper,生于1911年)是卡尔·雅斯贝尔斯的出版商,也是汉娜·阿伦特的许多作品的出版商。

反思卷:

指的是后来的出版物《卡尔·雅斯贝尔斯讨论集》，由汉斯·塞纳编辑，慕尼黑：派珀，1973 年版。其中包括海德格尔 1920 年写就的当时没有公开发表的评论："评卡尔·雅斯贝尔斯的'世界观的心理学'（1919/21）"。详情见下一封信，也见第 202 页。

勒斯讷：

汉斯·勒斯讷（Hans Rössner）当时是派珀出版社的负责人。

附上的照片：

靠近叙拉古省的希腊剧院的那张照片现已佚失。但是，在马尔巴赫德国文献档案馆的图片档案中可以找到马丁·海德格尔的两张肖像照（在背面上有汉娜·阿伦特手注的日期"1970 年"）。可以推测：汉娜·阿伦特在 1970 年夏天的一次访问中自己拍摄了这些照片。

132

马丁·海德格尔，1971 年 7 月 15 日；原信，手写的，马尔巴赫德国文献档案馆中阿伦特的部分遗物

"哈贝马斯"的一篇文章，现在他又在祖尔坎普出版了他多年前发表在法兰克福汇报上的不成熟的论战文章：

在《卡尔·雅斯贝尔斯讨论集》（确切的出版信息见前一封信的注释）一书中，出现了于尔根·哈贝马斯的文章："真理的形象"（首次发表在《法兰克福汇报》1958 年 2 月 22 日刊上）。被马丁·海德格尔批评的"论战"也关乎于尔根·哈贝马斯的文章"与海德格尔一起反对着海德格尔而进行思考：论 1935 年的讲座的发表"，载《法兰克福汇报》1953 年 7 月 25 日刊。两篇文章又都被刊载于于尔根·哈贝马斯：《哲学-政治剪影》，美茵河畔的法兰克福：祖尔

坎普(祖尔坎普图书馆,第 265 卷),1971 年版,分别在第 99－108
页和第 67－92 页。

我自 1919 年以来的关于亚里士多德的尝试：

见《海德格尔全集》第 61 卷和第 62 卷,即 1921/22 年冬季学期
和 1922 年夏季学期的弗莱堡讲座,以及第 33 卷,即 1931 年夏季学
期的讲座。出自 1924 年的关于亚里士多德的另外一个讲座(《亚
里士多德哲学的基本概念》)直到现在还未出版①。

133

汉娜·阿伦特,1971 年 7 月 28 日;原信,机打的(有手写的署
名),马尔巴赫德国文献档案馆中海德格尔的遗物——这封信的副
本也可以在马尔巴赫德国文献档案馆里阿伦特的部分遗物之中找
到;在本书中被刊载的原稿略有不同——

134

马丁·海德格尔,1971 年 8 月 4 日;原信(带有被附上的诗歌
"塞尚"),手写的,马尔巴赫德国文献档案馆中阿伦特的部分遗物

"所思"中的一些东西：

除了其他的东西之外,还指被附上的诗歌"塞尚",也见下一
封信。

135

汉娜·阿伦特,1971 年 8 月 19 日;原信,机打的(有手写的署

---

① 　该讲座已于 2002 年作为《海德格尔全集》的第 18 卷出版了。——译者注

名），马尔巴赫德国文献档案馆中海德格尔的遗物——这封信的副本也可以在马尔巴赫德国文献档案馆里阿伦特的部分遗物之中找到；原信和副本是一致的——

约纳斯的旧画：

马丁·海德格尔1925/26年的一副肖像略图。它被杨-布吕尔刊印在图片部分中（《汉娜·阿伦特》，第369页之前），也见第221、223页。

塞尚-诗属于"所思"组诗吗？：

马丁·海德格尔生前出版的组诗"所思/沉思"（被刊发于《海德格尔全集》第13卷）包含有一首诗"塞尚"，但是它与寄给汉娜·阿伦特的那首并不一致。——"所思"是还尚未出版的《海德格尔全集》第81卷的标题，这一卷——作为还是由马丁·海德格尔自己规划的第13卷《出自思的经验》）的补充——会收入另外的诗歌和具有诗的形式的思义。——诗歌"塞尚"有三个版本：第一个（就如被指出了的那样）在《海德格尔全集》第13卷中，第二个被刊印在本书之中，而第三个将出现在第81卷中。

你公开出版的所有作品的主题索引：

也见第236页，在那里汉娜·阿伦特表达了同样的想法。——这样的一份索引直到今天都没有被完成。但是，在1961年，希尔德加德·法依克（Hildegard Feick）编制的《海德格尔的〈存在与时间〉索引》在尼迈耶出版社出版了（1968年第2版），就如马丁·海德格尔在1972年6月22日的书信（文献147[①]）中所写的那样，"从《存在与时间》这里来看（因而是受限的），它同时也是所有

---

① 原文中标注的是文献145，有误。——译者注

后期著述的一份词语索引"。也见第 254 页。——现在，这部索引有了由苏珊娜·齐格勒(Susanne Ziegler)修订的第四版(1991 年)。

昨天，格林的答复来了：

格林·格雷致汉娜·阿伦特的信标注的日期是 1971 年 8 月 15 日，在华盛顿特区国会图书馆里汉娜·阿伦特的文件中(第 10 盒)可以找到它。

比如，霍夫斯塔特根本就没有参与被涉及的这本书：

涉及的可能是琼·斯坦博的译文《论时间与存在》，见第 343 页。

136

汉娜·阿伦特，[1971 年 9 月 24 日]；写在用纽约赫申和卡特尔公司的送花收据做成的卡片上的文字，马尔巴赫德国文献档案馆中阿伦特的部分遗物

137

汉娜·阿伦特，1971 年 10 月 20 日；原信，机打的(有手写的署名)，马尔巴赫德国文献档案馆中海德格尔的遗物——这封信的副本也可以在马尔巴赫德国文献档案馆里阿伦特的部分遗物之中找到；原信和副本是一致的——

恩斯特·沃尔拉特：

马丁·海德格尔写了被请求的鉴定，见第 223 页。——沃尔拉特(生于 1932 年)1969 年在科隆大学取得了大学授课资格。1973 年到 1976 年，他在社会研究新学院的研究生部授课。从 1976

年起，他任科隆大学的政治哲学教授。

维尔纳·马克思：

维尔纳·马克思(1910-1994)20年代曾在弗莱堡学习哲学，然后在波恩通过了一个法律方面的国家考试。1934年，他被开除公职，先是流亡到巴勒斯坦，然后到了美国。他作为社会研究新学院的夜校学生再次开始学习哲学，1949年在卡尔·略维特的指导下以一篇关于亚里士多德本体论的论文获得了博士学位。1964年他成了弗莱堡大学的哲学正教授(先前由胡塞尔和海德格尔把持的教席)，并在1970年成了弗莱堡胡塞尔档案馆的负责人。

帕特里克·雷维……他想在法国出版你的一系列论文。他翻译并在《批评》上发表了我关于你的文章：

347
雷维从未真的编辑过海德格尔的论文集。——"马丁·海德格尔八十岁了"的法文译文的确切书目信息如下：汉娜·阿伦特："Martin Heidegger a quatre-vingt ans"(帕特里克·雷维译[与芭芭拉·卡森〈Barbara Cassin〉合作]，由作者复审和修订)，载《批评》，1971年10月第293期，第918-929页。

138

马丁·海德格尔，1971年10月24日；原信，手写的，马尔巴赫德国文献档案馆中阿伦特的部分遗物

《尼采》第一卷和第二卷的法文译本：

马丁·海德格尔：《尼采》，由皮埃尔·克洛索夫斯基(Pierre Klossowski)从德文译出，巴黎：加利马尔，1971年版。

你对理论的研究：

指的是汉娜·阿伦特的与其"沉思的生活"计划有关的研究，

也见下面的第 226 页。

139

马丁·海德格尔,1971 年 10 月 28 日;原信,手写的,马尔巴赫德国文献档案馆中阿伦特的部分遗物——署名"埃尔弗丽德"出自埃尔弗丽德·海德格尔之手——

我已经尝试着在随信附上的两页纸上对恩斯特·沃尔拉特的成果说了一些东西:

这两页纸在遗物中找不到。马丁·海德格尔所提及的那篇杂志文章指的是恩斯特·沃尔拉特的"柏拉图的回忆说(Anamnesislehre)与海德格尔关于形而上学中的回忆(Erinnerung)的论点",载《哲学研究杂志》1969 年第 23 期,第 349 – 361 页。

140

汉娜·阿伦特,1972 年 2 月 2 日;原信,机打的(有手写的署名),马尔巴赫德国文献档案馆中海德格尔的遗物——这封信的副本也可以在马尔巴赫德国文献档案馆里阿伦特的部分遗物之中找到;原信和副本是一致的——

在这个地方,我们在系里有着巨大困难:

在(1972 年 1 月 16 日)致恩斯特·沃尔拉特的一封信中,汉娜·阿伦特写得更加清楚一点:"由于目前所有大学都在采取的节约措施,我们这里的一切眼前都是一团糟。此外,还有其他的困难——鬼知道我们新学院的哲学系会变成什么样子。"(来源:华盛顿特区国会图书馆中汉娜·阿伦特的文件,第 15 盒,文件夹"恩斯特·沃尔拉特,1970 - 1975 年")。

　　亲密的同事们:

其中包括汉斯·约纳斯。

我讲授了关于意志史的课程并举办了关于意志史的研讨班——从保罗/罗马人的书信直到海德格尔的《泰然任之》:

在社会研究新学院研究生部的两个课程被宣布的标题是"意志史"。它们与汉娜·阿伦特关于"意志"的季福德讲座的第二部分的工作("意志",即后来的《论精神生活》的第二卷)相关。也见下文的第 235 页。

梅洛-庞蒂:

莫里斯·梅洛-庞蒂(Maurice Merleau-Ponty,1908 - 1961),法国哲学家。

尤韦·詹森:

汉娜·阿伦特和尤韦·詹森(1934 - 1984)于 1965 年在纽约第一次相遇,慢慢成了好朋友。在他四卷本的小说作品《周年》中,詹森把汉娜·阿伦特作为塞德里茨(Seydlitz)伯爵夫人来描画。关于他与她的关系,参见贝恩德·诺依曼(Bernd Neumann):"通信集,尤韦·詹森与汉娜·阿伦特",载《你:文化杂志》1922 年 10 月第 10期,第 62 - 66 页。

141

马丁·海德格尔,1972 年 2 月 15 日;原信(附有诗歌"感谢"),手写的,马尔巴赫德国文献档案馆中阿伦特的部分遗物

霍克海默在瑞士的一个演讲:

马丁·海德格尔提及的是哪个演讲——即使是借助于霍克海

默《著作集》的编者贡兹林·施米德·内尔（Gunzelin Schmid
Noerr)的帮助——未能得到确证。

伽达默尔的黑格尔研究和他的《短论集》的第三卷：

汉斯-格奥尔格·伽达默尔：《黑格尔的辩证法：五个解释学的
研究》,图宾根：莫尔,1971 年版；同一作者：《短论集》,第三卷,图宾
根：莫尔,1971 年版。

梅洛-庞蒂……一卷遗作也已出版了：

自从莫里斯·梅洛-庞蒂(1908 - 1961)死后,许多死后遗留的
著述都被出版了：《可见的与不可见的》(1964 年)；《哲学赞词和其
他论文》(1965 年)；《世界的散文》(1969 年)；此外还有他在索邦神
学院和法兰西学院所做的讲座(分别在 1964 年和 1968 年)。

舍尔斯基的文章：

在阅者众多的文章"'克服体系'的策略"(带有副标题："穿越349
机构的长征")中,社会学家赫尔穆特·舍尔斯基(1912 - 1984),如
他自己所写的那样,对"激进左派的政治策略"进行了诊断。这篇
文章重印于赫尔穆特·舍尔斯基：《克服体系、民主化和三权分立：
联邦共和国中的原则性冲突》,慕尼黑：贝克,1973 年版,第 19 -
37 页。

恩斯特·沃尔拉特的文章：

恩斯特·沃尔特拉："政治学与形而上学：论汉娜·阿伦特的
政治思想",载《政治学杂志》,新增序列第 18 卷,第 3 期(1971 年),
第 205 - 232 页。

**弗里德里希……一次关于马拉美的散文诗"白睡莲"的出色
演讲：**

1972 年 2 月 12 日哲学-历史班级（phil.-hist. Klasse）①在弗莱堡的会议，见"弗里德里希先生做了一次关于'马拉美，白睡莲。一个阐释'的演讲"，载《海德堡科学院 1972 年年鉴》，海德堡：文特，1973 年版，第 39 页以下；此外参见胡果·弗里德里希："马拉美，白睡莲：来自一次讲座（1952/1971）"，载该作者：《罗曼语文学：文集Ⅰ——法国》，布里吉特·施耐德-帕夏利（Brigitte Schneider-Pachaly）编，美茵河畔的法兰克福：克劳斯特曼，1972 年版，第 227-236 页。

被附上的诗歌"感谢"的第一版曾在组诗"所思/沉思"中发表过（重印于《海德格尔全集》第 13 卷，第 224 页）。还有一个第三版，应该会被刊印在《海德格尔全集》第 81 卷当中。

142

汉娜·阿伦特，1972 年 2 月 21 日；书信复件，机打的（有手写的署名），马尔巴赫德国文献档案馆中阿伦特的部分遗物

约阿希姆·费斯特：

约阿希姆·费斯特：《第三帝国的脸：集权统治剪影》，慕尼黑：派珀，1963 年版。

施佩尔-回忆录：

阿尔伯特·施佩尔（Albert Speer）：《回忆》，柏林：普罗雷恩，1969 年版。

耐斯克：

君特·耐斯克（Günther Neske），就如马丁·海德格尔在其回

---

① 德国的一个科学学会。——译者注

信中所写的那样,是"我的三个出版商"之一。另外两个是:维托里奥·克劳斯特曼(Vittorio Klostermann)和赫尔曼·尼迈耶(Hermann Niemeyer)。

143

马丁·海德格尔,1972 年 3 月 10 日;原信,手写的,马尔巴赫德国文献档案馆中阿伦特的部分遗物

我不能想象一部全集:

马丁·海德格尔在 1973 年 9 月改变了他在全集事宜方面的想法,见第 251 页。

在我或多或少地完成了"转折"之后:

"转折"是马丁·海德格尔自己引入的用以标示其思想中的一次根本性改变的概念:"从早先的生存论存在论的开端转向后来的存在历史的思想"(温弗里德·弗兰岑[Winfried Franzen])。"转折"是阐释海德格尔思想的广泛努力的对象;在何时、是否和若有可能的话多久发生了一次"转折",以及马丁·海德格尔自己在这方面的表述如何能被解释方面,存在着诸多不同的观点。见(弗兰岑的)概述,载《哲学历史辞典》(确切的出版信息见第 290 页),第 4卷(1976 年版),第 806－809 行;此外参见弗里德里希-威廉·冯·赫尔曼:"形而上学的终结与思想的另一个开端:论海德格尔的转折概念",载《进入本有之路:论海德格尔的"哲学论稿"》,美茵河畔的法兰克福:克劳斯特曼,1994 年版,第 64－84 页。——汉娜·阿伦特在其《思想日记》(被标注的日期是"1969 年 8 月")中解释道:"作为佩内洛普的托词的思想:在转折中,存在与时间依据存在论差异而被'解构'了;存在论差异被收回到了'思的事情'之中,第 36

页;参见第61、78页"。所给出的页码指涉的是马丁·海德格尔的《面向思的事情》。

144

汉娜·阿伦特,1972年3月27日;原信,机打的(有手写的署名),马尔巴赫德国文献档案馆中海德格尔的遗物——这封信的副本也可以在马尔巴赫德国文献档案馆里阿伦特的部分遗物之中找到,在这里它是根据含有少量的修订和一则简短手写附言的原稿而复制的——

只是当时我对于出版商——首先甚至就是派珀——就是如此地盛怒:

汉娜·阿伦特当时(1971年底,1972年初)为什么对克劳斯·派珀或者派珀出版社"盛怒",未能得到证实。

瓦莱里的应景评论:"时而我思,时而我在"吗?:

这个评论以"时而我思且时而我在"的形式出现在瓦莱里的"致外科医生"(1938年)之中。汉娜·阿伦特经常不给资料出处地提到它。她把瓦莱里的原本形式用作死后出版的著作《论精神生活》的第1卷第19节的标题。

荣誉博士学位……,其中的五个是我今年获得的:

根据遗物保管人洛特·克勒(Lotte Köhler)女士的信息,汉娜·阿伦特在1972年获得了如下的四个荣誉博士学位:圣母大学的"法学博士"(5月21日);福德姆大学的"人文学博士"(6月3日);普林斯顿大学的"文学荣誉博士"(6月6日);达特茅斯学院的"文学博士"(6月11日)。一年前,耶鲁大学授予了她"人文学博士"(1971年6月14日)。

芝加哥大学的校长：

指的是莱希特·爱德华·赫希·李维（Recht Edward Hirsch Levi，生于 1911 年），他在 1967 年成了芝加哥大学的校长。在其 1968 年 12 月 21 日致玛丽·麦卡锡的信中，汉娜·阿伦特以相似的方式对他进行了谈论，见《阿伦特-麦卡锡通信集》，第 343 页。

八月我会在科摩湖，洛克菲勒基金会在那里供养着一所房子用于安静的和适合休养的工作：

塞尔贝洛尼（Serbelloni）别墅，见下面的第 238 页。此外，参见汉娜·阿伦特 1972 年 8 月 22 日致玛丽·麦卡锡的信（《阿伦特-麦卡锡通信集》，第 454 页及以下）。

145

马丁·海德格尔，1972 年 4 月 19 日；原信，手写的，马尔巴赫德国文献档案馆中阿伦特的部分遗物——署名"和埃尔弗丽德"出自埃尔弗丽德·海德格尔之手——

1924 年夏季学期关于亚里士多德《修辞学》第二卷的重要讲座，我既找不到我的手稿也找不到任何的抄本：

指的是讲座《亚里士多德哲学的基本概念》。导论的手稿和全部讲座的三个抄本后来被找到了。这个讲座将作为《海德格尔全集》第 18 卷出版。

146

352

汉娜·阿伦特，1972 年 6 月 18 日；原信，机打的（有手写的署名），马尔巴赫德国文献档案馆中海德格尔的遗物——这封信的副本也可以在马尔巴赫德国文献档案馆中阿伦特的部分遗物之中找到。在原稿（它在这里被刊载了）中，汉娜·阿伦特已经做了一些小的改正——

自由论文：

弗里德里希·威廉·约瑟夫·冯·谢林：《关于人类自由的本质的哲学研究》（1809 年）。

琼·斯坦博现在被确定为译者了：

由琼·斯坦博以《谢林论人类自由》为题翻译的马丁·海德格尔的书《谢林论人类自由的本质的论文》，1978 年由俄亥俄州立大学出版社出版。斯坦博自己以之为据的谢林-译文来自詹姆士·古特曼（James Gutmann）：《论人的自由：F. W. J. 谢林的"关于人类自由的本质的哲学研究"的一个译本》，带有詹姆士·古特曼的一篇批判性的导论和一些注释，芝加哥：奥本考特，1936 年版。

去年，在意志上，我做了很多的工作；在讲座和研讨班中，我是以你的《泰然任之》结尾的：

见第 224 页。

斯特芬·格奥尔格的两行诗：

出自格奥尔格的诗"凶手"（出自组诗《生命之毯》[确切的出版信息见第 269 页]，第 51 页）的引文，原文是这样写的："Wer niemals am bruder den fleck für den dolchstoss bemass / Wie leicht ist sein leben und wie dünn das gedachte / Dem der von des schierlings betäubenden körnern nicht ass!"。

公开发表的著述的索引：

见上面的第 345 页。

我从谢林书中看出你现在有助手：

希尔德加德·法依克是这本书的责任编辑。

阿斯科特宾馆：

在阿伦特 1972 年 7 月 21 日的书信的信头上，阿斯科特宾馆的
地址是：拉瓦特尔大街 15 号。

147

马丁·海德格尔，1972 年 6 月 22 日；原信，手写的，马尔巴赫
德国文献档案馆中阿伦特的部分遗物

148

汉娜·阿伦特，1972 年 7 月 21 日；原信，机打的（有手写的署
名和补充），马尔巴赫德国文献档案馆中海德格尔的遗物——这封
信的副本也可以在马尔巴赫德国文献档案馆里阿伦特的部分遗物
之中找到。在这里复制的原稿是被写在苏黎世阿斯科特宾馆的纸
张上，并且包含有手写的修改以及上面提到的补充——

不要在 26 日：

9 月 26 日，马丁·海德格尔庆祝他的八十三岁生日。

康德说的大概是：理性厌恶结果，它总是一再地消解它们：

汉娜·阿伦特的这个断语指涉的可能是康德手稿遗作中的两
个反思：反思 5019 和反思 5036，载《康德全集》，普鲁士科学院编，
第三部分（《手稿遗作》），第 5 卷（1928 年版）。汉娜·阿伦特在《思
想》中在这个意义上对它们进行了阐释。

魏茨泽克：

卡尔·弗里德里希·冯·魏茨泽克（Carl Friedrich von

Weizsäcker)生于 1912 年,当时是马克斯-普朗克研究院科学技术世界的生活条件研究所的所长。他从 1935 年起认识了马丁·海德格尔,见他的"纪念马丁·海德格尔",载《纪念马丁·海德格尔》,君特·耐斯克编,弗林根:耐斯克,1977 年版,第 239－247 页。在那里,魏茨泽克报道说他"在 1972 年的深秋"最后一次拜访了马丁·海德格尔。——上述研究所当时的合作者 G. 伯梅(Böhme)的评论以"'把物理学思考到底':卡尔·弗里德里希·冯·魏茨泽克的哲学"为题发表,载《水星》1972 年第 26 卷第 6 期,第 593－597 页。

梅尔维尔,《比利·巴德》:

赫尔曼·梅尔维尔的小说《比利·巴德》是汉娜·阿伦特特别喜欢的文学作品之一。在她的书《论革命》中讨论"善与恶及其对人的运程的影响问题"的时候(那里的第 103 页及以下),她借用了梅尔维尔的诗性洞见。

致以所有美好的祝愿,尤其是为了你的"60 页":

这句话关乎马丁·海德格尔对于他想给后世留下什么东西的想法(见第 167 页,也参见第 230 页)。"60 页"(后来也说 65 页)是此事的一个代号。根据汉娜·阿伦特写给 J. 格林·格雷的一封信(1975 年 8 月 16 日;来源:华盛顿特区国会图书馆中汉娜·阿伦特的文件,第 10 盒)的说法,他想在其中写下"他的哲学的精髓"。

354

149

马丁·海德格尔,1972 年 9 月 12 日;原信,手写的,马尔巴赫德国文献档案馆中阿伦特的部分遗物

150

马丁·海德格尔,1972 年 9 月 17 日;原信,手写的,马尔巴赫德国文献档案馆中阿伦特的部分遗物

我们 9 月 24 日等你:

汉娜·阿伦特 9 月 24 日曾在弗莱堡,海德格尔的出版物《早期著述集》(见海德格尔的作品索引,第 414 页)的一个样本中的献词证实了这一点。

我的侄女:

克洛提尔德·奥施瓦尔德(Clothilde Oschwald)是马丁·海德格尔唯一的妹妹玛丽(1892 - 1956)的女儿。她的丈夫亨利希·拉普(Heinrich Rapp)是巴特塞京根①的公证人,也见第 309 页。

151

马丁·海德格尔,1972 年 12 月 8 日;原信,手写的,马尔巴赫德国文献档案馆中阿伦特的部分遗物——署名"埃尔弗丽德"出自埃尔弗丽德·海德格尔之手——

感谢你放大的照片:

可能是汉娜·阿伦特用她的美乐时相机给马丁·海德格尔拍摄的一些肖像照的放大照片;见上文的第 161 页。

苏格兰讲座:

汉娜·阿伦特承担了为苏格兰阿伯丁大学的季福德讲座做一组讲座的任务。她所选的题目是"论精神生活"(*The Life of the Mind*)(死后以德文出版:*Vom Leben des Geistes*),而 1973 年四月

---

① 巴特塞京根(Bad Säckingen)位于德国巴登-符腾堡州。——译者注

和五月所举办的第一批活动公开的题目是"思想"。

152

马丁·海德格尔,1973 年 2 月 24 日;原信,手写的,马尔巴赫德国文献档案馆中阿伦特的部分遗物

格林·格雷获得了巨大的成功:

1973 年春季学期,格雷在社会研究新学院的研究生部举办了关于黑格尔的一个讲座和一个研讨班。汉娜·阿伦特定期地参加了那个研讨班,格雷住在她的公寓房间里。

153

马丁·海德格尔,1973 年 5 月 5 日;原信,手写的,马尔巴赫德国文献档案馆中阿伦特的部分遗物

雪莉·格雷:

乌尔苏拉和格林·格雷的女儿,1972/73 年她借助德意志学术交流中心的奖学金在弗莱堡大学学习。为了听汉娜·阿伦特的讲座,她去了阿伯丁。显然,马丁·海德格尔把这封信写往了阿伯丁。

154

马丁·海德格尔,1973 年 7 月 9 日;原信,手写的,马尔巴赫德国文献档案馆中阿伦特的部分遗物

两本康福德的书:

指的是古典语文学家弗朗西斯·麦克唐纳·康福德（Francis

McDonald Cornford)众多出版物中的两本。被提及的是哪"两本"无法被确切地指出,不存在两卷本的康福德著作。

曼德尔施塔姆的自传:

娜杰日达·曼德尔施塔姆:《狼的世纪:一部自传》,由伊丽莎白·马勒尔(Elisabeth Mahler)从俄文译出,美茵河畔的法兰克福:费舍尔,1970 年版。

关于动词存在/是[einai]的文章:

可能是查理斯·H. 卡恩(Charles H. Kahn)的"希腊动词'to be'和 Being 概念",载《语言的基础:国际语言与哲学杂志》,1966 年第 2 期,第 245 - 265 页。

因为思想与存在是同一的:

巴门尼德 B3;德文本(据弟尔斯-克兰茨):"denn dsselbe ist Denken und Sein"。见 H. 弟尔斯:《苏格拉底以前的哲学家残篇》(确切的出版信息见第 339 页),第 1 卷,第 231 页。

155

汉娜·阿伦特,1973 年 7 月 18 日;原信,机打的(有手写的署名),马尔巴赫德国文献档案馆中海德格尔的遗物

比梅尔的罗罗罗出版社的书:

356

瓦尔特·比梅尔的专著《马丁·海德格尔》,见缩略表,第 406 页。

科耶夫——对于他非常有影响的黑格尔解释,我们偶尔曾谈及过:

参见第 160 页和第 209 页。总共有三卷以信中所提及的标题出版的遗作:《论异教徒哲学的思想史》(巴黎:加利马尔,1968 年

版,1972 年版,1973 年版)。

156

马丁·海德格尔,1973 年 7 月 29 日;原信,手写的,马尔巴赫德国文献档案馆中阿伦特的部分遗物

波格勒关于我的"思想道路"的那本书:

奥托·波格勒:《马丁·海德格尔的思想道路》,弗林根:耐斯克,1963 年版。

我们……与两个儿子以及女儿在小木屋里度过了美好的一天:

"女儿"指的是养女艾丽卡·多伊尔(Erika Deyle),娘家姓比尔勒(Birle)。此外,侄女克洛提尔德·拉普(Clothilde Papp,娘家姓奥施瓦尔德)和孙女格特鲁德(Gertrud,儿子约格的女儿)也都出席了为埃尔弗丽德·海德格尔八十岁生日而举办的家庭集会。

157

马丁·海德格尔,1973 年 11 月 19 日;原信,手写的,马尔巴赫德国文献档案馆中阿伦特的部分遗物

与法国朋友们一起为我最后的研讨班:

"查林根研讨班"(见海德格尔的作品索引,第 421 页)是在马丁·海德格尔的弗莱堡的家中(菲力巴赫 25 号)举行的,参加的有让·博弗雷、弗朗索瓦·费迪耶(François Fédier)、弗朗索瓦·瓦岑(François Vezin)、亨利-塞维尔·蒙日(Henri-Xavier Mongis)和雅克·塔米尼奥(Jacques Taminiaux)。

关于"意志"的艰难问题：

显然，汉娜·阿伦特已经在佚失了的"生命征象"中报道说：在其季福德讲座的第二个系列中，她会处理"意愿"这个主题，见第357页、第359页及以下。

琼·斯坦博正着手于《存在与时间》的一个新的译本：

琼·斯坦博的译本《存在与时间》1996年出版，确切的出版信息见第313页以下。

158

马丁·海德格尔，1974年3月14日；原信，手写的，马尔巴赫德国文献档案馆中阿伦特的部分遗物

159

马丁·海德格尔，1974年6月20日；原信，手写的，马尔巴赫德国文献档案馆中阿伦特的部分遗物

琼·斯坦博带来的关于你今年的讲座中断的消息：

5月5日，汉娜·阿伦特在阿伯丁遭受了一次心肌梗塞的痛苦。在她能够途径伦敦前往台格纳之前，她不得不在医院里（最初是在监护病房）度过了大约三周的时间，见《阿伦特-麦卡锡通信集》，第510页及以下。被中断的关于"意愿"的讲座本应在1975年秋天补上（见下面的第359页以下），但是后来基于汉娜·阿伦特的意愿推迟到了1976年春天。这些讲座再也没有举办过。1975年12月4日，汉娜·阿伦特遭受了第二次心肌梗塞的痛苦，没有能够存活下来。她留下了已经完成了的讲座手稿"意愿"（《论精神生

活》第 2 卷）。

我……有幸得到了芬克的一个学生冯·赫尔曼讲师可靠的和真正参与性的帮助：

弗里德里希-威廉·冯·赫尔曼（生于 1934 年）当时（从 1972 年起）是马丁·海德格尔的私人助手。1979 年，他成了弗莱堡大学的哲学教授。还在马丁·海德格尔活着的时候，他就编辑了《海德格尔全集》的第一本（第 24 卷，1975 年），而且从那以后，他又编辑了马丁·海德格尔死后由其子赫尔曼照管的全集版的另外十二卷。关于与马丁·海德格尔的合作和海德格尔对其编辑工作的指示，赫尔曼在他的文章"海德格尔的讲座在其最后之手版全集中的编辑"中做了报道，载《弗莱堡大学报》，1982 年 12 月第 78 期，第 85 - 102 页。

160

马丁·海德格尔，1974 年 6 月 23 日；原信，手写的，马尔巴赫德国文献档案馆中阿伦特的部分遗物

161

汉娜·阿伦特，1974 年 7 月 26 日；书信复件，机打的（有手写的署名），马尔巴赫德国文献档案馆中阿伦特的部分遗物

358 **冯·赫尔曼先生已经寄送给我的那两份讲座抄本：**

指的是《论人类自由的本质》（1930 年夏季学期）和《思与诗》（1944/45 年冬季学期）。

自由-手稿中的康德解释：

见马丁·海德格尔:《论人类自由的本质》,第二部分(《海德格尔全集》,第 31 卷,第 139 页及以下)。

选择[proairesis, προαίρεσις]:

亚里士多德的 προαίρεσις 被汉娜·阿伦特解释为"choice in the sense of preference between alternatives one——rather than another"("在偏好的意义上在各选项之间选择一个——而不是另外一个");(赫尔曼·维特[Hermann Vetter]翻译的)德文:die Wahl im Sinne des Vorziehens einer von mehreren Möglichkeiten("在偏好的意义上从许多的可能性中选择一个"),见《意愿》,第 59 页。

我在这里随信为你附上了所谓的目录,即一份简短的内容提要,它是我必须为季福德讲座准备好的东西:

第二个系列的讲座的目录与被出版的"意愿"文本的"导论"是一致的。

"哲学的攻击性特征",即它"直达我们的根基":

马丁·海德格尔:《论人类自由的本质》,尤其是一开始的五个段落(《海德格尔全集》第 31 卷,第 1－38 页)。

162

马丁·海德格尔,1974 年 9 月 17 日;原信,手写的,马尔巴赫德国文献档案馆中阿伦特的部分遗物

在此期间,你也许已经听说了:我决定准备一部全集:

详情参见已经被提到的弗里德里希-威廉·冯·赫尔曼的那篇文章,见第 357 页;也参见第 230 页。

学年的开端:

汉娜·阿伦特为新学院研究生部的 1974 年秋季学期提供了

一个关于"论精神生活：思想"的课程；1975年春季继之以第二部分
"意愿"。

163

马丁·海德格尔，1974年9月26日之后；手写的，为了对八十
五岁生日的祝贺而复制的致谢卡片，带有本人的补充，马尔巴赫德
国文献档案馆中阿伦特的部分遗物

164

马丁·海德格尔，1975年6月6日；原信，手写的，马尔巴赫德
国文献档案馆中阿伦特的部分遗物

你现在长时间地待在马堡，并在那里开展工作：

六月，汉娜·阿伦特待在德国文献档案馆，主要是为了审阅卡
尔·雅斯贝尔斯的遗作以及她自己与他的通信。

如果你能够从马堡"到这边来"花上一天时间：

汉娜·阿伦特可能是在她在马堡的逗留结束之后才动身前往
苏黎世的，途中在弗莱堡做了停留（6月29/30日）。从苏黎世她又
前往了台格纳，就她的记事日历来推断，她是7月1日抵达那里的。

你在丹麦获得的[那个大奖]：

1975年4月18日，汉娜·阿伦特获得了索宁奖，这个奖是为
了纪念丹麦作家和编辑 C. J. 索宁（Sonning）而设立的，从1950年
起，每两年都会被授予一位为"欧洲文明"做出了特别贡献的人。
为了在哥本哈根大学举行的典礼，汉娜·阿伦特去了欧洲。

克雷尔博士：

大卫·法雷尔·克雷尔(David Farrel Krell)编辑了马丁·海德格尔的一本选集《从〈存在与时间〉(1927年)到〈思的任务〉(1964年)的主要作品》(哈珀与罗,1977年版)。此外,他还翻译了两卷本的《尼采》(同样是哈珀与罗,四本,1979年,1982年)。在《主要作品》中,《存在与时间》的"导论"连带如下的翻译指示被刊载了出来:通过琼·斯坦博与J.格林·格雷和编辑(即D. F.克雷尔)的合作,来进行翻译。

策勒教授:

伯恩哈德·策勒当时是马尔巴赫德国文献档案馆的馆长,见上文的第329页。

165

汉娜·阿伦特,1975年7月27日;书信复件,机打的,马尔巴赫德国文献档案馆中阿伦特的部分遗物

我会在十月份完成我的苏格兰讲座的第二部分:

关于"意愿"这个主题的讲座在1976年春天再次被推延了,可是从未被举办过(见上文的第357页)。但是,手稿"意愿"是完成了的,并且像"思想"一样能够在死后由玛丽·麦卡锡来编辑;德文版的《论精神生活》包含有《思想》与《意愿》两卷。

判断力:

汉娜·阿伦特曾计划着1976年春季学期在社会研究新学院的研究生部举办一个关于"判断"的研讨班作为她荣休之前的最后一次活动。"判断"本应也成为她的《论精神生活》三部曲的最后一个部分。她再也不能着手于她的手稿了,但是见《判断》(英文版:《关于康德政治哲学的讲座》)。

法依克女士的索引：

见第 345 页。

166

马丁·海德格尔,1975 年 7 月 30 日;原信,手写的,马尔巴赫德国文献档案馆中阿伦特的部分遗物

显然,第一个被提及的来访日期(8 月 12 日)被达成了一致。通过汉娜·阿伦特的记事日记中记录的内容和一个献词,这个日期都同样地得到了证实。在她来访时,马丁·海德格尔可能将其作为手写小册子而出版的写给希尔德加德·法依克的悼词(《纪念多年的忠实合作者希尔德加德·法依克博士女士》)呈献给了汉娜·阿伦特。被保存在马尔巴赫德国文献档案馆中的那份样本中的献词是这样写的:"献给汉娜——马丁",被标注的日期是"弗莱堡,1975 年 8 月 12 日"。——这是汉娜·阿伦特最后一次到马丁·海德格尔那里拜访。她 1975 年 12 月 4 日逝世于其位于纽约的寓所。

167

马丁·海德格尔致汉斯·约纳斯,1975 年 12 月 6 日;西联电报

这份电报——收件人:约纳斯教授,纽约州新罗谢尔市草甸巷 9 号,邮编10805——所写的日期是 1975 年 12 月 6 日,而且显然也是在这一天寄出的。洛勒·约纳斯(Lore Jonas)从汉斯·约纳斯的遗物之中把它拿出来——就像下一封信一样——提供了给本

书使用。

168

马丁·海德格尔致汉斯·约纳斯,1975 年 12 月 27 日;书信,手写的,出自汉斯·约纳斯的遗物

葬礼:

12月8日,汉娜·阿伦特的葬礼在滨河悼念殡仪馆(纽约市曼哈顿区)举行,大约有三百来宾参加(见杨-布吕尔:《汉娜·阿伦特》,第636页以下)。汉斯·约纳斯和玛丽·麦卡锡讲了话,此外出版商威廉·乔瓦诺维奇(William Jovanovich)和汉娜·阿伦特最后的助手杰罗姆·科恩(Jerome Kohn)也讲了话。约纳斯的发言发表在社会研究新学院编辑的杂志《社会研究》上(1976年春第43年卷,第3—5页)。此外,在新学院1976年4月主办的纪念会议上,约纳斯还朗读了一份长长的、批判性的鉴识(Würdigung),它刊发在献给汉娜·阿伦特的那一期《社会研究》上(1977年春第44年卷,第25-43页)。最后被提及的这篇文章的德文版先前以"行动、认知、思想:论汉娜·阿伦特的哲学工作"出现在《水星》上(1976年10月第30年卷,第921-935页)——在这一期上,于尔根·哈贝马斯、道尔夫·施特恩贝格(Dolf Sternberger)和埃里希·黑勒(Erich Heller)也发表了纪念文章。称颂1976年5月26日逝世的马丁·海德格尔的一篇文章,被放在了这一期的"纪念汉娜·阿伦特"部分的前面(第911-920页):"马丁·海德格尔穿越'颠倒的世界'的长征"。它的作者威利·霍赫克佩尔(Willy Hochkeppel)——被《水星》的编者汉斯·佩施克(Hans Paeschke)引介为逻辑实证主义的专家和追随者(第920页)——把汉娜·阿

伦特用作通往马丁·海德格尔的桥梁。佩施克写道:汉娜·阿伦特是少数几个"极为独立的思想家"之一——此外,他还提及了让-保罗·萨特、卡尔·略维特、C. F. 冯·魏茨泽克,"还有"赫尔伯特·马尔库塞——他们"从未认真地考虑过对海德格尔的重要性进行质疑"(第 913 页),而且借助分别于 1975 年和 1976 年出版的海德格尔全集的头两卷(第 24 卷和第 21 卷),他检验了她对"思想-教师"的理解。

对于您适合于所有事件的悼词:

指的可能是约纳斯在为汉娜·阿伦特举办的葬礼上的发言的一份手稿(见前面的注释)。

在行将结束的这一年的八月份,汉娜从马尔巴赫的德国文献档案馆过来探望我们:

为了到海德格尔家的最后一次访问,汉娜·阿伦特从台格纳去了弗莱堡,见上文第 360 页文献 166 之下的内容。但是,就目前所知,几周之前(6 月底)在从马尔巴赫前往苏黎世的途中她就已经在弗莱堡做了停留。——关于她的八月访问,汉娜·阿伦特向玛丽·麦卡锡(在 8 月 22 日的信中,《阿伦特-麦卡锡通信集》,第 546 页)做了报道,也首先且更加详细地向约翰·格林·格雷做了报道(在已经被援引过的、尚未被发表的 8 月 16 日的信中,见第 354 页)。她写道:她"非常沮丧地"离开弗莱堡返回了台格纳。马丁·海德格尔给人留下了"不易接近"的印象,她以前从未见过他这样。——在这里被提供的故事的结尾有一个不一致之处:她记住的和她对她的两位朋友报道的不一样,而且如下的问题不禁产生:什么是事实?

362

来自遗作的补充文献

A1

马丁·海德格尔致汉娜·阿伦特，没写日期；两张原便条，手写的，马尔巴赫德国文献档案馆中阿伦特的部分遗物——没写称呼，没写问候语和署名

［被保存在马尔巴赫德国文献档案馆中编号为 76.890/13 和 76.890/14 的两张便条，可能写于 1925 年夏季学期，但是无法确定精确的日期。］

今天晚上你想来树林吗？

但是约莫 10 点钟才可以。因为我考试一直考到 8 点钟，而且然后我——由于直到学期末我都独自在家，已经被布尔特曼邀请了去吃晚餐。

那时我们可以在那里待上更长的时间。

如果你不来，我即使白跑路也没什么。

……

星期二晚上 9 点。在长凳上等。如果天气不好，那就换成星期五。

A2

马丁·海德格尔致汉娜·阿伦特，没写日期；原信，手写的，马尔巴赫德国文献档案馆中阿伦特的部分遗物

［这封没有被标注日期的短信写在一张小便条上，在马尔巴赫德国文献档案馆中它被保存在编号 76.891/3 之下，在它的右上方有汉娜·阿伦特用铅笔手写的日期"2 月 26 日"］

亲爱的汉娜！

你愿意在明天（星期六）约莫 8 点半的时候到我们的长凳那里

去吗？

我期待着。

再会

你的

马丁

A3

马丁·海德格尔献给汉娜·阿伦特，没写日期；原纸张，马尔巴赫德国文献档案馆中阿伦特的部分遗物

［这半页德国工业标准-A4纸在马尔巴赫德国文献档案馆里阿伦特的部分遗物中被保存在编号76.895/4之下。笔迹、墨水和纸张都表明：它出自1950年2月或3月，是在汉娜·阿伦特重新回到美国之前。］

作为还礼

……

Spho. Ant.

799/801

［…ton megalon paredros en archais

Thesmon amachos gar empai—

zei theos Aphrodita.

Soph. Ant. Eros antikate machan］

"……伟大的东西持留地出自开端

（新娘的）风俗；无争而不可征服，因为

一位神阿芙洛狄忒依然在游戏中游戏着。"①

关于 θεσμός[thesmos]，参见荷马的《奥德赛》第 23 卷第 296 行：

[lektroio palaiou thesmon hikonto]。

他们寻求古老营房的风俗。

365　　[编者注：被引用的诗行出自索福克里斯《安提戈涅》第二幕第三场合唱的回舞歌（"爱的精神"）。卡尔·莱茵哈特对整个这一段的特别紧贴希腊原文的翻译是这样的："你把正直的人也引诱到不正直的路上，/他堕落了，陷入迷途；/你制造混乱，甚至导致不合/亲属的血反射着你自己。/可是从那美丽新娘的眼中/神圣的魅力胜利地证实了自身，/极为神圣的法律陪席，/游戏不可战胜地统治着/阿芙洛狄忒。"索福克里斯：《安提戈涅》，由卡尔·莱茵哈特翻译并写了导论，附有希腊语文本，哥廷根：范登赫克和鲁普莱希特（范登赫克小系，第 116/117 卷），第 3 版，1961 年，第 76 页及以下。]

A4

汉娜·阿伦特从 1923 年到 1926 年所写的诗

[这些诗被保存在国会图书馆中（那里的第 79 盒，文件夹："杂项：诗和故事，1925－1942 年，且未标注日期"）的一些单页的纸上（机打的复本）。标注的日期取自插页。如下的诗已经在杨-布吕

---

① 这是海德格尔用自己独特的哲学词汇对上面的希腊文和拉丁文文字的德文翻译，与流行的翻译不一致。——译者注

尔的阿伦特传记（确切的出版信息见缩略表第 406 页）中发表
过了：

1923/1924 年冬天：(无题)没有词语冲破黑暗……在民歌的音
调之中；慰藉；梦；疲倦；地铁；离别(现在让，我悬荡的日子，我的手
触及你)；

1924/1925 年冬天：沉入自我之中；

1925 年夏天：夏歌；(无题)为什么你给我你的手时……晚夏；

1925/1926 年冬天：致朋友；致夜晚]

1923/1924 年冬天

366

[无题]

　　没有词语冲破黑暗——

　　没有上帝举起手来——

　　无论我看何处

　　都是层积着的土地。

　　没有消解着的形式，

　　没有漂浮着的阴影。

　　而我总是听到：

　　太迟，太迟。

　在民歌的音调之中

　　我们又要相见

　　白色的丁香开放，

　　我把你包裹在枕头中，

　　你不会再缺乏什么，

我们应当高兴：
酸涩的葡萄酒，
芳香的菩提树
看到我们还在一起。

当叶子落下的时候
就让我们分开。
我们的堡垒有何用？
我们必须承受它。

慰藉

那些时刻要来了，
那时长久地被遗忘的
伤口有要被侵蚀的危险。

那些日子要来了，
那时没有生命和痛苦
能够提供标尺进行判决。

那些时刻在流逝，
那些日子在过去。
还是有这样的一种赢获：
纯粹的持存。

梦

在充满激情的光辉中悬荡着的脚。

我自己

也在跳舞，

解脱了重力

进入黑暗，进入虚空。

过去的时间之拥挤的空间

跨越了的辽阔

失去了的孤寂

开始跳舞，跳舞

我自己

也在跳舞。

讥讽地放肆

我什么都没有遗忘。

我知道虚空

我知道重力

我跳舞，我跳舞

在讥讽的光泽之中。

368

疲倦

暮色降临的夜晚——

我所创造的那些

鸟还在发出叫声

轻声地悲叹着。

灰色的墙壁
倒落下来，
我的双手
又找到了自己。

我所心爱的，
我不能抓住，
环绕着我的
我不能舍弃。

一切都在沉落。
暮色渐浓。
没有什么东西征服我——
也许是生命的运程。

地铁

369

从黑暗中来
逶迤地进入光亮之中，
快速且狂放
细长且受控
于人的力量，
谨慎地晃动
在被标画出来的道路上，
漫不经心地滑过
匆忙。

快速、细长且受控

于人的力量，

它没有注意到这些力量

流入了黑暗之中，

它知道上面是什么

它蜿蜒地飞行着

一只黄色的野兽。

离别

现在让，哦悬荡着的日子，我的双手触及你们

你们不会逃脱我，不存在

向虚空和永恒的潜逃。

可是陌异征兆的一股热风

吹向了我；我不愿遁入

受阻碍的时间之虚空中。

啊，你们知晓我赠送给自己的微笑。

你们知道我沉默地掩盖了多少东西

为的是躺在草地上并归属于你们。

可是从不强迫的血液现在

把我向外呼唤到我从未驾驶过的船上。

死在生之中，我知道，我知道。

那么让,哦悬荡着的日子,我的手触及你们

你们不会遗失我。我会把这片纸和这团火

作为标记为你们留下。

1924 年夏天

[无题]

没有方向地度日。

没有精灵地说话。

没有视力地生活在黑暗中。

没有方向地存活

在我的上面只有怪物

就像一只巨大的黑色的新生的

鸟:夜的脸。

致……

取掉我的愿望的沉重负担。

生命是辽阔的,没有匆忙。

世界上有许多的土地

而帐篷中有许多的夜晚。

因为谁知道

痛苦之生命的天平?

也许在后来的日子中

一切都会分离。

[无题]　　　　　　　　　　　372

这不是幸运

像那些人以为的那样

他们向着圣殿奔去

从前院观看祈祷

对于它的庄严他们不理解

于是带着恶毒的目光他们又翻转了回来

悲叹着他们逝去的生命。

对于这个人来说什么是幸运

他已与自身为一

他的脚只踏上

对他来说被意指的地方

对于他来说，认识自己是界限和权利

对于他来说，命名自己是在种族之中的标志。

1924/1925 年冬天　　　　　　　　373

黄昏

沉落着的黄昏

等待着的致意——

灰色的是潮水

沉默着的黄昏

无声地垂下

指引着的悲叹

无声地道说——

灰色的是潮水

慰藉着的黄昏

缓解痛苦地治愈

指引着的黑暗

环绕着新的东西——

灰色的是潮水

374　　　　　**沉入自我之中**

当我观察我的手时

——陌异的东西与我相联——

我没有土地可以站立

我不在这里和现在存在

没有被置入任何内容之中。

然后我感到似乎世界应当被蔑视。

时间还是可以静静地流逝。

只是没有迹象会再发生。

当我观察我的手时

阴森可怖与我亲近

然而是一个别样的东西。

它多于我之所是吗

它有更高的感觉吗？

1925 年夏天

夏歌

我让我的双手滑过

夏天成熟的丰盈

让我的四肢痛苦地伸向

黑暗的、沉重的土壤。

低语着起伏的田野

树林掩没着的小径

一切都要求严格的沉默：

当我们遭受痛苦之时，我们爱着。

那祭品，那丰盈

没有使祭司的手枯萎，

在高贵的、清澈的静默之中

我们的欢乐没有消失。

因为水流溢，

疲倦会毁掉我们

而我们留下我们的生命

当我们爱着的时候，当我们活着的时候。

[无题]

为什么你给我你的手时
如此羞怯又如此神秘?
你从如此遥远的土地而来
不知道我们的葡萄酒?

不知道我们最美最炽热的感情
——你如此孤零零地生活?——
带着心带着血
融入另一个人之中?

你不知道白天时
与最亲爱的人在一起的快乐?
你不知道离别的夜晚
完全处在忧伤之中?

跟我来并爱我吧。
不要去想你的恐惧
除非你不能信任自己
过来,拿取并给予。

然后穿过成熟的田野
——罂粟子和野生三叶草——
以后在辽阔的世界中
我们可能会受到伤害。

当我们感觉到，在风中
强烈的记忆如何吹拂
在颤抖中梦一般柔和地
我们的灵魂在吹拂。

离别 377

你给予我们悲哀：从未有什么东西停留
又馈赠给我们希望：多少东西依然紧迫
你显示给我们欢乐和痛苦的征兆
你显示给我们道路并敞开所有的心扉。

你就像我们的手从未做过的那样进行结合
我们信任忠诚并感受转变
我们不能说出我们多么地合二为一。
我们只能哭泣。

晚夏 378

夜晚遮盖着我
柔如丝绒，重如痛苦。

我不再知道爱如何
我不再知道田野的炽热
一切都会飘然而去
为的只是把安宁给予我。

我想念他并爱着他
然而就像来自陌异之地
而陌异的东西对我来说是到来和给予
我几乎不知道是什么迷住了我。

夜晚掩饰着我
柔如丝绒重如痛苦。
愤懑无处可以延
及新的欢乐和悲伤。

召唤我的其他的一切
所有明朗和深沉的昨天
不能再迷住我。

我知道一片水域巨大而陌异
我知道一朵花无人命名
什么还能摧毁我？

夜晚掩饰着我
柔如丝绒，重如痛苦。

379   1925/26 年冬天

十月-上午

秋天惨白的光让我痛苦
当我慢慢地计数我的无数痛苦的时候

它让我浑浊的目光享受于

我秘密地看到和选择的一切。

啊,谁会考虑他所不能把握的东西

谁会道说后来会消散的东西——

因为当他用双手抓住它的时候

他不再知道他为什么还要忍受它。

悲叹

啊,那些日子,它们未被利用地消逝,就如游戏

那些时刻,它们未被保护地成了苦恼游戏的牺牲品

岁月上下

轻轻地滑我而过

而我唱着古老的歌谣

不再比当初知道的更多

一个孩子不能更加梦幻地走

被注定的路

一位白发老人不能更加有耐心地知道生命的长度

但是苦难不会平息

古老的梦想新近的智慧

它不会让我放弃

幸福的美好纯洁。

致朋友们

不要信任轻柔的悲叹

当无家可归之人的目光

依然使你们羞怯地眩晕的时候

去感觉,最纯粹的道说多么自豪地

依然隐匿着一切。

去觉察感恩之心和忠诚的

最轻柔的颤动。

你们就会知道:在持续不断的更新中

爱会给予。

致夜晚

你带着慰藉轻轻地转向我的心

赠予我,沉默之物,痛苦之安慰。

在所有太亮的东西前掩盖你的影子——

在耀眼光线前给予我疲乏和逃避。

让你的沉默成为我的冷却阀

让我在黑暗中掩盖恶

当光亮带着新的面孔折磨我的时候

你给予我持续不断地去完成的力量。

夜歌

只有日子还在继续,

让我们的时间流逝。
总是同一个黑暗的标记
夜晚会缄默地为我们准备。

它必须总是道说相同者
坚持着同一个音调
甚至是在新的冒险之后显示的
也总只是我们已经是了的东西。

清晨响亮且陌异地引诱着，
使得模糊的缄默的目光变得柔和
与无数新的牵挂一起交还
给我们五彩缤纷的白天。

可是阴影还会逗留着
为了羞怯地去闭锁白天
让迅疾的河流
把我们驱向遥远的海岸。
我们的家园是阴影——
当我们深感疲倦的时候
在夜晚暗沉的环绕之中
我们期望着轻柔的慰藉。

带着希望我们能够宽宥
所有的恐惧，所有的哀痛。

我们的嘴唇会缄默——

白天无声地袭来。

A5

汉娜·阿伦特的思想日记记录的内容(手写的),1953 年 7 月

[出处:《思想日记》第 17 册,在马尔巴赫德国文献档案馆中被
保存在编号 93.37.16 之下;这个文本是以杰罗姆·科恩的英译本
的形式公开发表的,见《论理解》,第 361 - 362 页]

海德格尔曾非常自豪地说:"人们都说海德格尔是一只狐狸"。
关于狐狸海德格尔的真实故事是这样的:

从前有一只狐狸,他是如此地缺乏机智,以至于他不只是老掉
进陷阱里,而且他不能发觉陷阱与非陷阱之间的区别。这只狐狸
还有一个缺陷,由于他的毛皮有些毛病,以至于他全然缺少应对狐
狸生活之艰辛的天然防护。这只狐狸在别人的陷阱里厮混了他整
个的青春,而且他的皮毛可以说再也没有剩下一块完整的了,然后
他做出了决定:完全退出狐狸的世界,并开始建造狐狸的洞穴。带
着他对陷阱与非陷阱令人震惊的无知和他对陷阱难以置信的经
验,他产生了一个在狐狸当中从未被听说过的全新想法:他建造一
个陷阱作为狐狸的洞穴,他置身其中,假装它是一个正常的洞穴
(不是出于机智,而是他已经总是把别人的陷阱看作是他们的洞穴
了),但是他决定以他自己的方式成为机智的狐狸,并把他自己完
成的、只适合于他的陷阱布置为其他狐狸的陷阱。这再次证实了
他对陷阱这回事的巨大无知:但是没有人会掉入他的陷阱之中,因
为他自己正居住于其中。这让他生气;但是毕竟人们知道:尽管有
他们所有的机智,所有的狐狸都会偶尔走入陷阱之中。为什么一

只狐狸的陷阱——尤其是由所有狐狸当中对陷阱最有经验的一只布置的一个陷阱——不能够与人和猎人的陷阱相媲美呢？显然，因为这个陷阱没有足够清楚地让自己作为陷阱而被认出来。于是我们的狐狸忽生一念，要把他的陷阱装饰得最漂亮，到处都要固定上清晰的标志，上面非常清楚地写道：都到这儿来吧，这里是一个陷阱，世界上最美丽的陷阱。从此以后，如下一点是非常清楚的：从未有狐狸会不知不觉地误入陷阱之中。但是，还是来了很多。因为这个陷阱毕竟是给我们的狐狸做洞穴用的。如果人们想在洞穴里——他在那里，在自己家里——拜访他，人们就必须进入他的陷阱之中。当然，每个人都可以从它里面漫步而出，除了他自己。它简直就是为他量身定做的。但是，这个居住在陷阱中的狐狸却自豪地说：如此多的人进入了我的陷阱之中，我已经成了所有狐狸中最好的。这里面也有某种真理：没有人比终生都居于一个陷阱之中的人更了解陷阱的本质了。

编者后记

如果人们把书面文献取作标准的话，本书标题中的年份 1925
和 1975 就是汉娜·阿伦特与马丁·海德格尔的故事的主要参数。
第一份文献来自 1925 年 2 月 10 日；在其中，海德格尔说要不请自
到。"亲爱的阿伦特小姐"，这位教授在第一学期中开始用他的手
给那位女学生写信，"我今天晚上还得到您那儿去……"事件的发
生地点是拉恩河畔的马堡大学城。最后的文献，即带有呼语"亲爱
的汉娜"的一封信，标注的日期是 1975 年 7 月 30 日。它包含着阿
伦特所请求的一次邀请："我们"，即马丁·海德格尔及其夫人埃尔
弗丽德，"期待着你的来访"。接着，1970 年起丧偶的汉娜·阿伦特
从她的度假地台格纳途经苏黎世前往了弗莱堡。1975 年 8 月 12
日，两人见了最后一面。几个月之后，在 1975 年 12 月 4 日，阿伦特
以 69 岁的年龄在纽约出人意料地逝世了。年长 17 岁的海德格尔
在她之后短暂地存活，他逝世于 1976 年 5 月 26 日。

这些日期标记出一个五十年的时间跨度，这五十年处于一个
世纪的中间——与开端和终点同距，而这个世纪以特别的方式影
响了在这里被记录的故事。用数字符号论的语言来说，而且从剧
中人的视角来看，处在这五十年和这个世纪的中间的数字，即 1950
年，也同样意义深远。那时发生了由汉娜·阿伦特发动的、马丁·
海德格尔以多种方式欢庆的事情："五十年的回归和反省"、"再-

见"、"奏鸣曲鸣响"。① 那时,在海德格尔(写于1950年2月15日)的一封信中,包含有需要被赶上的"我们生命的四分之一世纪"这样的话;然而,阿伦特在与生活在纽约的朋友希尔德·弗兰克尔的简短交谈中(1950年2月10日)评论说:"他绝对不知道这一点:所有的事情都是发生在二十五年前。"②但是,(在同一封未被发表的书信中)她也写道:"从根底上来说,我是幸福的,仅仅关乎这个肯认:我有理由永不忘记。"

就如当事人的感觉和解释如此不一致和不相同,对于晚生的旁观者来说,要去阐释流传下来的见证也同样困难。这首先是由于留下的东西极其不完整。在现存的书信和其他文献中,来自汉娜·阿伦特的不到四分之一。而它们的文献价值由于如下的事实又被降低了:并不是所有的都是以原件的形式留下来的,我们的确经常无法知道死后遗留的书信草稿和复本究竟是否被寄出去了,或者是否到达了收件人那里。除此之外,现存的断编残简——它们证明了一个爱恋关系和友谊关系的不同阶段——对于阐释者提出了如此高的要求。通常,只有当它们不仅基于它们的表面意思而且也基于它们更深的含义而被读解的时候,它们才会成为可理解的——海德格尔的情况怎么会不一样呢? 但是,甚至是通常表述都比较确凿的汉娜·阿伦特给出的谜团也不少。而且把这两个

---

① 表面上真实发生的事情可以相当确切地被重构出来——依据在这里被出版的见证以及汉娜·阿伦特写给她的丈夫亨利希·布吕歇尔(书目信息见第405页)的书信和写给她的朋友希尔德·弗兰克尔的书信(尚未出版,被保存在华盛顿特区国会图书馆里汉娜·阿伦特的文件中),也见下文。

② 在头天写给亨利希·布吕歇尔的信中,她写道:"弗莱堡的事情是幽灵似的":它已经被"处理了,就好像时间不存在似的"(《阿伦特-布吕歇尔通信集》,第209页)。

人联系起来的秘密还没有被触及，他或她都没有揭露它。他暗示了这样的一个维度："陡然地，罕有地，存有向我们闪闪发光。/我们窥望，守护——瞬间振荡。"她"瞬间振荡"，但是被体验到的东西并没有多少被清楚地表达在语言之中。为了进行阐释，必须有更多的在其他（分散的）地方所说的话被考虑进来，这不应该是这个后记的任务。可以被提示出来的只有这么多：对阿伦特来说，已经以语言的形式固定下来的东西成了理解的对象，而在她那里理解意味着深思熟虑、辩论清楚、批判。海德格尔的双行诗伴随着她。在1951年夏天写她的《思想日记》时，她以出自尼采《快乐的科学》的一个引文而开始："如果生活是存在，那么'最活生生的'就是最存在着的。如果'生者只是非常罕见的一种死者'（尼采），那么最罕见者就是最活生生的和最存在着的。"在这个地方，她以稍有改变的方式援引了海德格尔（"在陡然者、罕有者中，存在显示自身……"）并接着写道："那么，所有平均的东西都是堕落，都是朝向死者之普遍性的倾向。"

这些文献的出版所提供的对这些私人生活的"澄清"因而是有限的——但是围绕着这些书信自身的神秘（它的存在随着伊丽莎白·杨-布吕尔1982年的阿伦特传记的出版而为公众所知）被揭开了。在她的书《汉娜·阿伦特：世界之爱》①中，杨-布吕尔首次向人们展现了她从口头资源中所获知的主要的东西：在汉娜·阿伦特与马丁·海德格尔之间——除了学生-老师和思想上的关系之外——还有一种私密的关系。她提到了这些书信，但同时也提请人们注意：它们都被密封着。按照目前出版的资料来看，这种状况

---

① 德文版：《汉娜·阿伦特：生平、著作和时代》，确切的书目信息在第406页上。

还将会持续许多年,如果不是玛丽·麦卡锡(汉娜·阿伦特-布吕歇尔托管文献的保管人之一)有一天结识了阿丽斯贝塔·爱丁格(Elżbieta Ettinger),支持她写一部阿伦特传记的计划,并且为了审阅未出版的通信(当时这些通信还包括与布吕歇尔的书信往来)而把她进一步介绍给了遗物的共同保管人劳特·克勒的话。通过这种方式,爱丁格得以接触到了被封锁的资料。几年之后,违逆着她原来的声明,她决定把她的传记中包含着阿伦特-海德格尔的关系的那部分单独出版①。被笼罩在神秘之中的这些书信是这本小册子最重要的原料,用英文写成的这本小册子也以其他语言的形式得到了广泛的传播。然而,它的广为人知与它的质量却明显不对称。爱丁格为书市提供了一种独特的宣传册,并且——有意或无意地——把汉娜·阿伦特和马丁·海德格尔之间的关系带入了闲谈之中。

然而,这本受视角所限并且是在明显缺少洞见和体悟的情况下而被撰写的著作,却有一个良好的副作用。海尔曼·海德格尔(马丁·海德格尔的儿子,他的父亲把遗产的保护职责委托给了他)能够变得对如下一点感到确信:出版存放在马尔巴赫德国文献档案馆中的那些书信是有意义的。但是,不只是这个从外面而来的诱因应当得到强调;因为出版这件事情可以不依赖于此而得到解释。

公共领域的目光就这样落在了 20 世纪精神史上两个卓越的   389

---

① 阿丽斯贝塔·爱丁格:《汉娜·阿伦特、马丁·海德格尔》,纽黑文-伦敦:耶鲁大学出版社,1995 年版;德文版(由布里吉特·施泰因[Brigitte Stein]翻译):《汉娜·阿伦特、马丁·海德格尔:一段故事》,慕尼黑-苏黎世:派珀(派珀系列,第 1904卷),1995 年版;关于这本书的出版的故事,参见劳特·克勒发表在《纽约书评》(1996 年 3 月 21 日,第 52 页)上的一封读者来信。

人物身上——"思想王国中的国王"和（如果人们愿意这样说的话）"判断王国中的王后"（带着所有的后果——即使是判断也不能免于"错误"！）。当著名人物的生平彼此交汇了而且他们的联系历经几十年竟没断裂的时候，对履历和日常状况的兴趣（本来是大大地受到时代限制的）现在自然就增加了。肯定有理由不去顺从公众的这种要求（而且两位主角实际上终生都在抵制这样做），但是这样就为形形色色的虚构、哗众取宠和浅薄敞开了大门。在一个特别喜欢在依然保持为"神秘"的东西上面磨皮擦痒而且径直通过用平庸乏味的日常幻想来替代神秘的方式剥去它的特征的时代里，如果被记录的"事实"不被密封的话，一种逆转似乎更容易得到保障。无论如何，这里的决定就是在这个意义上被做出的。

作者的名气也意味着现有大群的专家在研究阿伦特或者海德格尔的著作和个人。他们会从这本书中提取出一些如此清楚明白的细节，能够更加精确地并以更强大的压力画出某些线条，而且能够在其各个阶段中追踪这个罕见的私人和精神关系的发展历程。从这个角度来看，现在的这个版本只是在继续着一个已经存在着的动向。它属于对补充阿伦特——以及海德格尔——之肖像的马赛克有帮助的死后出版的书信系列。

此外，尤其是那些在这里发表的出自 20 年代的文献——大多不依赖于通信和对话的人——是一种已经逝去了的男女关系文化的见证，这种文化所具有的行为方式会使得在性革命期间或之后长大的那一代人中的有些人感到陌生，并因而会引起关注。经常被提到的一种"羞怯"出于各种各样的在这里不能被讨论的理由对行为产生了影响。它的另一面，即一种精神的坦诚之缺乏，与此相比只是在少有的几个时刻才被明确地意识到了。"有一种由沉默寡言而来的罪责",汉娜·阿伦特给埃尔弗丽德·海德格尔写信说道(1950年2月10日),而且几乎是同时海德格尔承认(1950年2月8日):"我们谈的太多;但是有时也太少。"

这种相互-回避的方式另一方面导致在书面形式的交往中痛苦-难堪的边界不会被逾越。(未被邀请的)读者成了一种"高雅的"、一方面说的太少另一方面又非常浓缩的语言的受益者。在这里被出版的东西因而不只是具有传记的-文化史的意义,而且也具有文学的意义。当然,完全不能忍受海德格尔的"趣味"的人会有不同的看法。

所有被保留下来的书面见证(它们记录了这个私人间的关系)在这里都是第一次依据马尔巴赫的阿伦特和海德格尔的遗物以及华盛顿(美国华盛顿特区)的汉娜·阿伦特的文件而被汇编在一起的。具体来说,是他写给她的119封信、明信片、短信息和她写的33个文本,其中的许多只是作为复本或者草稿而存在。此外,还有一些海德格尔的妻子埃尔弗丽德与阿伦特之间的书信往来(文献49、108、109、110、111、119a、122、123),以及弗里茨1970年手写的一封短信,在这封信中他通报了他的哥哥马丁在奥格斯堡患上一次轻微中风之后的健康状况(文献121)。除了书信之外,一批其他 391
的文献也被刊印了:汉娜·阿伦特1925年4月在哥尼斯堡为马丁·海德格尔而作并在卡塞尔呈献给他的手稿"阴影"(文献11);还有马丁·海德格尔在1950年和1951年再次相见之后为汉娜·阿伦特而作的诗歌,关于这些诗歌她能够在写给库尔特·布鲁门菲尔德的信中骄傲地说,他已经成了"德国语言通过一些非常美妙的诗歌而得到丰富"的动因。[①] 这些诗歌中的大多数(文献50、54、56、58、61、63、67、75)都是非常富有启发性的文献,它们表达出了在书信的平淡笔调中大多数情况下被隐藏在字里行间之中的东西。此外,这本书还包括汉娜·阿伦特1923到1926年期间写的诗,它们虽然相较而言不那么美妙,但是也有其富有启发意义的方面(附录的文献A4),其中的一些已经由杨-布吕尔出版过了。从海德格尔早期的书信中我们获知:这位女学生把她自己创作的诗给了他的心上人来阅读。因此,可以设想在这里被刊印的一些诗是"为马丁"而写的。这些附加的见证大概地揭示了青年汉娜·阿伦特的某些精神的和心理的状态,并进一步地有助于如下一点:她在早期通信中几乎完全缺失了的声音的几个音调能够被听得见。然后,还有阿伦特1953年8月或者9月写在其《思想日记》中的"关于狐狸海德格尔的真实故事"(文献A5),最后她1969年9月26日送给海德格尔八十岁生日的礼物(文献116、117)也被收入了本书之中。——

　　书信和其他见证幸存了下来,这得感谢汉娜·阿伦特。是她把现在被带入公共光线的光亮之中的东西的大部分保存了下来并提供给了档案馆使用。她是否希望甚或只是设想出版它们——就此,没有相关的信息。无论如何,她在海德格尔献给她的诗上标注了日期,而且可能自己做了抄写。这些诗和书信文献对她来说如此重要,以至于她最后把它们保存在了一个特殊的地方——位于她卧室中的写字台的一个抽屉里面。如果如下的事情是真的,那么她对她所体验到的东西的重要意义的感受和她不让它沉没的愿

392

---

　　① 出自1951年4月1日的书信,《阿伦特-布鲁门菲尔德通信集》(确切的出版信息,见第405页),第52页。

望必定曾经非常强烈:她不理会与海德格尔的一个协定,没有把这些私人的文献销毁。海尔曼·海德格尔曾报道说,他的父亲向他吐露过:曾经有过这么样的一个约定——然而人们可以设想,海德格尔无论如何都没有保存这封早先的书信。

要在编辑全集的过程中一再地被细心检查过的海德格尔遗物中再找到阿伦特的书信,几乎是不可能的事情了。根据海德格尔家人的信息,在弗里茨·海德格尔的遗物中,那些缺失的文献也没有出现。因此可以说所有被流传下来的文献——它们可能确实是如此地不完全——在本书中全部都被发表了。来自马丁·海德格尔的所有书信都是手写的——从无副本。与此相反,汉娜·阿伦特只是在早先的时候用手写信,因此这些年中她所保存的草稿大多都可以被获得。她后来机打的书信部分地有副本,部分地在海德格尔的遗物中存在原稿。①

本书的一个特点已经可以被指明了:马丁·海德格尔的声音占主导地位。另外的一个特点在于:存在着亲密交往的阶段和完全不来往的阶段以及一系列中间阶段。以在这里被发表的文献为基础,对这则关系史的简短概览可以澄清这一点。这件事应当是以事实为重点的描述,超出这种描述的解释不是意图之所在。阿伦特-海德格尔-讨论(Diskussion)的重要方面虽然已经被提到了,但是详细甚或全面的讨论在这里无法进行。

这个关系可以被划分为三个“高潮”-时期:第一个时期开始于“1924 年 11 月”(见文献 54 中以此为题的诗),在 1925 年 2 月变得

---

① 对现存文献的确切说明被放在了每一篇文献的注释的开头(第 263 - 362 页)。对在本书中被复制的文稿的说明可以从被刊载文献的清单(第 423 - 428 页)中提取出来。

具体了（文献1-3），经历了一次由分离所导致的减速（文献4-8），以便4月在卡塞尔的相会（文献9-12）中增强其动力。在1925年夏季学期，借助于许多次（秘密的）相会（文献13-27），被经历过的东西得到了巩固，后来这些东西一直延续了二十年（文献28-44）——尽管汉娜·阿伦特在1926年1月突然间提出要结束（文献35）。开始的时候是一次爱的体验。他这样表述它："我着了魔了"（文献3），而且他会创造性地运用这种力量——在《存在与时间》形成的日子里。马堡时期，就如他后来（在"我进入现象学之路"之中，1963年）所写的那样，是"最为兴奋、专注和经历丰富的"。所以，他的一些书信向他的心上人报告了创造性工作的"宏伟"经验（文献28及以下）、"强力的时刻"（文献35），并反思了这种工作的条件、它的欢乐和困苦。

这爱的体验对于她来说很重要，少量地被保留下来的文献表明了这一点。手稿"阴影"（文献11）证明了几乎可以说是"原初的"状态，而且在这段生活结束时的一封书信草稿（文献42）中，我们看到了一种誓言式的自我反思："你指引给我的道路比我所想的更加漫长和艰难。它需要一次整全的、漫长的生命。这条道路的孤寂是我自选的，而且是摆在我面前的唯一的生命可能性。"现在情况再也不是这样了："她……在无稽的实验之中苦熬她的生活"（文献11）。"所有的'阴影'都不见了"，就如他以前就已经以为观察到了的那样（文献39）。

随后到来的是几近二十年的停顿，这主要是由当时的政治状况导致的。它的开始被海德格尔的书信（文献45）证实了。这封写于1932/1933年冬天的书信所具有的重大意义超越了私人的关系。在这封信中，海德格尔——在接受大学校长的职位之前不

394

久——对当时公开流传的责难(即他是一个反犹太主义者)表达了态度,而在一封已经佚失了的写给他的书信中阿伦特向他通告了这一责难。不能设想他的答案令她满意;但是她显然并没有直接做出反应,而是先是故意地然后可能是由于特殊情况一声不吭。大约是在 1948 年(见文献 62)她才试图重新确立起海德格尔方面并没有寻求的联系。最后,在 1950 年 2 月,她确立了一个新的开端——在"冲动的强力"(见文献 48)之中并在对她自身以及他的哲学的忠诚之中。她的理由是什么? 在眼前这本书中被发表的文献没有给出一个明确的答案。——

无论如何,1950 年 2 月 7 日,第二个"高潮"-时期开始了。在汉娜·阿伦特前一天书面地向他通知了她的到临之后,马丁·海德格尔在这天的晚上在弗莱堡的宾馆探望了她。在出自 1950 年到 1954 年之间的大量见证(文献 47-87)之中,可以看出怎样的亲密又复活了或者说被重建了:"这直接触发的、几乎还不可言说的、从一种早先被创造且没有被罪恶和纷乱动摇而继续前行的关系而来的领会,是多么美妙。不要再脱离这最为亲熟的东西,它会帮助你和我,帮助我们当中的每个人,当他急需、窘困、虚弱的时候。"(文献 55)

395

同时,对于所有那些对海德格 50 年代早期的生平感兴趣的人来说,这些年的文献(也主要是出自海德格之手)都是一座富矿。它是其人生当中这样的一个阶段,既受到教学禁令和个人境况的不确定状态(直到 1951 年)的影响,又同样由于与国家社会主义的瓜葛而受到私人的和公共的攻击;但是,这一阶段几乎同时也见证了他在战后德国的声望出乎意料地在增加。他评说他的"思想道路"的许多段落可能以同样的方式也具有重要意义。

汉娜·阿伦特依然待在幕后,关于她的成长和履历,读者几乎一无所知。不过,有一次她报道了她的工作(文献 86)。相应的段落使得人们可以料想到她是多早(1954 年)就已经开始为《人的条件》(1958 年)或者《行动的生活》进行工作了。后来(1960 年),在一个他可能从未看到过的献词里(见第 319 页),她感激地回忆起了"最初的弗莱堡岁月",即她 1950 年和 1952 年探访期间的对话。

当时,为了他的工作,一次"关于语言的对话"开始了,这次对话余音缭绕——比如(1951 年 7 月 14 日):"……我经常会想起我们在通向桦树的路上关于语言的对话……";或者过了好多年之后,当他在拖延了数月之后感谢她对他七十五岁生日的祝愿的时候(1965 年 4 月 13 日):"我还是经常想起我们散步时关于语言的对话。"

从 1955 年到 1965 年的十年时间处于昏暗之中,现存的只有三个文献(第 88-90),其中的最后一个刚才被援引了。私人相会的停顿期更加地长,1952 到 1967 年期间马丁·海德格尔和汉娜·阿伦特可能没有见过面。中断的原因是多重的,显而易见的几个原因——在此处被发表的文献中也可以找到关于这些原因的提示——可以被列举出来。根据阿伦特写给亨利希·布吕歇尔的书信——在其中,她对埃尔弗丽德·海德格尔进行了有时毫不掩饰的描述——可以推断出:精神的-政治的界分和女性的嫉妒也起着作用。除此之外,海德格尔与他的同行卡尔·雅斯贝尔斯之间充满张力的关系——在其中汉娜·阿伦特是"真正的'和'"(文献64)——也可能曾经起着重要作用。此外还有其他的原因——不只是海德格尔像阿伦特一样在这段时间内大量地忙于各自的"事情",而且对另一方的所作所为更愿批判性地进行评定(作为例证,见汉娜·阿伦特的已经提及并且在附录中被刊载的关于狐狸海德格尔的故事)。

更加令人感到惊讶的是:最终是在最后的十年中第三个"高潮"-时期发生了。在他写给阿伦特1966年10月14日的六十岁生日的书信(文献91)中,海德格尔发出了音调:秋天。她予以了和鸣(文献92):"心被春天诱起和打碎的那些人,将会让他们的心被秋天重新治愈。"而且,在最后的这些年中,我们这些阅读着的观众第一次成了一次名副其实的书信**往来**的见证人(文献91-166)。我们参与了一次交换、一次给予和接收,在其中——如果非得要算账的话——她可能比他接收得更多。秋天是成熟的时候,从个人和私人方面来看,也是真正和解的时候,埃尔弗丽德·海德格尔逐渐被包纳进了这和解之中,即使是从阿伦特的那一方面来看。虽然人们时不时地意欲看清如下一点:尽管如此,一场用纤细的刀片进行的精神竞赛在幕后发生着。一个张力——现在是在平等的双方之间——依然存在着,而且汉娜·阿伦特撰写一部《沉思的生活》的计划有据可查地受惠于此。在这些年的书信里被表述的许多主题之中,海德格尔的著述在盎格鲁萨克逊语言地区的翻译和传播以及遗物的整理和保存值得说一说。两位通信人都在从生活回撤(Rückzug)——被"静默"(Stille)这个关键词从哲学上给拔高了,但是在马丁·海德格尔和他的妻子那里随着养老地的建立也是完全实在的(文献138,也见文献130、136)。"思考得更加确切和严格"的努力(1971年8月4日)在他的书信中显示了出来,而她则表达了打磨自己的作品的愿望。"毕竟如下的事情是可能的:我正在写作的一本书——近似于《行动的生活》的第二卷——依然会达到预定目标",她在1971年3月20日写道,并且询问她是否可以在达到

397

预定目的的情况下把这部作品题献给他。——

　　1969 年,即马丁·海德格尔八十岁生日那一年,特别地得到了庆祝:公共的和私下的。汉娜·阿伦特感谢这位她在他那里学会了思考的"老师",而且在她迅速地变得著名的广播讲话"马丁·海德格尔八十岁了"(它的文本发表在《水星》十月的那一期上)中,向他表示了敬意。在寄送给他的那份机打的讲话文本上,再一次关心着数字符号,她写道(文献 116):"献给你,为了 1969 年 9 月 26日,四十五年之后依旧——汉娜。"在生日之前,她已经与她的丈夫一起拜访了海德格尔夫妇(文献 114),她是从他 1969 年 11 月 27日的书信(文献 118)中得知马丁·海德格尔此后收到的数量众多的敬意的。

　　在马丁·海德格尔能够庆祝他的八十岁生日之前,卡尔·雅斯贝尔斯已经逝世了。在巴塞尔的葬礼事宜(在 1969 年 2/3 月)之后,汉娜·阿伦特立即动身前往了弗莱堡(文献 106)。从此之后——尤其是她 1970 年 10 月也失去了亨利希·布吕歇尔之后——"弗莱堡"这个地址对她变得越来越重要了。在接下来的日子里,每次在欧洲逗留的时候,她都在那里做一次中途停留,1972年和 1975 年甚至停留了两次。1971 年 7 月 13 日,她承认:"你的东西陪伴着我,它们成了一种永久的环境。"她死后被出版的著作《论精神生活》证实了这一点。而且,从他那里我们读到(1972 年 6月 22 日)——使着眼色甚或没有:"我希望听到关于你自己的工作的一些事情;否则,我就没有更多的机会来学习了。"在他的书《康德与形而上学疑难》(它的扩展第四版出版于 1973 年)的一份样本中,他写道:"衷心地问候着的马丁·海德格尔献给汉娜·阿伦特"。这样,现在对女作者汉娜·阿伦特即她的工作的承认似乎也实现了——一种她早年痛苦地感觉到已经失去了的尊重。给她的最后的献词出现在他写给女合作者希尔德加德·法依克的悼词的私人版本上。就像以前一样，这位"巴门尼德的后裔"也是简短地写道："献给汉娜——马丁。"

这段关系的这三个高潮时期都可以通过它们各自的开端而被清楚地标划出来。1950 年的"再-见"（海德格尔在诗中把它记录了下来[见第 106 页]）以一次"目光"为前提，而它事实上非常真实地存在过："向讲台上的我投射的"（文献 60，也见第 27 页）目光——一个融合了"目光"和"闪光"的发生事件，它创造了第一个"持久的"开端。在《林中路》的样本（他为了纪念 1950 年的再次相会而把它呈现给了她）上，他题写了赫拉克利特的语句，并做了翻译："然而目光随着在场掌控着一切"。这样的猜测不禁产生：这个关系的"秋天"依然依靠着这个开端而存在。

目光——再-见——秋天：这个从内在性中被获得的结构（它无论如何都包含着一个来自相互交往的两个人的创造性因素），被采用为本书正文的篇章划分的模型。多亏洛勒·约纳斯女士的配合，出自汉斯·约纳斯之遗物的两份文献得以作为"尾声"而被刊载。其中一份是马丁·海德格尔拍发给汉斯·约纳斯和来纽约哀悼汉娜·阿伦特的朋友们的一封电报，而另一份是其晚些时候写的、同样是写给约纳斯的一封信（文献 167、168）。——

就版本技术而言，首先是阿伦特-雅斯贝尔斯、海德格尔-雅斯贝尔斯和海德格尔-布洛赫曼的书信版本①被尊重为先导。在正文和注释部分的设计过程中，它们作为方向性的指导而起作用。最

399

---

① 这三个书信版本的书目信息可以在略语表（第 405 页以下）中被找到。

初的编辑决策中的一个(它与两位遗产保管人劳特·克勒博士和海尔曼·海德格尔博士的意见一致)是:尽可能地呈献给读者未被处理的文献,因此海德格尔-布洛赫曼通信集的引导路线得到了遵循,而且正文中的注释编号①也被放弃了。称呼和习惯问候用语依然保持原样,最后,形式上的样态也尽可能地被保留了下来。在正文本身中,只能看到为了改善可读性而被做出的谨慎改写。也就是说,"和"这个词无一例外地都被写全了,毫无歧义的名称缩写(比如"J."代表"雅斯贝尔斯"或者"Frbg."代表"弗莱堡")都被解开了,而且只有当似乎与一个对读者来说有意义的信息相关的时候,方(编者-)括号才会被插入。此外,由于疏忽造成的明确的错误默默地被改正了。被通信人加了下画线或者疏排的段落在正文中是作为斜体而出现的,所有被提及的出版的著作的标题也是同样如此(两位作者通常将之置于引号当中)。标点符号无疑制造了一个难题。阿伦特那些缺少了的或者时而错误地被使用了的逗号被改正了,只要它们可以毫无疑虑地被评定为是由于疏忽而造成的错误。海德格尔的破折号(在手稿中通常不能同句号和逗号分开,或者是被用来取代它们)在少数的几个地方被修改了,因为这似乎有助于理解。几个逗号(它们的缺少更容易把读者搞糊涂)被补充插入了进来。

在注释部分中,在每一个文献数字之下,首先被提及的是对被流传下来的文本的说明,然后被给出的是与语境相关的信息,而那些通过对前面的和接下来的文献的阅读就显而易见的关联通常没有被评注。总地说来,提示和注解尽可能地保持简洁,而且限于生

---

① 除了文献116之外,这份文献的文本在汉娜·阿伦特写的时候就带有注释。

活史和著作史的信息,即"知晓"意义上的信息。零星的概念和思想没有被诠释,因为这会突破框架。对马丁·海德格尔的语言在某种程度上的了解必须被假定。另一方面,两位通信人一般来说都相当确切地告知了他们正在谈及或阐明的思想到哪里可以查阅得到。出于这个原因,阿伦特和海德格尔所援引的作品被汇编在了本书末尾的详细的作品索引中(第407-422页)。这些作品索引是作为注释的补充而被打算的。对于试图查询在正文中被提及的阿伦特和海德格尔的原初文本的确切信息的读者来说,应当到那里而不是在注释中来寻找它们。

对于马丁·海德格尔来说,就像对汉娜·阿伦特来说一样——在最后这应当再次被记住——在存疑的情况下,"工作"总是比"生平"更重要。在被摆在这里的文献资料中"生平"占了优势,但是生平和工作是多么强有力地彼此交织的在这里也会是清楚明白的。有时,接受能力强的读者此外还会觉察到充溢着工作——作品——的精神当中的一些东西。希望有尽可能多的人愿意在如下的一点上追随这段被文献资料所证明了的故事的主人公:认真地阅读、追问并独立思考地做出判断,也许重新追问,甚或再次挑拣。

401

致谢

我感谢劳特·克勒博士女士,她以前允许我查看汉娜·阿伦特所保存的文献,而且从那以后以出主意和行动的方式帮助我。——我感谢海尔曼·海德格尔博士先生,他给了我如此多的信任,以至于这个版本终究能够产生,而且他以大量的时间花费和令人惊叹的耐心在其父亲的手稿的转译方面以及许多内容上的细节方面都给予了我以帮助。——我感谢许多的通信和对话伙伴,借助于他们的帮助我得以搞清楚了一些单个的问题。致谢的这个部分必定只得保持为总括性的,因为我向之恳求信息的那些人的数量和给予我回复并给予我更多帮助的人的数量已经是非常之大了。只有一个提出建议的人——我已经与之形成了一种特殊的关系(他几乎已经被我不恰当地搞得"过于疲劳"了)——我想提一下:阿希姆·W. 斯多尔克教授先生,也是因为在本书的出版方面他也起了重要作用,还因为他亲自在纽约接收了存于阿伦特的所有物中的海德格尔文献,并将之带往了马尔巴赫。——最后,我感谢在阿伦特的字谜中与我并肩作战的人英格堡·诺德嫚(Ingeborg Nordmann)博士女士,并为大量的交谈和对后记的批判性阅读而感谢埃尔弗丽德·于讷(Elfriede Üner)博士女士。

图青

于 1998 年 1 月

乌尔苏拉·鲁兹

写给第三版

跟 1999 年的审校第二版相比而言，这个第三版又一次被修订了。留心的读者，特别是文本的译者，已经值得感谢地向出版社和编者指出了一批另外的错误，这些错误现在才得以纠正。除此之外，海尔曼·海德格尔博士已经在他母亲的遗物中发现了汉娜·阿伦特写给马丁·海德格尔的一封迄今尚不为人所知的书信（文献 83a），这封信作为补遗被刊载在了第 429 页到第 431 页上。

图青

于 2002 年 1 月

乌尔苏拉·鲁兹

索

引

Cont.　　　　　＝盒子(这里＝文件盒)

Dok.　　　　　＝文献

H.A.　　　　　＝汉娜·阿伦特(生于 1906 年 10 月 14 日,逝世于
　　　　　　　　　 1975 年 12 月 4 日)

HAPapers　　 ＝华盛顿特区国会图书馆中汉娜·阿伦特的文件

HGA　　　　　＝马丁·海德格尔,《全集:最后之手版》,由维托里
　　　　　　　　　 奥·克劳斯特曼出版

M.H.　　　　　＝马丁·海德格尔(生于 1889 年 9 月 26 日,逝世于
　　　　　　　　　 1976 年 5 月 26 日)

NLArendt　　 ＝马尔巴赫德国文献档案馆中阿伦特的部分遗物

NLHeidegger　＝马尔巴赫德国文献档案馆中海德格尔的遗物

Arendt-Blücher-Briefe(《阿伦特-布吕歇尔书信集》)②

Hannah Arendt und Heinrich Blücher, *Briefe* 1936 – 1968, hrsg. und

mit einer Einführung von Lotte Köhler, Müchen-Zürich: Piper, 1996.

Arendt-Blumenfeld-Korrespondenz(《阿伦特-布鲁门菲尔德通信集》)

---

①　中译文的正文中未做缩写。　　译者注

②　但实际上,在德文原版中,只有一个地方(见文献 15 的注释)采用了这种缩
写。在其他地方,这本书采用的缩写形式是"*Arendt-Blücher-Briefewechsel*"(《阿伦
特-布吕歇尔-通信集》)。——译者注

Hannah Arendt und Kurt Blumenfeld, » ···*in keinem Besitz Verwur-zelt*« : *Die Korrespondenz*, hrsg. von Ingeborg Nordmann und Iris Pilling, Hamburg: Rotbuch, 1995.

Arendt-Broch-Briefwechsel(《阿伦特-布洛赫通信集》)

Hannah Arendt und Hermann Broch, *Briefwechsel* 1946 – 1951, hrsg. von Paul Michael Lützeler, Frankfurt am Main: Jüdischer Verlag, 1996.

Arendt-Jaspers-Briefwechsel(《阿伦特-雅斯贝尔斯通信集》)

Hannah Arendt und Karl Jaspers, *Briefwechsel* 1926 – 1969, hrsg. von Lotte Köhler und Hans Saner, München: Piper, 1985.

Arendt-McCarthy-Briefwechsel(《阿伦特-麦卡锡通信集》)

Hannah Arendt und Mary McCarthy, *Im Vertrauen*: *Briefwechsel* 1949 – 1975, hrsg. und mit einer Einführung von Carol Brightman, aus dem Amerikanischen von Uusula Ludz und Hans Moll, Müchen: Piper, 1995.

406　Biemel, *Martin Heidegger*(《马丁·海德格尔》)

Martin Heidegger mit Selbstzeugnissen und Bilddokumenten, darg-estellt von Walter Biemel, Reinbek bei Hamburg: Rowohlt (罗罗罗图片专著,版权管理模式 200),1973.

Heidegger-Blochmann-Briefwechsel(《海德格尔-布洛赫嫚通信集》)

Martin Heidegger und Elisabeth Blochmann, *Briefwechsel* 1918—1969, hrsg. von Joachim Storck (马尔巴赫文集),2., durchges. Aufl. Marbach am Neckar, 1990.

Heidegger-Jaspers-Briefwechsel(《海德格尔-雅斯贝尔斯通信集》)

Martin Heidegger und Karl Jaspers, *Briefwechsel* 1920 – 1963, hrsg. von Walter Biemel and Hans Saner, Frankfurt am Main: Klostermann, und München-Zürich: Piper, 1990；同一本书(作为平装本)在派珀系列中

出版(第 1260 卷),1992.

Ott,*Martin Heidegger*(《马丁·海德格尔》)

Hugo Ott,*Martin Heidegger*:*Unterwegs zu seiner Biographie*,
durchgesehene und mit eimem Nachwort versehene Neuausgabe, Frank-
furt/New York:Campus(校园系列,第 1056 卷),1992.

Petzet,*Auf einen Stern zugehen*(《朝向一颗星》)

Heinrich Wiegand Petzet,*Auf einen Stern zugehen*:*Begegnungen und
Gespräche mit Martin Heidegger*, 1929 - 1976, Frankfurt am
Main:Societäs-Verlag,1983.

Safranski,*Ein Meister aus Deutschland*(《来自德国的大师》)

Rüdiger Safranski, *Ein Meister aus Deutschland*:*Heidegger und
seine Zeit*, München:Hanser,1994.

Young-Bruehl,*Hannah Arendt*(《汉娜·阿伦特》)

Elisabeth Young-Bruehl,*Hannah Arendt*:*Leben*,*Werk und Zeit*, aus
dem Amerikanischen von Hans Günter Holl, Frankfurt am Main:Fischer,
1986.

被提及的汉娜·阿伦特的作品

按照字母顺序被列出的标题按照如下的模式包含有说明：方括号中对应的德文/英文标题；主标题的第一版的确切书目信息；本书中的参考页码①。

» Concern with Politics in Modern European Thought«（1954）［迄今尚无德文版］

In：*Essays in Understanding*，S.428 - 447.—S.147，317

Das Denken—［*Thinking*］

Siehe *Vom Leben des Geistes*

Denktagebücher

未公开出版；第 1 册存于国会图书馆中（华盛顿特区国会图书馆中汉娜·阿伦特的文件，第 79 盒），第 2 册到第 28 册存于马尔巴赫德国文献档案馆中（架号 93.37.1 - 27）。—S.286，288，293，303f.，310，327，335，338f.，342，350，382f.，387，391 和插图 16。

»Diskussion mit Freunden und Kollegen in Toronto（ November 1972）

---

① 索引中提到的页码为德文原版的页码，检索时请查本书边码。——译者注

«—[»Hannah Arendt on Hannah Arendt «]

Übersetzt von Ursula Ludz, in: *Ich will verstehen*, S.71 - 113.—S.337

Eichmann in Jerusalem: Ein Bericht von der Banalität des Bösen—
[*Eichmann in Jerusalem: A Report on the Banality of Evil*]

Übersetzt von Brigitte Granzow, 由作者审校和扩充的德文版,
Müchen: Piper, 1964. —S.277, 336

Elemente und Ursprünge totaler Herrschaft—[*The Origins of Totalitarianism*]

由作者翻译和重新修订的版本, Frankfurt am Main: Europäische Verlaganstalt, 1955. —S.146, 288

Essays in Understanding, 1930 - 1954—[迄今尚无德文版]

Hrsg. Von Jerome Kohn, New York: Harcourt Brace, 1994. —S.315,
282f.

Fragwüdig Traditionsbestände im politische Denken der Gegenwart: 408
Vier Essays—[在 *Between Past and Future*/ *Zwischen Vergangenheit und
Zukunft* 之中得以展开]

出自由 Charlotte Beradt 翻译的英文版, Frankfurt am Main:
Europäische Verlaganstalt, 无年代(1957 年). —S.315

» Hermann Broch und der Moderne Roman«—[»The Achievement of
Hermann Broch«

In: *Der Monat* 1 (1948 - 49), Nr.8 - 9, S.147 - 151. —S.293

The Human Condition—[*Vita activa*]

Chicago：Chicago University Press，1958.—S.314，395

Ich will verstehen：Selbstauskünfte zu Leben und Werk—[无英文版]

带有一份完整的文献目录，hrsg. von Uusula Ludz，München-Zürich：
Piper（派珀系列，第 2238 卷），1996.

Der Liebesbegriff bei Augustin：Versuch einer philosophischen Inter-
pretation—[*Love and Saint Augustine*]

Berlin：J. Springer（哲学研究，第 9 卷），1929. —S.269

The Life of the Mind—[*Vom Leben des Geistes*]

两卷（*Thinking*；*Willing*），New York：Harcourt Brace Jovanovich，
1978. —S.336，354，356ff.

Macht und Gewalt—[*On Voilence*]

由 Gisela Uellenberg 依据英文版译出、由作者审校的译本，München：
Piper（派珀系列，第 1 卷），1970. —S.199，325，338

»Martin Heideger ist achtzig Jahre alt «—[»Martin Heidegger at
Eighty«]

In：*Merkur* 23 (1969)，Heft 10，S.893－902. ①—S.333，347，397

Menschen in finsteren Zeiten—[*Men in Dark Times*]

---

① 在巴伐利亚广播电台发表的讲话的手稿在这一期之中，第 179－192 页和
第 330－332 页。——原编者注

Hrsg. Von Ursula Ludz, München-Zürich: Piper, 1989. —S. 304, 307, 331, 343

»Organisierte Schuld«—[»Organized Guilt and Universal Responsibility«]

In: *Die Wandlung* 1 (1945 – 46), Heft 4, S. 333 – 344. —S. 81, 285f.

The Origins of Totalitarianism—[*Elemente und Ursprünge totaler Herschaft*]   409

New York: Harcourt, Brace, 1951. —S. 126, 128, 146, 303f., 316

Rahel Varnhagen. Lebensgeschichte einer deutschen Jüdin aus der Romantik—[*Rahel Varnhagen: The Life of a Jewess*]

带有拉赫尔书信选和属于同一时期的图片, München: Piper, 1959. —S. 265, 318, 也见插图 12.

»Thinking and Moral Considerations«—[»Über den Zusammenhang von Denken und Moral«]

In: Social Research 38 (1971), S. 417 – 446. —S. 199, 336

»Über den Zusammenhang von Denken und Moral«—[»Thinking and Moral Considerations«]

Übersetzt von Uusula Ludz, in: *Zwischen Vergangenheit und Zukunft*, S. 128 – 155. —S. 199, 336

Über die Revolution—[*On Revolution*]

München：Piper,无年代(1965 年). —S.353

Das Urteilen：*Texte zu Kants Politischer Philosophie*—［*Lectures on Kant's Political Philospophy*］
Hrsg.und mit eimem Essay von Ronald Beiner, aus dem Amerikanischen von Ursula Ludz, München：Piper,1985. —S.254,269,360

Vitaactiva oder Vom tätigen Leben—［*The Human Condition*］
Stuttgart：Kohlhammer,1960.—S.149,208f.,318f.,395,397

Vitacontemplativa
Siehe *Vom Leben des Geistes*

Vom Leben des Geistes—［*The Life of the Mind*］
两卷(*Das Denken*；*Das Wollen*),出自 Hermann Vetter 的美式英语版,München：Piper,1979. —S.208f.,269,323,336,348,351,353f.,357ff.,398

»Walter Benjamin«—［»Walter Benjamin«］
In：*Merkur* 22 (1968),Heft 1－2,S.50－65；Heft 3,S.209－223；Heft 4,S.305－315. —S.156,167,321f.,326

Walter Benjamin—*Bertolt Brecht*：*Zwei Essays*—［无英文版；两篇文章,就像后来的德文版那样,都被编入了 *Men in Dark Times/Menschen in finisteren Zeiten* 之中］
München：Piper (派珀系列,第 12 卷),1971. —S.210,342

Das Wollen

Siehe *Vom Leben des Geistes*

Zwischen Vergangenheit und Zukunft：*Übungen im politischen Den-ken I*—［*Between Past and Future*］

Hrsg. von Ursula Ludz，München-Zürich：Piper（派珀系列，第 1421 卷），1994. —S.323

被引用的与布吕歇尔、布鲁门菲尔德、布洛赫、雅斯贝尔斯和麦卡锡的通信集的确切出版信息，参见第 405 页的缩写索引。

被提及的马丁·海德格尔的作品

按照字母顺序被列出的标题按照如下的模式包含有说明：标题；方括号中对来源（如果现存的话）的提示；第一版的确切信息；对题词样本的必要提示；在标题被纳入其中的《海德格尔全集》中的卷数信息；本书中的参考页码。

»Aletheia（Heraklit，Fragment 16）«

In：*Festschrift zur Feier des 350jährigen Bestehens des Heinrich-Suso-Gymnasiums in Konstanz*，Konstanz 1954，S. 60 - 76 In：*Vorträge und Aufsätze*，S. 257 - 282.- S. 121，299，317，331

Der Anfang des abendländischen Denkens. Heraklit
参见下面的 *Heraklit*

»Anmerkungen zu Karl Jaspers' › Psychologie der Weltanschuungen ‹（1919/21）«

［于 1921 年 6 月寄送给雅斯贝尔斯，当时未发表］—In：*Karl Jaspers in der Diskussion*，hrsg. von Hans Saner，München：Piper，1973，S. 70 - 100—In：*Wegmarken*（HGA，Bd. 9，S. 1 - 44）. —S. 202，211ff.，222，339，343

Aufenthalte: *Der Mutter zum siebzigsten Geburtstag-Ein Zeichen des Beschenkten*

Hrsg. von Luise Michaelsen, Frankfurt am Main: Klostermann, 1989. —S.320

Aus der Erfahrung des Denkens

Pfullingen: Neske,1954—编有 50 个号码的内部印刷的样本,没有日期,编号为 50 的样本上面写有如下的题词:"小屋的四分之一世纪的静默和风暴/怀念汉娜/马丁/于 1950 年 3 月 4 日",存于马尔巴赫德国文献档案馆—In: HGA,Bd. 13 (1983),S.75 - 86. —S.142,234,331,345

»Bauen-Wohnen-Denken«

[1951 年 8 月 5 日在达姆城的演讲;1951 年 8 月 20 日,瓦尔辛宫] —In: *Mensch und Raum*, Darmstadt (达姆城对话 2)1952,S.72 - 84—In: *Vorträge und Aufsätze*,S.145 - 162. —S.127,131,303,304,306

Beiträge zur Philosophie (*Vom Ereignis*)   412

[出自 1936 - 1938 年的手稿] HGA,Bd. 65 (1989). —S.290

»Brief am Emil Staiger«

In: Emil Staiger, »Zu einem Vers von Mörike: Ein Briefwechsel mit Martin Heidegger«, in: *Trivium* 9,1951,S.1 - 16—In: HGA,Bd. 13,S.93 - 109. —S.124,300,308

Casseler [*Kasseler*] *Vorträge*

Siehe*Wilhelm Diltheys Forschungsarbeit* …

»Dasein und Wahrsein«

[1924]—带有题词的手写底稿:"1925 年 4 月 20 和 21 日留念。马丁",存于 NLArendt—In: HGA,Bd. 64(尚未出版). —S.26,267,290

Denken und Dichten

[1944/45 年冬季学期的讲座] In: HGA, Bd. 50 (1990), S.90 - 160. —S.250,358

Der Deutsche Idealismus (*Fichte*, *Schelling*, *Hegel*) *und die Philsophische Problemlage der Gegenwart*

[1929 年夏季学期的讲座]—HGA, Bd. 28 (1997). —S.342

»›…dichterisch wohnet der Mensch…‹«

[1951 年 10 月 6 日布勒霍厄演讲;1951 年 11 月 5 日苏黎世演讲;1953 年 12 月 11 日卡塞尔演讲]—In: *Akzente* 1,1954, Heft 1, S.57 - 71 —带有如下题词的手写底稿的打字复本:"海德格尔/马丁"(H/M),存于 NLArendt—In: *Vorträge und Aufsätze*,S.187 - 204. —S.132,143,307, 312

»Das Ding«/»Über das Ding«

[1950 年 6 月 6 日在巴伐利亚美术学院的演讲(相对于»Das Ding«有少许扩充,载 *Einblick in das was ist*)]—In: *Gestalt und Gedanke*: *Ein Jahrbuch*, hrsg. von der Bayerischen Akademie der Schönen Künste, München: Olddenbourg,1951,S.128 - 148—带有手写在被粘贴上的便条上面的如下题词的单行本:"1951 年圣诞节献给汉娜/马丁(M.)",存于马尔巴赫的德国文献档案馆—In: *Vorträge und Aufsätze*,S.163 - 185. —S.

106,111f.,114,132,292,294,308

»Einblick«

Siehe *Einblick in das was ist*

Einblick in das was ist   413

［1949 年 12 月的不莱梅演讲：Das Ding—das Ge-stell—Die Gefahr—
Die Kehre；1950 年 3 月 25 和 26 日,布勒霍厄］—整部丛书的首次发表
（依照 1950 年 3 月的"誊清稿"和两个"抄本"）in：HGA,Bd. 79（1994）,S.1
－77. —S.90,105,112,114,119,292

Einführung

Siehe *Einführung in die Metaphysik*

Einführung in die Metaphysik

［1935 年冬季学期的讲座］Tübingen：Niemeyer，1953—HGA，Bd.40
（1983）. —S.136,142,174,198,285,328,331f.

Einführung in die Phänomenologische Forschung

［1923/24 年冬季学期的讲座］—HGA，Bd. 17（1994）. —S.265

Einleitung in die Philosophie

［1928/29 年冬季学期的讲座］—HGA，Bd. 27（1996）. —S.233

»Das Ende der Philosophie und die Aufgabe des Denkens«

［在巴黎的演讲,"鲜活的克尔凯郭尔"研讨会,1964 年 4 月 21－23 日

由联合国教科文组织组织〕—In：*Zur Sache des Denkens*（1969），S.61 -
80. —S.195

Erläuterungen zu Hölderlins Dichtung

〔1936—1938〕—Frankfurt am Main：Klostermann，1944—带有如下题
词的样本（扩展第 4 版，Frankfurt am Main：Klostermann，1971）："献给阿
伦特，怀念亨利希/1971 年 4 月/马丁"，存于马尔巴赫德国文献档案馆①—
HGA，Bd. 4（1981）. —S.122，127，209，299，303，343

Der Feldweg

〔1949〕—Frankfurt am Main：Klostermann，1953—In：HGA，Bd.
13 S.87 - 90. —S.142

414　　»Die Frage nach der Bestimmung der Kunst«

〔1970 年 4 月 9 日在巴伐利亚美术学院的演讲〕—未出版；手稿佚
失。—S.338

»Die Frage nach der Technik«

〔1953 年 11 月 18 日在巴伐利亚美术学院的演讲（以 *Einblik in das
was ist* 中的"Das Ge-stell"为基础）〕—In：*Gestalt und Gedanke*：*Ein
Jahrbuch*，hrsg. von der Bayerischen Akademie der Schönen Künste，Bd.
3，München：Oldenbourg，1954，S. 70 - 108—In：*Vorträge und
Aufsätze*，S.13 - 44. —S.139，142，147，312，317

————————

①　这个题词被刊印在了展览《黑暗时代的经典作家 1933 - 1945》的目录册的
第一卷上（第 365 页），这次展览是从 1983 年 5 月 14 到 10 月 31 日由内卡河畔的马
尔巴赫的席勒国家博物馆举办的。——原编者注

»Fragen nach dem Aufenthalt des Menschen«

［1969 年 9 月 28 日在阿姆里斯维尔庆祝八十岁生日时的致谢讲话］—In：*Neue Züricher Zeitung*，Nr. 606，5.10.1969，S.51—In：HGA，Bd. 16（尚未出版）.—S.335

Frühe Schriften，1912—1916

带有 Friedrich-Wilhelm von Hermann 的书目清单和索引，Frankfurt am Main：Klostermann，1972—带有如下题词的样本：“献给汉娜，纪念 1972 年 9 月 24 日的来访/布雷斯劳的弗莱堡/马丁”，存于马尔巴赫德国文献档案馆.—HGA，Bd. 1（1978）.—S.239，354

»Gedachtes/Pensivement «

在亲切的记忆中献给 René Char /献给 René Char，思考并重新思考他的友谊，übersetzt von Jean Beaufret und François Fédier, in：*René Char*，hrsg. von Dominique Fourcade, Paris：L'Herne，没有年代（1971 年），S.169-187—In：HGA，Bd. 13，S.221 - 224.—S.205，218，227，340，342，345，349

»Das Gedicht «

［1968 年 8 月 25 日 Friedrich Georg Jüngers 七十岁生日时在阿姆里斯维尔的演讲］—In：*Erläuterungen zu Hölderlins Dichtung*（HGA，Bd. 4，S.182 - 192）.—S.203

Gelassenheit

Pfullingen：Neske，1959—In：HGA，Bd. 13，S.37 - 74，und HGA，Bd. 16（尚未出版）.—S.209，224，235，318，331f.，348，352

»Georg Trakl：Eine Erörterung seines Gedichtes«

415　　　　[1952 年 10 月 7 日，借庆祝 Gerhard Stroomann 六十五岁生日和纪念 Georg Trakl 之机，在布勒霍厄的演讲] — In：*Merkur* 7，1953，Heft 3，S. 226 - 258（后来用的标题是"Die Sprache im Gedicht"）。—S.137，311，316

Grundbegriffe der aristotelischen Philosophie

　　[1924 年夏季学期的讲座] —HGA，Bd. 18（尚未出版）。—S.234，236，344，351

Die Grundprobleme der Phänomenologie

　　[1927 年夏季学期的讲座] —HGA，Bd. 24（1975；^{2}1989）。—S.233

Hegel

　　[Die Negativität (1938/39)；Erläuterung der » Einleitung « zu Hegels » Phänomenologie des Geistes« (1942)]—HGA，Bd. 68 (1993)。—S.342

Hegels Phänomenologie des Geistes

　　[1930/31 年冬季学期的讲座] —HGA，Bd.32 (1980，^{3}1997)。—S.342

»Heraklit «

Siehe »Aletheia…«；*Heraklit*

Heraklit

　　[1943 年和 1944 年的讲座：1. Der Anfang des abendländischen Denkens；2. Logik. Heraklits Lehre vom Logos] —HGA，Bd. 55（1979，^{3}1994)。—S.76，97，104，110，284f.，289f.

Heraklit：*Seminar Wintersemester* 1966/1967

合著者：Eugen Fink, Frankfurt am Main：Klostermann,1970—带有如下题词的样本："献给/汉娜/马丁",存于巴德学院（美国纽约州哈得逊河畔的安嫩代尔）图书馆—In：HGA, Bd.15（1986）,S.9 - 261. —S.153,201ff., 320

»Die Herkunft der Kunst und die Bestimmung des Denkens«

［1967 年 4 月 4 日在雅典科学与艺术学会的演讲］—In：*Distanz und Nähe*：*Reflexionen und Analysen zur Kunst der Gegenwart*，hrsg，von Petra Jaeger und Rudolf Lüthe, Würzburg：Königshausen &. Neumann, 1983，S.11 - 22—In：HGA, Bd. 80（尚未出版）. —S.202,339

Hölderlin

Siehe *Erläuterungen zu Hölderlins Dichtung*

Hölderlins Hymne »*Der Ister*«

［1942 年夏季学期的讲座］—HGA, Bd. 53（1984；²1993）. —S.325

Holzwege   416

［1935 - 1946］—Frankfurt am Main：Klostermann,1950—带有如下手写题词的样本："/可是闪电到场驾驭一切/Heraklit 64/献给汉娜,1950 年 2 月 7 日留念/布雷斯劳的弗莱堡/马丁·海德格尔",存于马尔巴赫德国文献档案馆—HGA, Bd. 5（1977）. —S.76,117,134,136f.,141,218,310, 331,342,398

Humanismusbrief

Siehe *Über den Humanismus*

Kant und das Problem dermetaphysik

［＝*Kantbuch*,首版于 1929 年］—带有手写在被粘贴上的便条上面的
如下题词的、扩展第 4 版（Klostermann,1973）的样本：“献给汉娜·阿伦
特/致以衷心的问候,马丁·海德格尔”,存于马尔巴赫德国文献档案馆—
HGA, Bd. 3 (1991). —S.103,111,122,128,280,294,303,398

Kants Theseüber das Sein

［1961 年 5 月 17 日在基尔的演讲］—Frankfurt am Main：Kloster-
mann, 1963—In：*Wegmarken* (HGA, Bd. 9,S.445 – 480). —S.159,323

Kasseler Vorträge

Siehe：*Wilhelm Diltheys Froschungsarbeit*…

»Die Kehre«

［在不莱梅的演讲（见 *Einblick in das was ist*］—首次出版于：*Die
Technik und Die Kehre*,S.37 – 47—In：HGA, Bd. 79,S.68 – 77. —S.240

Die Kunst und der Raum—L'art et l'espace

Übersetzt von Jean Beaufret und François Fédier, St. Gallen：Erker,
1969—带有如下题词的样本：“献给/汉娜/马丁”,存于巴德学院（美国纽约
州哈得逊河畔的安嫩代尔）图书馆—In：HGA,Bd.13,S.203 – 210. —S.
194,198,337

Logik

［1928 年夏季学期的讲座］—见 *Metaphysische Anfangsgründe der Logik*…

Logik. Die Frage nach der Wahrheit

［1925/26 年冬季学期的讲座］— HGA，Bd. 21（1976）.—S.32,47, 233,270,276,278

Logik als Frage…

Siehe *Über Logik als Frage nach dem Wesen der Sprache*

»Logos«/=»Λόγος：Das Leitwort Heraklits«　　　　　　　　　417

［1951 年 5 月 4 日在不莱梅俱乐部的演讲］—In：*Festschrift für Hans Jantzen*，Berlin：Gebr. Mann,1951,S.7 - 18—带有如下题词的手写底稿的打字复本：“H/M”,存于 NLArendt—In：*Vorträge und Aufsätze*,S. 207 - 229.—S.105,123,126,128ff.,136,303,306,311

»Mein Weg in die Phänomenologie«

［写于 Hermann Niemeyer 八十岁生日之际（1963 年）］—In：*Zur Sache des Denkens*（1969）,S.81 - 90.—S.265,270,393

Metaphysische Anfangsgründe der Logik im Ausgang von Lebniz

［1928 年夏季学期的讲座］— HGA，Bd. 26（1978；²1990）.—S.63, 270

Nietzsche I / Nietzsche II

Pfullingen：Neske, 1961— HGA，Bd. 6,2 Halbbde.：Bd. 1（1996）, Bd. 2（1997）.—S.164,193,218,222,232,331,347

Nietzsche. Der Wille zur Macht als Kunst

［1936/37 年冬季学期的讲座］— HGA，Bd. 43 (1985). —S.171,176，327

Nietzsches Lehre vom Willen zur Macht als Erkenntnis

［1939 年夏季学期的讲座］— HGA，Bd. 47 (1989). —S.171,176,327

Nietzsches metaphysische Grundstellung im abendländischen Denken：
Die ewige Wiederkehr des Gleichen

［1937 年夏季学期的讲座］— HGΛ，Bd. 44 (1986). —S.171,176,327

Ontologie des Daseins / Ontologie：*Hermeneutik der Faktizität*

［1923 年夏季学期的讲座］— HGA，Bd. 63 (1988；²1995). —S.104

Parmenides

［1942/43 年冬季学期的讲座］— HGA，Bd. 54 (1982；²1992). —S. 104

Phänomenologie und Theologie

［1927 年 3 月 9 日（更正：7 月 8 日）在图宾根的演讲；1928 年 2 月 14 日在马堡的演讲］—Frankfurt am Main：Klostermann，1970（带有附录："Einige Hinweise auf Hauptgesichtspunkte für das theologische Gespräch über〉Das Problem eines nichtobjektivierenden Denkens und Sprechens in der heutigen Theologie〈，S.37 - 47"). —In：*Wegmarken* (HGA,Bd. 9,S.45 - 67；附录 S.68 - 78). —S.194,204,206f.,209,335,340f.

Plato: Sophistes

［1924/25 年冬季学期的讲座］— HGA, Bd. 19 (1992). —S.140,148,
153,193,232,236,268,320

Prolegomena zur Geschichte des Zeitbegriffs 418

［1925 年夏季学期的讲座］—HGA, Bd. 20 (1979,²1988,³1994).—S.
51,233,268,277

Das Rektorat 1933/34

Siehe *Die Selbstbehauptung der deutschen Universität*

Schellingbuch/ der Schelling

Siehe *Schellings Abhandlung* ···

Schellings Abhandlung Über das Wesen der menschlichen Freiheit
‹1809›

［1936 年夏季学期的讲座］—hrsg. von Hildegard Feick, Tübingen:
Niemeyer,1971—In: HGA, Bd. 42 (1988). —S.225f.,230ff.,352

Sein und Zeit: Erste Hälfte

In: *Jahrbuch für Philosophie und phänomenologische Forschung* 8,
Halle a.d.Saale: Niemeyer, 1927—HGA, Bd. 2 (1977). —S.57,61,134,
136,143,155,160,164,170ff.,179,185,195,228,237,246,249,268,274,
278,312ff.,336,345,356,359,393,429f.

Die Selbstbehauptung der deutschen Universität—Das Rektorat 1933/

34：Rede，gehalten bei der feierlichen Übernahme der Rektorats der Universität Freiburg i. Br. am *27*. Mai *1933*；Das Rektorat *1933/34*：Tatsachen und Gedanken [*1945*]

Hrsg.von Hermann Heidegger，*Frankfurt am Main*：*Klostermann*，1983—*In*：*HGA*，*Bd*. 16（尚未出版）. —*S*.290

Seminaires du Thor

[1966,1968,1969]—由 *Gurd Ochwadt* 据法文本译出，载：Vier Seminare（*HGA*，*Bd*. 15，*S*.271 - 421）. —*S*.178,202*f*.,206,302,326*f*.,330,340*f*.

Sophistes-Kolleg

Siehe Plato：Sophistes

Sprachbuch

Siehe Unterwegs zur Sprache

»Die Sprache«

[1950 年 10 月 7 日在布勒霍厄纪念 *Max Kommerell* 的演讲；1951 年 2 月 14 日在符尔腾堡图书馆协会的演讲] —*In*：Unterwegs zur Sprache（*HGA*，*Bd*. 12，*S*.7 - 30）. —*S*.109,119,121,124,126,298,341

419

»Die Sprache im Gedicht：*Eine Erörterung von Georg Trakls Gedicht* «[最初：»*Georg Trakl* ⋯ «]—*In*：Unterwegs zur Sprache（*HGA*，*Bd*. 12，*S*.31 - 78）. —*S*.325

Sprachvortrag / meine »Sprache«

Siehe »Die Sprache«

Die Technik und die Kehre

*Pfullingen：Neske（Opuscula aus Wissenschaft und Dichtung，*1），1962(包括："*Die Frage nach der Technik*"，"*Die Kehre*")—带有如下手写题词的样本："献给/汉娜/马丁/弗莱堡,1972 年 7 月 20 日",存于巴德学院(美国纽约州哈得逊河畔的安嫩代尔)图书馆—*HGA*,见各单列标题。—S.240

Technik-Vortrag

Siehe»Die Frage nach Technik«

»Theologie und Philosophie«

Siehe Phänomenologic und Theologie

»Über das Ding«

Siehe » Das Ding«

Über den Humanismus

［1946 年秋天写给 *Jean Beaufret* 的书信］—*Frankfurt am Main：Klostermann*,1949. —带有如下题词的样本："献给汉娜·阿伦特以资纪念/马丁/1950 年 3 月 10 日",存于马尔巴赫德国文献档案馆—*In：*Weg-marken（*HGA*，*Bd.* 9,S.313 - 364). —S.141,143,145,209,301,313*f*.

Über Logik als Frage nach den Wesen der Sprache

［1934 年夏季学期的讲座］—*HGA*，*Bd.* 38（尚未出版). —S.142,

Unterwegs zur Sprache

Pfullingen：*Neske*，1959—*HGA*，*Bd*. 12（1985）.—S. 148，218，317*f*.

»*Der Ursprung des Kunstwerkes*«

［1935 年 11 月 13 日在布雷斯劳的弗莱堡的艺术科学协会的演讲］—带有如下手写题词的、公开出版的著作（带有 *Hans-Georg Gadamer* 的一个导言）的样本："献给汉娜，以纪念重逢/弗莱堡，1967 年 7 月 27 日/马丁"，存于马尔巴赫德国文献档案馆—*In*：Holzwege（*HGA*，*Bd*. 5，S. 1 - 74）.—S. 322

420　　　Vier Seminare：Le Thor *1966*，*1968*，*1969*；Zähringen *1973*

Frankfurt am Main：*Klostermann*，1977—*In*：*HGA*，*Bd*. 15 （1986）.—S. 340*f*.

»*Vom Wesen der Macht*«

［1938/40 年的手稿］—*In*：*HGA*，*Bd*. 69（1998）.—S. 93，288

Vom Wesen der menschlichen Freiheit：Einleitung in die Philosophie

［1930 年夏季学期的讲座］—*HGA*，*Bd*. 31（1982；²1994）.—S. 250*f*.，358

Vom Wesen der Sprache

［1939 年夏季学期的赫尔德研讨班］—*HGA*，*Bd*. 85（尚未出版）.—S. 119，298

Vom Wesen der Wahrheit

Frankfutr am Main：*Klostermann*，1943—带有如下手写题词的样本
（1949 年版）:"作为来自德国的衷心问候献给亨利希•布吕歇尔/1950 年 3
月/马丁•海德格尔",存于马尔巴赫德国文献档案馆—*In*：Wegmarken
（*HGA*，*Bd*. 9，S.177‐202）. —S.143

Vom Wesen des Grundes

［献给埃德蒙德•胡塞尔七十岁生日的纪念文章—*In*：Jahrbuch für
Philosophie und phänomenologische Forschung. Ergäzungsband，*Halle a.*
d. Saale：*Niemeyer*，1929，S.71‐110；同时,也是在 *Neimeyer*,作为一篇
独立的文章发表］—带有如下手写题词的书籍版（*Frankfurt am Main*：
Klostermann，1949）的样本:"献给汉娜,以资纪念/马丁/1950 年 3 月 10
日",存于马尔巴赫德国文献档案馆—*In*：Wegmarken（*HGA*，*Bd*.9，S.
123‐175）. —S.286*f*.

Vorträge und Aufsätze

Pfullingen：*Neske*，1954—各自带有如下手写题词的、分三部分的版
本（1967 年）的样本:"献给/汉娜/马丁",存于巴德学院（美国纽约州哈得逊
河畔的安嫩代尔）图书馆—*HGA*，*Bd*. 7（尚未出版）. —S.141,147*f*.,
218,313,331

»Wahrsein und Dasein. Aristoteles，*Ethica Nicomachea 2«*
［1924 年 12 月 4 日在科隆康德协会的演讲以及其他］—*In*：*HGA*，
Bd. 80（尚未出版）. —S.104,290

»Was heißt Denken？«

［1952 年 5 月 14 日在巴伐利亚广播电台的演讲］—*In*：Merkur 6 (1952)，*Heft* 7，S. 601 - 611 —*In*：Vorträge und Aufsätze，S. 129 - 143. —S.311

421　Was heißt Denken?

［1951/52 年冬季学期和 1952 年夏季学期的讲座］—*Tübingen*：*Niemeyer*，1954—带有如下手写题词的样本："献给/汉娜/马丁/弗莱堡，1954 年 7 月 7 日"，存于巴德学院（美国纽约州哈得逊河畔的安嫩代尔）图书馆—HGA，Bd. 8（尚未出版）. —S.132，134*f.*，137，141，165，167，218，296，309*f.*，326

　Wegmarken

Frankfurt am Main：*Klostermann*，1967—HGA，Bd. 9 （1976；²1996）. —S.162，164*f.*，167，234，313，331，342

Wilhelm Diltheys Forschungsarbeit und der gegenwartige Kampf um eine historische Weltanschauung

十个演讲，1925 年 4 月 16 日至 21 日举办于卡塞尔，来自 *Walter Bröcker* 的抄本，*hrsg. von Frithjof Rodi*，*in*：Dilthey Jahrbuch 8，1992—93，S.143 - 180. —S.17，19*f.*，139，266，312

　»Wissenschaft und Besinnung«

［1953 年 5 月 15 日借科学零售书商联合会会议之机在绍因斯兰的演讲；1953 年 12 月 9 日在马堡的演讲；1954 年 2 月 1/2 日在苏黎世的演讲］—*In*：Börsenblatt für den Deutschen Buchhandel 10，Nr. 29，*vom* 13. *April* 1954，S.203 - 211—*In*：Vorträge und Aufsätze，S.45 - 70（在一个

小圈子里所做的这个演讲是为 1953 年 8 月 4 日慕尼黑的"技术时代的艺术"会议做准备而撰写的文稿). —S.139,141,147

»Zähringer Seminar«

［1973 年 9 月 6 - 8 日］—*In*：*Vier Seminare*（*HGA*，*Bd.* 15，S.372 - 407). —S.246,356

»Zeichen«

In：Neue Züricher Zeitung, *Nr.* 579, *vom* 21. *Sept.* 1969—*In*：*HGA*, *Bd.* 13，S.211 - 212. —*S.*334

»Zeit und Sein«

［1962 年 1 月 31 日在弗莱堡大学的演讲和 1962 年 9 月 11 - 13 日在托特瑙堡的研讨班］—*In*：Zur Sache des Denkens（1969），S.1 - 60. —*S.* 195,211,343,346

Zollikoner Seminare：Protokolle-Gespräche-Briefe   422

［1959 - 1969 年的研讨班；1961 - 1972 年的对话；1947 - 1971 年的书信］—*Hrsg. von Medard Boss*，*Frankfurt am Main*：*Klostermann*，1987. —*S.*308

Zur Sache des Denkens

Tübingen：Niemeyer，1969—*HGA*，*Bd.* 14（尚未出版）. —S.194*f.*，198,211,331,335*f.*，343,350

»Zürcher Seminar«

1951 年 11 月 6 日讲话的记录（依据演讲»···*dichterisch wohnet der*

Mensch‹…«)，in：HGA，Bd. 15 (1986)，*S.*423 - 439. —*S.*308

Gadamer，Hans-Georg（Hrsg.）

Die Frage Martin Heideggers：Beiträge zu einem Kolloquium mit Heideggers aus Anlaß seines 80. Geburtstages von Jran Beaufret，Hans-Georg Gadamer，Karl Löwith，Karl-Heinz Volkmann-Schluck（海德堡科学学会会议记录，哲学-历史类，1969 年卷，第 4 篇文章）*Heidelberg：Winter*，1969. —*S.*194，273，334

Klostermann，Vittorio（Hrsg.）

Durchblicke：Martin Heidegger zum 80. Geburtstag，*Frankfurt am Main：Klostermann*，1970. —*S.*194，334

［*Stadt Meßkirch，Hrsg.*］

Ansprachen zum 80. Geburtstag［des Ehrenbürgers Professor Dr. Martin Heidegger］am 26. Semptember 1969 in Meßkirch—带有如下手写题词的样本："献给/汉娜/马丁/弗莱堡，1970 年 3 月 9 日"，存于巴德学院（美国纽约州哈得逊河畔的安嫩代尔）图书馆—*S.*194，334

［*Stadt Meßkirch，Hrsg.*］

Martin Heidegger zum 80. Geburtstag von seiner Heimatstadt Messkirch，*Frankfurt am Main：Klostermann*，1969—带有如下手写题词的样本："献给汉娜和亨利希/马丁和埃尔弗丽德"，存于马尔巴赫的德国文献档案馆. —*S.*194，198，333，337

1. M.H., 10. Februar 1925; Originalbrief, handschr., NLArendt

2. M.H., 21. Februar 1925; Originalbrief, handschr., NLArendt

3. M.H., 27. Februar 1925; Originalbrief, handschr., NLArendt

4. M. H., 2. M［ärz］1925; Originalansichtskarte, handschr., NLArendt

5. M.H., 6. März 1925; Originalansichtskarte, handschr., NLArendt

6. M.H., 21. März 1925; Originalbrief, handschr., NLArendt

7. M.H., 24. März 1925; Originalbrief, handschr., NLArendt

8. M. H., 29. März［1925］; Originalansichtskarte, handschr., NLArendt

9. M.H., 12. April 1925; Originalbrief, handschr., NLArendt

10. M.H., 17. April［1925］; Originalbrief, handschr., NLArendt

11. H. A., April 1925; »Schatten«, Originalmanuskript, handschr., HAPapers

12. M.H., 24. April 1925; Originalbrief, handschr., NLArendt

13. M.H., 1. Mai 1925; Originalbrief, handschr., NLArendt

14. M.H., 8. Mai 1925; Originalbrief, handschr., NLArendt

15. M.H., 13. Mai 1925; Originalbrief, handschr., NLArendt

16. M.H., 20. Mai 1925; Originalbrief, handschr., NLArendt

17. M.H.,［21./22. Mai 1925］; Originalzettel, handschr., NLArendt

18. M.H., 29. Mai [1925]; Originalbrief, handschr., NLArendt

19. M.H., 14. Juni 1925; Originalbrief, handschr., NLArendt

20. M.H., 22. Juni 1925; Originalbrief, handschr., NLArendt

21. M.H., 26. Juni 1925; Originalbrief, handschr., NLArendt

22. M.H., 1. Juli 1925; Originalbrief, handschr., NLArendt

23. M.H., 9. Juli 1925; Originalbrief, handschr., NLArendt

24. M.H., 17. Juli [1925]; Originalbrief, handschr., NLArendt

25. M.H., 24. Juli 1925; Originalbrief, handschr., NLArendt

26. M.H., 31. Juli [1925]; Originalbrief, handschr., NLArendt

27. M.H., 2. August 1925; Originalbrief, handschr., NLArendt

28. M.H., 23. August [1925]; Originalbrief, handschr., NLArendt

29. M.H., 14. September 1925; Originalbrief, handschr., NLArendt

30. M. H., 7. Oktober 1925; Originalansichtskarte, handschr., NLArendt

31. M.H., 18. Oktober 1925; Originalbrief, handschr., NLArendt

32. M.H., 5. November 1925; Originalbrief, handschr., NLArendt

33. M.H., 10. Dezember 1925; Originalbrief, handschr., NLArendt

34. M.H., 9. Januar 1926; Originalbrief, handschr., NLArendt

35. M.H., 10. Januar 1926; Originalbrief, handschr., NLArendt

424

36. M.H., 29. Juli 1926; Originalbrief, handschr., NLArendt

37. M.H., 7. Dezember 1927; Originalbrief, handschr., NLArendt

38. M.H., 8. Februar 1928; Originalbrief, handschr., NLArendt

39. M.H., 19 Februar 1928; Originalbrief, handschr., NLArendt

40. M.H., 2. April 1928; Originalbrief, handschr., NLArendt

41. M.H., 18. April [1928]; Originalbrief, handschr., NLArendt

42. H.A., 22. April 1928; Briefkonzept, handschr., NLArendt

43 H.A., ohne Datum [1929]; Briefkonzept, handschr., NLArendt

44. H.A., ohne Datum [September 1930]; Briefkonzept, handschr., NLArendt

45. M.H., ohne Datum [Winter 1932/33]; Originalbrief, handschr., NLArendt

46. M.H., 7. Februar 1950; Originalbrief, handschr., NLArendt

47. M.H., 8. Februar 1950; Originalbrief, handschr., NLArendt

48. H.A., 9. Februar 1950; Briefkopie, maschinenschr., NLArendt

49. H. A. an Alfride Heidegger, 10. Februar 1950; Briefkopie, maschinenschr., NLArendt

50. M.H., [Februar 1950]; Fünf Gedichte, handschr., NLArendt

51. M.H., 15. Februar 1950; Originalbrief, handschr., NLArendt

52. M.H., 27. Februar 1950; Originalbrief, handschr., NLArendt

53. M. H., 10. März 1950; A. Stifter »Kalkstein«, handschr., NLArendt

54. M. H., 11. März 1950; Gedichtzyklus »Stürzte aus entzogenen Gnaden···«, handschr., NLArendt

55. M.H., 19. März 1950; Originalbrief, handschr., NLArendt

56. M.H., [März 1950]; Vier Gedichte, handschr., NLArendt

57. M.H., 12. April 1950; Originalbrief, handschr., NLArendt

58. M.H., [April 1950]; Zwei Gedichte, handschr., NLArendt

59. M.H., 3. Mai 1950; Originalbrief, handschr., NLArendt

60. M.H., 4. Mai 1950; Originalbrief, handschr., NLArendt

61. M. H., [Mai 1950]; Gedichtzyklus »Aus der Sonata sonans«, handschr., NLArendt

62. M.H., 6. Mai 1950; Originalbrief, handschr., NLArendt

63. M.H., [Mai 1950]; Fünf Gedichte, handschr., NLArendt

64. M.H., 16. Mai 1950; Originalbrief, handschr., NLArendt

65. M.H., 27. Juni 1950; Originalbrief, handschr., NLArendt

66. M.H., 27. Juli 1950; Originalbrief, handschr., NLArendt

67. M.H., 14. September 1950; Originalbrief (mit beigelegtem Gedicht: »Wellen«), handschr., NLArendt

68. M.H., 15. September 1950; Originalbrief, handschr., NLArendt

69. M.H., 6. Oktober 1950; Originalbrief, handschr., NLArendt

70. M.H., 2. November 1950; Originalbrief, handschr., NLArendt

425 71. M.H., 18. Dezember 1950; Originalbrief, handschr., NLArendt

72. M.H., 6. Februar 1951; Originalbrief, handschr., NLArendt

73. M.H., 1./2. April 1951; Originalbrief, handschr., NLArendt

74. M.H., 14. Juli 1951; Originalbrief, handschr., NLArendt

75. M.H., [Juli 1951]; Gedicht: »Zu einer Zeichung von Henri Matisse«, handschr., NLArendt

76. M.H., 2. Oktober 1951; Originalbrief, handschr., NLArendt

77. M.H., 14. Dezember 1951; Originalbrief, handschr., NLArendt

78. M.H., 17. Feburar 1952; Originalbrief, handschr., NLArendt

79. M.H., 21. April 1952; Originalbrief, handschr., NLArendt

80. M.H., 5. Juni 1952; Originalbrief, handschr., NLArendt

81. M.H., 15. Dezember 1952; Originalbrief, handschr., NLArendt

82. M.H., 6. Oktober 1953; Originalbrief, handschr., NLArendt

83. M.H., 21. Dezember 1953; Originalbrief, handschr., NLArendt

83a. H.A., 6. April 1954; Originalbrief, maschinenschr., NLE. Heidegger

84. M.H., 21. April 1954; Originalbrief, handschr., NLArendt

85. H.A., 29. April 1954; Briefkopie, maschinenschr., HAPapers

86. H.A., 8. Mai 1954; Briefkopie, maschinenschr., NLArendt

87. M.H., 10. Oktober 1954; Originalbrief, handschr., NLArendt

88. M.H., 17. Dezember 1959; Originalbrief, handschr., NLArendt

89. H.A., 28. Oktober 1954; Briefkopie, maschinenschr., NLArendt

90. M.H., 13. April 1965; handschr. auf der Rückseite enier gedruckten Dankeskarte, NLArendt

91. M.H., 6. Oktober 1966; Originalbrief mit zwei Beilagen, handschr., NLArendt

92. H.A., 19. Oktober 1966; Originalbrief, maschinenschr., NLHeidegger

93. M.H., 10. August 1967; Originalbrief, handschr., NLArendt

94. H.A., 11. August 1967; Originalbrief, maschinenschr., NLHeidegger

95. M.H., 12. August 1967; Originalbrief, handschr., NLArendt

96. M.H., 18. August 1967; Originalbrief, handschr., NLArendt

97. H.A., 24. September 1967; Originalbrief mit Beilage, maschinenschr., NLHeidegger

98. M.H., 29. September 1967; Originalbrief, handschr., NLArendt

99. M.H., 30. Oktober 1967; Originalbrief mit Beilage, handschr., NLArendt

100. H.A., 27. November 1967; Originalbrief, maschinenschr., NL-Heidegger 426

101. H.A., 17. März 1968; Originalbrief, maschinenschr., NLHeidegger

102. M.H., 12. April 1968; Originalbrief, handschr., NLArendt

103. H.A., 23. August 1968; Originalbrief, maschinenschr., NLHeidegger

104. M.H., 6. September 1968; Originaltelegramm, NLArendt

105. M.H., 11. September 1968; Originalbrief, handschr., NLArendt

106. H.A., [28. Februar 1969]; Originalbrief, handschr., NLHeidegger

107. M.H., 1. März 1969; Originalbrief, handschr., NLArendt

108. Elfride Hedegger, 20. April 1969; Originalbrief, maschinenschr., NLArendt

109. H.A. an Elfride H., 25. April 1969; Briefkopie, maschinenschr., NLArendt

110. Elfride H., 28. April 1969; Originalbrief, maschinenschr., NLArendt

111. H.A. an Elfride H., 17. Mai 1969; Originalbrief, maschinenschr., NLHeidegger

112. M. u. Elfride H., 4. Juni 1969; Originalbrief, maschinenschr., NLArendt

113. M.H., 23. Juni 1969; Originalbrief, handschr., NLArendt

114. M.H., 2. August 1969; Originalbrief, handschr., NLArendt

115. H.A., 8. August 1969; Originalbrief, maschinenschr., NLHeidegger

116. H.A., [September 1969; » Martin Heidegger ist achtzig Jahre alt«], Originalmanuskript, maschinenschr., NLHeidegger

117. H.A., [September 1969; Beitrag zur » Tabula gratulatoria«, im Besitz der Familie Heidegger

118. M.H., 27. November 1969; Originalbrief, handschr., NLArendt

119. H. A., Weihnachten 1969; Originalbrief, maschinenschr., NL-Heidegger

119a. H. A. an Elfride H., 25. Dezember 1969; Originalbrief, maschinenschr., NLHeidegger

120. H.A., 12. März 1970; Originalbrief, maschinenschr., NLHeidegger

121. Fritz Heidegger an H.A., 27. April 1970; Originalbrief, handschr., NLArendt

122. Elfride H., 16. Mai 1970; Originalbrief, maschinenschr., NLArendt

123. Elfride H., 2. Juli 1970; Originalbrief, maschinenschr., NLArendt

124. H.A., 28. Juli 1970; Originalbrief, maschinenschr., NLHeidegger

125. M.H., 24. August 1970; Originalbrief, handschr., NLArendt   427

126. M. H., 9. November 1970; Originalbrief (mit beigelegtem Gedicht: »Zeit«), handschr., NLArendt

127. H.A., 27. November 1970; Originalbrief, maschinenschr., NL-Heidegger

128. H.A., 20. März 1971; Originalbrief, maschinenschr., NLHeidegger

129. M.H., 26. März 1971; Originalbrief, handschr., NLArendt

130. M.H., 17. Mai 1971; Originalbrief, handschr., NLArendt

131. H.A., 13. Juli 1971; Originalbrief, maschinenschr., NLHeidegger

132. M.H., 15. Juli 1971; Originalbrief, handschr., NLArendt

133. H.A., 28. Juli 1971; Originalbrief, maschinenschr., NLHeidegger

134. M.H., 4. August 1971; Originalbrief (mit begelegtem Gedicht: »Cézanne«), handschr., NLArendt

135. H.A., 19. August 1971; Originalbrief, maschinenschr., NLHeidegger

136. H.A., [24. September 1971]; Kartentext mit Blumensendung, NLArendt

137. H.A., 20. Oktober 1971; Originalbrief, maschinenschr., NLHeidegger

138. M.H., 24. Oktober 1971; Originalbrief, handschr., NLArendt

139. M.H., 28. Oktober 1971; Originalbrief, handschr., NLArendt

140. H.A., 2. Februar 1972; Originalbrief, maschinenschr., NLHeidegger

141. M.H., 15. Februar 1972; Originalbrief (mit begelegtem Gedicht: »Dank«), handschr., NLArendt

142. H.A., 21. Februar 1972; Briefkopie, maschinenschr., NLArendt

143. M.H., 10. März 1972; Originalbrief, handschr., NLArendt

144. H.A., 27. März 1972; Originalbrief, maschinenschr., NLHeidegger

145. M.H., 19. April 1972; Originalbrief, handschr., NLArendt

146. H.A., 18. Juni 1972; Originalbrief, maschinenschr., NLHeidegger

147. M.H., 22. Juni 1972; Originalbrief, handschr., NLArendt

148. H.A., 21. Juli 1972; Originalbrief, maschinenschr., NLHeidegger

149. M.H., 12. September 1972; Originalbrief, handschr., NLArendt

150. M.H., 17. September 1972; Originalbrief, handschr., NLArendt

151. M.H., 8. Dezember 1972; Originalbrief, handschr., NLArendt

152. M.H., 24. Februar 1973; Originalbrief, handschr., NLArendt

153. M.H., 5. Mai 1973; Originalbrief, handschr., NLArendt

154. M.H., 9. Juli 1973; Originalbrief, handschr., NLArendt

155. H.A., 18. Juli 1973; Originalbrief, maschinenschr., NLHeidegger

156. M.H., 29. Juli 1973; Originalbrief, handschr., NLArendt

157. M.H., 19. November 1973; Originalbrief, handschr., NLArendt   428

158. M.H., 14. März 1974; Originalbrief, handschr., NLArendt

159. M.H., 20. Juni 1974; Originalbrief, handschr., NLArendt

160. M.H., 23. Juni 1974; Originalbrief, handschr., NLArendt

161. H.A., 26. Juli 1974; Briefkopie, maschinenschr., NLArendt

162. M.H., 17. September 1974; Originalbrief, handschr., NLArendt

163. M.H., nach dem 26. September 1974; Dankeskarte, handschr., NLArendt

164. M.H., 6. Juni 1975; Originalbrief, handschr., NLArendt

165. H.A., 27. Juli 1975; Briefkopie, maschinenschr., NLArendt

166. M.H., 30. Juli 1975; Originalbrief, handschr., NLArendt

167. M.H. an Hans Jonas, 6. Dezember 1975; Telegramm

168. M.H. an Hans Jonas, 27. Dezember 1975; Brief, handschr.

附录

A 1   M. H. o. D. [wahrscheinlich SS 1925]; 2 Originalzettel, handschr., NLArendt

A 2　M. H. o. D. [Februar 1926]; Originalbrief, handschr., NLArendt

A 3　M. H. o. D. [Februar oder März 1950]; »Als Gegengruß «[So-phokles, *Antigone*, 799/801], Originalblatt, handschr., NLArendt

A 4　H. A., 1923 bis 1926; Einundzwanzig Gedichte, maschinen-schritl., HAPapers

A 5　H. A., Juli 1953; Denktagebucheintragung [»Die wahre Ge-schichte von dem Fuchs Heidegger«, handschriftl., NLArendt

补遗[①]

83a　汉娜·阿伦特致马丁·海德格尔

1954 年 4 月 6 日

马丁——

我写这封信是为了告知你,罗宾逊先生的译文已经到了——而且我对此感到很高兴:你让我去找他。可惜,进一步的观察给我的高兴戴上了一个缓冲器,而我给你写信首先就是为了问问你想如何处理这件事情。当然,最后我会自己给罗宾逊写信,并给你一份打字复本。我还会给你写一封正式的书信,然后我会再把它的一份打字复本寄送给他。

首先,还是有一些正面的东西要说:

他所引以为据的耶格尔-译文非常像样,但是人们无法就此知道耶格尔让自己适应了多少错误。此外,被涉及的还总是相对简单的学术性德语。

此外,这里对于一个译本的要求非常巨大,尤其是如果它以双语的形式出现的话。对于年长的学生们和年轻的教授们(大约 25 到 35 岁的一辈人)来说,尤其是如此。

最后,确然的事情是:这个人已经花费了大力气并投入了很多劳动。如果终究可行的话,人们就须得帮帮他。

---

① 　见第三版的编者通告,原书第 402 页。

但是,就译文而言,如下的话现在必须被说出来:

若没有德文本,英文本几乎就是不可理解的。而我所查看的法文译本(就我在这里的图书馆中能够阅读到的而言)绝对不是这种情况。存在着难以置信的笨拙,这种笨拙进一步导致了如下的情形:本来就已经愚蠢地肿胀了的脚注中非常简单的德语句子或表达常常又被复述了一遍,而且绝不只是某些关键句子。

部分专业术语非常成问题而且也非常笨拙。此外,它们也并不总是一以贯之。

最后,部分地存在着大量的非常老套的错误——比如 Schöpfung(创造)与 Beschaffenheit(属性)、vorbereitend(准备的)与 vorläufig(先行的)、Geschick(天命)与 Untergang(没落)、verhaftet-sein(被束缚)与 Gefangensein(被捕捉)等之间的混淆。这些是最不糟糕的、容易被纠正的错误。几乎不存在一开始就没有这样的纰漏的译文。更糟糕的是:句子结构中的一系列句子没有被理解。例如,不是"Der Mensch ›ist‹ nicht und hat überdies noch ein Seinsverhältnis zur Welt"("并非人'存在'而且此外还拥有一种对世界的存在关系")——而是"Der Mensch ›ist‹ nicht die › Welt‹"("人不'是''世界'")等。第 78 页上的译文尤其令人费解,而且在他翻译文本中引起争议的段落的地方到处都是这种情况,而且他经常使得文本似乎是在主张它恰恰是在与之进行争论的东西。

怎么办?你会理解:人们可以把所有的这些都以非常不同的形式表达出来。也许通过第二次和第三次的修改它会变得差不多没有缺陷和可读。我想知道的是:你是否知道还有其他人(在这里或者在英国)在做这个翻译。还有这个人可能给你留下了什么样的印象。给我说两句就行了;这不应给你添加负担!

谢谢你 12 月的来信。不过,你所宣告的东西还没有到达。但是肯定什么都没有丢失吗?

问候埃尔弗丽德并向你致以最衷心的问候。

——如既往——

汉娜

编者注：

在本书的第一版和第二版中就已经被刊印了的1954年4/5月的书信（文献84-86），除了别的之外，通报了如下的事实：爱德华·罗宾逊当时在做海德格尔的《存在与时间》的英文译本（也见上文第312页和第313页以下的注释）。现在作为文献83a而被补充发表的、不久前才被发现的书信，使得这个情景变得更加完整了。正如在这里被宣称的那样，汉娜·阿伦特详细地给罗宾逊写了信。1954年4月26日的这封总共五页、单倍行距机打的书信的一份复本，现存于已经数字化了的和在国际互联网上一般可以获得的汉娜·阿伦特文件中（以前是第59盒）。在这里被许诺的"正式的书信"与在本书中被刊印的文献85相关。——"耶格尔-译文"指的是罗宾逊为了把自己引介为德文版的译者而寄送给汉娜·阿伦特的两个出版物。这两本书的作者是流亡到美国的德国古典语文学家维尔纳·耶格尔（Werner Jäger），它们的英文标题是：*Demosthenes：The Origin and Growth of his Policy*（《狄摩西尼斯：他的策略的起源和发展》，加利福尼亚大学出版社，1938年版）和 *The Theology of the Early Greek Philosophers*（《早期希腊哲学家的神学》，牛津：克拉伦登出版社，1947年版）。

人名索引^①

---

① 按外文姓氏的字母顺序排列。下面所给出的页码均为德文原版的页码,检索时请查本书边码。——译者注

② 正文中的原文是"Svetlana Alliluyeva"——译者注

---

① 原文拼写有误，已改正——译者注

437

译后记

终于到了写译后记的时候了，但内心里仍然感到诚惶诚恐。应该说这是一本不好译的书。在本书所刊载的书信中，海德格尔所写的书信占据了至少四分之三，这导致在不少情况下并不存在真正意义上的"书信往来"或"通信"，于是不少书信的上下文就成了待猜解的"谜题"，这自然在很大程度上增加了翻译的难度。更为棘手的是，本书中存在着虽然为数不多但也不算少的诗歌，尤其是海德格尔那哲学化了的诗歌，更是让译者有时感到不知所措。

当然，写这篇译后记不是为了开脱译者的责任，而是因为译者需要在这个地方向许多的人表示感谢。

首先要感谢的是张一兵先生，因为译者之所以有机会承担此项翻译工作，乃是出于先生的信任和委托。先生宽厚谦和、奖掖后学的学者和长者之风令译者感动！

在翻译本书中的诗歌时，译者求教了武汉大学德语系的包向飞博士。包兄在语言方面有着过人的天赋，在哲学方面也有着深刻的洞察力。他不仅为译者提供了很多有益的意见和建议，而且还为我邀请了武汉大学外国语学院的一位德语外教给我提供帮助。对此，译者深表谢意！

感谢中南财经政法大学哲学院外国哲学教研室的兄弟姐妹们！就一些不太好把握的段落，译者曾多次求教于本科阶段专修德语的周志荣博士,他都爽快地、认真细致地给予了回应。就本书中几首难以翻译的诗歌,王成军博士、周志荣博士,尤其是刘斌博士等在教研室一起参与了讨论甚至是争论。译者想,这些快乐的时光应该会成为我们学术生涯中的美好记忆。

感谢同窗好友、东北师范大学的李守利博士! 他为本书中几处法文词句的翻译提供了指导和建议。

感谢中南财经政法大学哲学院院长王雨辰教授! 他一直关心和鼓励着这本书的翻译工作。

最后(当然不是最不重要的),感谢我的妻子杨礼银博士! 感谢她在生活和学术上所给予的巨大支持、帮助和理解。

朱松峰

2014 年 1 月 4 日

图书在版编目（CIP）数据

海德格尔与阿伦特通信集 /（德）马丁·海德格尔，（美）汉娜·阿伦特著；（德）乌尔苏拉·鲁兹编；朱松峰译. —南京：南京大学出版社，2019.1（2021.2 重印）
（世界著名思想家通信集译丛）
书名原文：Briefe 1925－1975 und andere Zeugnisse
ISBN 978 - 7 - 305 - 18971 - 5

Ⅰ.①海…　Ⅱ.①马…②汉…③乌…④朱…　Ⅲ.①海德格尔（Heidegger，Martin 1889－1976）－书信集②阿伦特（Arendt，Hannah 1906－1975）－书信集　Ⅳ.①B516.54②B712.59

中国版本图书馆 CIP 数据核字（2017）第 167465 号

Hannah Arendt/Martin Heidegger：Briefe und andere Zeugnisse 1925－1975 © Vittorio Klostermann, Frankfurt am Main 1998. 3rd edition 2002.
Simplified Chinese edition rights © 2019 NANJING UNIVERSITY PRESS Co., Ltd.

江苏省版权局著作权合同登记 图字：10－2011－349 号

出版发行	南京大学出版社
社　　址	南京市汉口路 22 号　　　　邮　编 210093
出 版 人	金鑫荣
丛 书 名	世界著名思想家通信集译丛
书　　名	**海德格尔与阿伦特通信集**
著　者	〔德〕马丁·海德格尔　〔美〕汉娜·阿伦特
编　者	〔德〕乌尔苏拉·鲁兹
译　者	朱松峰
责任编辑	李　博
照　　排	南京紫藤制版印务中心
印　　刷	南京鸿图印务有限公司
开　　本	635×965　1/16　印张 37.5　字数 453 千
版　　次	2019 年 1 月第 1 版　2021 年 2 月第 2 次印刷
ISBN	978 - 7 - 305 - 18971 - 5
定　　价	98.00 元

网　　址	：http://www.njupco.com
官方微博	：http://weibo.com/njupco
官方微信	：njupress
销售咨询热线	：(025)83594756